신춘추오패

Multiple Hegemonies

패권과 탈패권 사이의 21세기 국제질서

Twenty-First Century International Order
between Hegemony and Post-Hegemony

ARI Interdisciplinary Research Series 3

MULTIPLE HEGEMONIES
Twenty-First Century International Order between Hegemony and Post-Hegemony
Edited by Key-young Son

Published by the Asiatic Research Institute (ARI) Press, Korea University
145, Anam-ro, Seongbuk-gu, Seoul, 02841, Korea
www.asiaticresearch.org

목차 Contents

〈아연 협동연구 시리즈〉 발간에 부쳐 5

I. 서론

1. 서론: 신춘추오패(新春秋五霸)와 다패(多霸) 시대 11
   손기영

2. Introduction: Multiple Hegemonies and Global Order 34
   Key-young Son

II. Five Hegemons of the Twenty-First Century

3. The United States and Global Hegemonic Order 51
   Christopher Fettweis

4. China and Global Hegemonic Order 74
   Zhen Han and Zihao Liu

5. The European Union and Global Hegemonic Order 108
   Jan Zielonka

6. Russia and Global Hegemonic Order 138
   Ekaterina Koldunova

7. India and Global Hegemonic Order 160
   Ravi Dutt Bajpai and Swati Parashar

III. 패권의 어제와 내일

8. 100년간의 위기?: 영국과 미국의 유일 패권 쟁취 과정이 21세기 미 · 중 패권 경쟁에 주는 함의 185
손기영

9. 근대(1876~1910) 한국을 둘러싼 국제질서 패권의 변화 221
송규진

10. 중국의 패권과 국가-주권 체제의 미래 255
이용욱

IV. 결론: 다패 시대와 다동맹(Multiple Alliances) 전략 297
손기영

저자소개 About Contributors 307

〈아연 협동연구 시리즈〉 발간에 부쳐

아연은 늘 시대와 함께 호흡하면서 새로운 시대의 요구에 화답해왔다. 한국에서 가장 오래된 대학 부설 연구기관인 아세아문제연구소가 2019년 아세아문제연구원으로 거듭나면서 추진한 야심 찬 연구 프로젝트가 이번에 발행되는 〈아연 협동연구 시리즈〉이다. 아연의 연구 전통을 살린 인문학과 사회과학을 아우르는 협동연구는 21세기의 도전에 직면해 있는 세계질서 속에서 아연의 역량을 최대로 발휘할 수 있는 주제를 선정하고 파급력 있는 메시지를 한국 사회와 국제 사회에 던지기 위해 준비되었다.

〈협동연구 시리즈〉는 연구자 1인의 단독 저술이 아닌 같은 학문 분야에 속하는 원내외 연구자 간의 '공동연구' 및 학제간 '협동연구'를 포괄해 dual track 방식의 공저 출간물 발간을 목표로 한다. 이것은 아연 내부 연구인력의 역량을 극대화하면서 필요한 외부 연구인력을 아웃소싱하는 최적의 연구전략이라고 할 수 있다.

연구주제에서도 아연 설립 이후 강점을 보인 북한 및 동북아지역 관련 연구에 중점을 두되, 아연의 '브랜드 아이덴티티(brand identity)'

를 살리고 아연의 인지도와 위상을 높이기 위해 연구주제의 시의성과 활용 가능성을 중시했다. 우선, '디지털 전환(digital transformation)'이라는 글로벌 메가 트렌드에 부응하기 위해 "동북아 3국의 디지털 전환 프로세스와 정치 · 경제 역학구도 변환"을 핵심 사업으로 추진했다. 아연이 전통적으로 강점을 보인 북한 연구에 있어서도 "주변 4강의 독자적 '국가이익'의 관점에서 보는 북한"이라는 주제로 한반도를 둘러싼 동맹관계의 이완, 미 · 중 대립의 향방, 북핵 문제를 중심으로 미 · 북 관계 및 주변 4강과의 양자관계의 변화 등을 살펴볼 것이다. 신춘추오패(新春秋五霸)라는 제목을 가진 또 다른 협동연구는 미국의 세기라는 20세기가 끝나고 미국과는 정체성이 다른 패자(霸者)들의 시대, 즉 다패(多霸)의 시대가 21세기에 시작되었다고 상정한다. 이 협동연구는 미국과 중국 간 패권 경쟁이 진행 중인 상황에서 강대국 간에 조성된 새로운 국제질서뿐만 아니라 한국의 미래전략 구상에도 많은 시사점을 던진다.

올해 말 발간을 목표로 추진되는 2차연도 사업은 "현재와 미래의 시각으로 본 중국공산당 100년: 위험한 제국이 될 것인가?"라는 주제 아래 중국의 부상에 따르는 동아시아 질서의 재구성 과정에 초점을 맞출 것이다. 특히 2021년이 중국 공산당 창당 100주년인 점을 감안해 "100년 역사를 통해서 본 중국공산당"이라는 공동연구를 수행해 올해 발간할 예정이다.

집필진은 한국 전문가는 물론 미국, 중국, 일본, 러시아, 인도, EU 등 세계 여러 나라의 학자들이 포함되어 있어, 아연이 추진해 온 연구

네트워크의 국제화와도 궤를 같이한다. 코로나19로 인해 공동연구가 진행되기 어려운 환경에도 불구하고 각국의 연구자들은 온라인을 통한 연구 논의와 중간발표를 겸한 세미나를 통해 연구내용의 공유와 연구 결과물의 방향에 대해서도 조율과정을 거쳤다.

이런 과정을 통해 출간되는 본 〈협동연구 시리즈〉가 코로나19라는 미증유의 위기 속에서 빠르게 변하고 있는 세계질서와 한국이라는 국가가 처한 국제환경을 냉철하게 분석함으로써, 각 분야의 학문적 성과를 제고시키는 동시에 한국 외교의 방향과 국가정책에 작게나마 기여할 수 있기를 기대한다.

코로나19로 인한 어려운 상황과 바쁜 일정에도 불구하고 연구에 동참해 준 국내외 저자들과 출판 실무를 맡은 아연의 편집진에게도 감사의 말씀을 드린다. 끝으로 본 〈협동연구 시리즈〉가 발간될 수 있게 지원을 아끼지 않은 고려대학교 총장님과 대학 본부에도 다시 한번 감사의 인사를 드린다.

2021년 2월

아세아문제연구원 원장 김익수

I

서론

Multiple Hegemonies

1

서론: 신춘추오패(新春秋五覇)와 다패(多覇) 시대

손기영

역사는 반복되지만, 역사의 신은 매번 주사위를 새로 던진다. 지난 수천 년 동안 부족국가, 도시국가, 제국, 왕조, 국민 국가 등 다양한 형태의 정치체제가 인류 역사의 전면에 나서고 퇴장하기를 반복했다면, 21세기의 주요 정치 행위자는 누가 되고 이들은 어떤 질서를 만들어갈까?

이 책은 미국의 전 세계적 패권이 약해지면서 새로운 강대국이 등장하는 21세기 국제질서를 중국의 춘추시대(春秋時代, 770~403 BC)에 비유한다. 공자가 이상적 모델로 삼았던 주(周)나라의 왕도(王道)정치가 제후국의 성장과 함께 패도(覇道)에 휘둘리는 이 시기는 여러 면에서 21세기의 벽두와 유사점이 있다. 이 책이 2,000년이 넘는 역사적 거리를 좁힐 수 있을지는 미지수이지만, 21세기의 두 번째 10년부터 가시화된 미국 패권의 약화로 인한 국제질서의 혼란기는 마치 춘추시대와 같이 오래 지속될지도 모른다. 당면한 불확실성의 시대를 어떻게 이론적으로 분석할지, 이런 분석을 통해 어떤 정책적 함의를 도출할 수 있을지는 국제정치학뿐만 아니라 여러 인접 학문의 주요 연구 대상이다.

예측대로 미국 패권의 약화는 국제질서의 혼란으로 이어지고 있지만, 춘추시대에서 발굴해 21세기에 재활용이 가능한 자원도 분명히 존재한다. 제자백가(諸子百家)로 불리는 사상가들과 학파들이 백가쟁명(百家爭鳴)의 춘추시대를 장식했고, 그들의 이상과 이론은 춘추시대가 단순히 열국(列國)들의 패권 다툼의 시기가 아니고, 인간 문명의 진보를 꿈꾸는 사상가와 혁명가들의 시대였음을 보여준다. 이런 점에서 미국 패권의 약화가 가져온 혼란은 한편으로는 국제정세를 위태롭게 하지만, 다른 면에서는 자유시장경제와 민주주의라는 가치뿐만 아니라 다양한 사고와 새로운 기술의 혁신으로 충만한 21세기가 준비되고 있음을 알리는 신호탄일지도 모른다.

기존의 질서가 무너지면서 그 질서를 구성하던 가치와 원칙들이 하나씩 의심의 대상이 되었고, 새로운 질서를 구성할 가치와 원칙들은 아직 잉태되지 않았거나 21세기의 새로운 환경에서 임상실험도 거치지 못한 상태다. 이런 점에서 인류는 유일 패권의 시대를 지나 공위기(空位期, 라틴어: Interregnum)를 살고 있다. 보통 공위기란 한 국가의 정부 공백기, 특히 군주제 국가의 일시적 군주 부재기를 말하지만, 이 책에서는 패권국이 존재하지 않거나 다수의 패권국이 존재하는 기간을 지칭한다.

흔히 21세기를 맞아 세력 전이(power transition)가 발생하고 있다고 하지만, 패권이 한 국가에서 다른 국가로 넘어가는 과정은 생각보다 복잡하고 많은 시간이 걸린다. 8장에서 다루겠지만 20세기의 경우를 봐도 영국의 유일 패권이 종식되었을 때 미국뿐만 아니라 독일과 소련과 같은 패권 경쟁국들이 존재했다. 9장에서는 19세기 말 조선에 대한 청의 패권이 사실상 붕괴하기 시작했지만, 일본으로의 패권 이양 과정은 복잡하고 시간이 다소 걸렸다. 그러므로 패권국이 패권을 상실했을 때 다른 국가로 패권이 넘어가기보다는 패권의 부재기, 즉 공위기가 올 가능성이 크다.

이 기간에 '왕좌의 게임(game of thrones)'이 벌어진다. 이 책에서 주로 논의할 것이 이 왕좌의 게임 주인공들의 면면과 이들의 경쟁과 협력이 형성할 21세기의 신국제질서이다. 이 책에서 명명한 신춘추오패가 21세기 왕좌의 게임의 주인공들이다. 물론 이 게임의 결과가 새로운 왕의 등극이나 옛 왕의 귀환으로 이어질지, 아니면 10장에서 다루겠지만 탈패권(post-hegemonic), 혹은 비패권(non-hegemonic) 시대로 이어질지는 두고 봐야 한다. 이 책의 연구주제는 패권 부재기의 패권 경쟁이지만, 패권 쟁취 과정과 탈패권 혹은 비패권 시대의 가능성도 탐색함으로써 패권에 대한 종합선물세트라고 할 수 있다.

신질서 형성을 위한 경쟁기 혹은 '질서 전쟁(order war)' 기간은 안정적인 국제구조가 약해지면서 불확실성이 뉴노멀(new normal)이 되는 시기이다(Son and Herberg-Rothe 2008). 이러한 '경계의 시공간'을 서양 철학에서는 '리미널리티(liminality)'라고 부른다. 관념적으로 정의될 수 있는 영역들 사이에 존재하는 불확실하지만 오묘한 시공간이면서, 어원적으로는 문지방(threshold)을 지칭하는 개념어이다. 인류의 존재 방식을 바꿀지 모르는 이러한 전환의 시대를 칼 야스퍼스가(Jaspers 2010, 1)가 '축의 시대(Axial Period, 8세기~3세기 BC)'라고 불렀고, 여기에 백가쟁명의 춘추시대를 비롯해 플라톤과 투키디데스의 고대 그리스가 포함된다. 이 시대의 특징은 파괴적이기도 하면서 건설적이라는 것이다. 21세기를 맞아 가속도가 붙은 세계화와 인간의 존재 방식을 바꿀 수 있는 기술 혁명으로 관념적으로 정의될 수 있는 영역들이 점차 훼손되면서 불확실성으로 충만한 시공간이 일상화되어버렸다. 정의될 수 있는 영역들 사이에 짧고 좁게 존재하던 문지방과 같은 시공간이 무한 확장하고 있다.

새로운 '축의 시대' 혹은 '질서 전쟁' 시대를 이 책은 국제정치학의 차원에서 분석한다. 완전한 구조적 안정성을 회복할 수 있는 마법과 같은 방안을 제시하는 것은 불가능하고 시대 정신에도 맞지 않지만, 불안정성과 불확실성이 가져올 전대미문의 위기를 슬기롭게 헤쳐나가는 데 도움이 될 몇 가지 방안을 국내외 학자들의 연구를 모아 제시한다.

춘추오패

춘추오패(春秋五覇)는 춘추시대 제후 간 회맹의 맹주를 가리키기도 하고, 춘추시대의 5대 강국을 일컫기도 한다. 춘추오패를 역사책에서 끄집어낸 이유는 21세기 국제질서에서 5대 강국 혹은 국가연합을 지칭하려는 목적이다. 춘추오패로 어떤 나라를 지칭할까를 두고 아직 역사적 논란이 끝나지 않은 것처럼, 21세기의 5대 강국을 선정하는 것은 논란의 소지가 많은 작업이다. 국가뿐만 아니라 국가의 연합체인 유럽연합(EU)도 포함된다면 많은 갑론을박이 예상된다. 하지만 우리가 빈 플라스틱병을 재활용하듯 역사를 재활용하는 이유는 명백하다. 재활용 가치가 분명히 있기 때문이다. 왕도정치의 종말은 새로운 패자들의 등장을 의미하고, 춘추시대의 패자들이 구축한 열국 관계는 21세기의 국제관계에도 많은 시사점이 있다.

21세기 신춘추오패를 논하기 전에, 먼저 춘추시대로 돌아가 보자. 기원전 771년 견융이 주나라를 침략하여 유왕을 살해하자, 제후들이 새로운 왕을 옹립하여 동쪽에 있는 낙읍(洛邑, 현재의 뤄양 시)으로 수도를 옮겼다. 이때부터 동주(東周, 기원전 770년~기원전 256년) 시대가 개막되는데, 왕권이 약해지자 패자(覇者, hegemon)들이 하나씩 나타났다. 흔히 춘추오패는 제(齊) 환공, 진(晉) 문공, 초(楚) 장왕, 오(吳) 합려, 월(越) 구천을 일컫지만, 기록에 따라서 진나라의 목공, 송나라의 양공 또는 오나라의 부차를 꼽기도 하므로 오패(五覇)에서 숫자 오의 의미는 중요하지 않다. 같은 맥락에서 21세기의 신춘추오패도 숫자 오의 의미는 중요하지 않고, 나중에 더 설명하겠지만 이 책이 주장하는 다패(多覇, multiple hegemonies) 시대가 시작되는 것이다.

이들을 패자라고 부르는 이유는 유교적 세계관 때문이다. 유교는 왕도와 패도를 구분하는데, 왕도정치는 고대 성왕(聖王)의 덕행을 모범 삼아 교화에 중점을 둔 정치를 의미하지만, 인의(仁義)를 무시하고 무력이나 계략으로 이익을 탐하는 제후(諸侯)가 지배하는 정치를 패도라고 한다. 주라는 왕도를 대표하는 국가가 있는데도 불구하고, 왕권이 약해진 혼란의 시대에 등장한 새로운 권력자들은 그들의 의도와는 달리 모두 패자가 되는 것이다.

춘추시대는 주의 패권이 약해지면서 시작했지만, 주왕실의 권위는 여전히 인정한 상태에서 새로운 패자들이 나왔다. 제후국의 통치자들은 주왕조의 귀족이었기 때문에 제후국들은 역사, 신화, 언어 등 문화를 공유한 국가들이었다. 제후국들의 활동 범위가 전통적인 중화민족의 권역이었고 이민족 국가들과의 관계와 달리 문화공동체로서 이들 간의 소통과 외교는 다양한 형태로 이루어졌다.

춘추시대의 제후국들이 주권을 공식적으로 행사했다고 할 수는 없지만, 독립국에 버금가는 지위를 누렸다. 전쟁을 선포하고, 동맹을 체결하고, 평화 협상을 해서 어떤 지역을 타국에 할양할 수도 있었다. 타국의 귀족들에게 정치적 망명의 기회도 주어졌고, 공자와 같은 사상가들이 자신의 태어난 제후국의 경계를 넘어 이상을 실현할 수 있는 주군을 찾아 천하를 유람하기도 했다. 세계화 시대를 사는 우리가 경험하는 초국가적 공간(transnational space)이 이때 이미 부분적으로 실현된 것이다. 또한 전국시대의 최강국인 진(秦)과 연(燕), 제(齊), 초(楚), 한(韓), 위(魏), 조(趙)의 6국 사이에 쓰였던 합종연횡(合從連衡)이라는 이름으로 널리 알려진 외교, 군사 전술이 이미 춘추시대에도 구사되고 있었다.

춘추시대의 국가관계에서 주목할 것은 외교 사절의 교환이나 요즘의 정상회담과 같은 제후회담이 열려 당시의 국제질서를 구축했다는 것이다. 춘추시대 열국 간의 질서는 힘의 균형의 원칙에 따라 형성되었다(Zhang 2001, 49). 열국들의 국제관계가 전국시대를 통해 힘의 균형이 기울면서 기원전 221년 첫 통일국가인 진이 등장한다. 전통적 중국의 역사 공간에서 형성되었던 제후국 간의 국제사회가 하나의 통일 제국으로 변모한 것이다.

왕도정치와 패권의 용어 문제

왕도정치는 유교적 세계관의 반영이지 21세기 국제질서에 적용할 수 있는 개념은 아니다. 주나라의 왕도정치가 공맹(孔孟)이 칭송할 정도로 이상적이었는지, 백가쟁명의 시대였던 춘추시대의 패도가 역사의 암흑기였는지는 다시 점검해 봐야 한다. 그래도 동서양이 일치하는 점은 패권(hegemony)이라는 용어를 사용할 때 양자 모두 이 개념을 좋은 의미로 쓰지는 않는다는 것이다. 미국은 냉전 후 사실상 전 세계적 패권을 차지했지만, 패권 대신에 지도력(leadership)이라는 용어를 주로 사용했다. 중국과 서양이 패권이라는 개념을 쓸 때 다른 점은 중국은 정통성을 갖춘 천자(天子)가 있음에도 불구하고 무력을 바탕으로 한시적으로 권력을 행사하는 인물이 패자가 되지만, 국제정치학의 이론인 현실주의의 패권안정론은 군사, 경제, 기술, 가치 등의 주요 분야에서 우월적 지위를 가진 한 국가의 통치력이 이루어낼 수 있는 국제질서의 안정과 평화를 의미한다. 현실주의의 유일 패권국은 유교적 세계관에서는 사실상 왕도를 행사하는 천자의 나라에 가까운 존재이다.

2020년 현재 미국은 여전히 세계 최강국이다. 그럼 미국이 유일 패권국인가? 미국이 군사, 경제, 기술 등의 주요 분야에서 우월적 지위를 누리고 있고, 세계는 아직 팍스 아메리카나의 영향권에 있는가? 미국은 1991년 소련의 붕괴로 유일 패권국의 위상을 획득했지만, 2008년의 세계금융위기 이후 유일 패권국의 위상을 잃기 시작했다는 것이 중론이다. 중국이 2014년 구매력 기준 GDP로 보아 세계 1위의 경제 강국이 되고, 러시아, 인도, 유럽연합 등이 부상하면서 미국의 영향력이 많이 실추했다. 미국의 상대적 추락과 함께 미국이 주도한 자유주의 국제질서도 혼란에 빠지며, 세계는 보호주의, 민족주의, 포퓰리즘의 소용돌이에 휩싸여 있다.

다시 유교적 세계관으로 돌아가면 미국은 냉전 후 유일 패권국이 되면서 사실상 패도를 종식하고 왕도정치를 시작했다. 군사, 경제, 기술, 문화 등에서 유일무이한 지위를 차지하고 무력(hard power)뿐만 아니라, 민주주의와 시장경제를 포함하는 소프트 파워(soft power)를 동원해 전 세계를 자신과 비슷한 모습으로 교화시키려고 했다. 이러한 왕도정치가 미국의 상대적 추락으로 힘을 잃으면서, 중국, 러시아, 인도, EU와 같은 새로운 경쟁 국가(연합)들이 나타났다. 이들 중 일부는 전 세계적 패권을 지향하고, 일부는 지역 패권을 추구하고 있다. 21세기 국제정치에서는 춘추시대 주나라처럼 왕조의 지위가 보존되는 것이 아니기 때문에 미국도 유일 패권국의 위상을 잃으면서 과거의 위상을 회복하기 위해 분투하는 하나의 패권 경쟁국으로 전락했다.

이 책에서 말하는 신춘추오패는 전통적 의미의 패자는 아니다. 왜냐하면 춘추오패는 중원의 패권을 차례로 승계했지만, 신춘추오패는 미국을 제외하고는 전 세계적 패권을 가져본 적도, 향후 20년 안에 가질 가능성도 없기 때문이다. 그 이유는 춘추시대의 패자들은 전쟁과 합종연횡을 통해 패자의 지위에 오를 기회가 있었지만, 21세기에 핵으로 무장한 강대국 간의 패권 전쟁이 거의 불가능하고, 대규모 전쟁과 학살에 대한 정책입안자나 인민들의 거부감 때문에 패권이 한 국가의 손에 들어가기 힘들기 때문이다.

그래도 이들을 패자라고 부를 수 있는 이유는 21세기 강대국의 영향권은 지리적 권역으로 나누어졌던 이전 시대의 세력권과는 확연한 차이가 있기 때문이다. 미국은 여전히 세계 최강국으로 전 세계적 영향을 보유하고 있고, 21세기의 중국은 아시아뿐만 아니라 라틴아메리카와 아프리카를 포함해 전 지구적 범위에서 경제력을 행사하는 강대국이다. 성격이 다른 패권이지만, EU는 공동체의 건설, 인권, 민주주의, 복지 등의 면에서 전 세계 인민의 모범이 되어왔다. 러시아와 인도의 전 세계적 영향력은 미국, 중국 혹은 EU에 비해 작지만, 자국이 속한 지역에서 강한 영향력을 발휘하는 국가이면서 전 세계적 파급력도 보유한 국가이다. 2021년 1월 미국의 군사력 평가기관인 글로벌파이어파워(GFP) 보고서에 따르면 미국, 러시아, 중국, 인도의 순으로 군사력이 강해, EU와 함께 이 책이 주장하는 오패를 형성한다. 이러한 패권의 양상을 종합하면서 이 책은 미국의 세기라는 20세기가 끝나고 새로운 세기는 미국과 정체성이 다른 여러 패자가 경쟁하는 시대, 즉 다패(多覇)의 시대가 되었다고 상정한다(Son 2016). 흔히 21세기에 들어 '지정학의 부활'을 논하고 있지만, 이 논의만으로는 세계화가 가속되고 있는 21세기의 다층적, 다면적 국제질서를 포착하는 데 충분하지 않다.

다패(多覇)의 시대: 패자의 공존

21세기 패권은 특징은 패자의 공존이다. 패자가 공존할 수 있다는 논리는 기존의 국제정치학적 논의와는 많은 거리가 있다. 보통은 전쟁이 나서 패권국이 바뀌거나, 영국과 미국의 경우처럼 비교적 평화로운 패권 이양을 상정한다. 혹은 춘추시대와 유사한 21세기의 혼란을 종식하고 미국이 패권적 지위를 회복하거나, 중국과 같은 새로운 유일 패권국이 부상할 것이라고 가정한다. 많은 전문가가 중국의 패권 쟁취에 대해 여전히 회의적이지만, 중국 부상설은 여전히 회자되고 있다. 즉, 중국이 경제, 기술, 군사 등의 분야에서 미국을 하나씩 따라잡으면서 최강국이 되고, 이어서 중국이 구상한 질서가 국제질서가 되면서 팍스 시니카(Pax Sinica)의 시대가 오리라는 것이다.

이 책은 미국과 여러 경쟁국의 시각에서 패권을 분석하면서 21세기 국제질서를 보는 새로운 관점을 제시한다. 중국 부상론에 대해 직관적으로 답하면 팍스 시니카의 시대는 현재로서는 언제 올 것인가 예상하기 힘들고, 패자들이 난립하는 시대가 오래 지속될 것으로 본다. 이러한 국제질서의 변환기를 이 책은 신춘추오패의 관점에서 분석하고 국제질서의 안정을 위한 여러 가지 방안을 제시한다.

새로운 다패시대를 맞아 이미 여러 국가가 새로운 정책을 추진하고 있다. 흔히 얘기되는 "경제는 중국에 의존하고, 안보는 미국에 의존한다(经济靠中国, 安全靠美国)"는 논리는 이러한 새로운 질서의 작동원리 중의 하나라고 할 수 있다. 아차리아(Acharya 2017)가 주장하듯, 21세기의 많은 국가들은 복합영화관에서 입맛에 맞는 영화를 골라보듯이 여러 재화를 외부조달할 수 있는 시대에 살고 있다. 이러한 국제질서의 변화는 패권 경쟁 중인 국가들은 물론 한국과 같은 많은 지역 국가들이 미래전략을 짤 때 참고해야 할 대목이다. 이 책의 결론에서 이것을 다동맹(multiple alliances) 전략이라고 지칭하면서 논의를 진행한다(김찬완 2011; Karim 2009).

그럼 우리는 향후 몇십 년간 어떤 시대를 살아갈 것인가? 일단 영국과 미국에 버금가는 유일 패권국의 부상이 몇십 년 안에는 불가능하므로 자주 쓰이는 패권 경쟁이라는 말 자체의 효용가치가 크지 않다. 미국은 추락하는 위상을 막는 데 주력할 것이고, 중국이나 기타 강대국들은 성장세를 유지하는 데 총력을 기울일 것이다. 유일 패권의 회복이나 쟁취가 어려워 현상 유지를 통한 점진적 진보가 강대국들의 당면 목표가 될 것이다. 이러한 상황을 이 책의 2부에서 본격적으로 다룬다.

왜 21세기의 강대국들은 현상 유지에 총력을 기울일 수밖에 없나? 8장에서 더 설명하겠지만 여기에는 두 개의 큰 이유가 있다. 첫째,

강대국 간 전쟁이 불가능하다. 1, 2차 세계대전처럼 부상하는 강대국이 기존의 강대국을 공격하거나, 펠로폰네소스전쟁처럼 기존 강대국인 스파르타가 신흥 강대국 아테네를 공격하는 상황이 여러 가지 이유로 21세기에 재현되기 힘들기 때문이다. 둘째, 미국이 소련의 붕괴로 패권을 차지한 것처럼, 현재의 강대국 중 어느 하나가 갑자기 추락할 가능성도 별로 없으며, 갑자기 추락하더라도 어부지리로 패권국의 지위를 차지할 수 있는 나라도 없다.

결론적으로 우리가 살아갈 시대는 미국, 중국, 러시아, 인도, EU 등 세계적 위상을 가진 국가 또는 국가연합이 합종연횡하면서 경쟁과 협력을 하는 구도가 만들어질 것이다. 영화의 주제로 많이 등장하지만, 4차 산업 혁명은 국제질서에 또 다른 변수를 생성할 것이다. 기존의 강대국은 다른 국가뿐만 아니라 전 세계적 영향력을 행사하는 기업집단과 패권 경쟁을 벌이거나 아예 기업집단으로 패권이 넘어갈 수도 있다. 물론 기술의 혁신으로 인한 국제질서의 변화는 이 책이 다룰 수 있는 부분은 아니다.

이 책은 21세기의 국제질서를 역사적, 이론적 관점에서 분석하는데 목표가 있다. 다패 시대에는 나폴레옹 전쟁 이후 오스트리아의 재상 메테르니히가 주도한 반동적 유럽협조체제(Concert of Europe)가 재현되기보다는 주요국들이 경제력과 군사력을 확충하면서 미래 경쟁을 주도할 기술 개발에 주력하는 양상을 보일 것이다. 인공지능과 같은 새로운 기술의 발달은 국가 주도의 국제질서를 근본부터 바꾸어 놓을지 모르므로 20년 후에 벌어질 패권의 양상을 현재의 시점에서 추측하기는 어렵다. 그러므로 이 책은 향후 20년 정도에 벌어질 국제질서의 변화에 초점이 맞추어져 있다.

이 책의 구성과 내용

이 책은 21세기 국제질서의 변화에 맞춰 새로운 패권국의 탄생과 이 패권국 간의 경쟁과 협력의 구조에 대해 깊이 있는 논의를 전개한다. 패권국이라고 불릴 정도의 국가라면 군사력, 경제력, 지도력 면에서 타국에 비해 우위를 보이는 것은 당연하지만, 패권 전쟁이나 패권 경쟁국의 내부적 붕괴가 불가능한 국제질서에서 군사력, 경제력, 지도력 부분에서 모든 우위를 점하는 유일 패권국의 탄생을 단기간에는 기대할 수 없다. 이런 상황에서 이 책이 주장하는 다패 시대의 국제질서가 형성된다. 즉 군사력, 경제력, 지도력을 포함한 다양한 영역에서 상대적 우위를 보이는 패권국 간의 경쟁과 대립이라는 구조가 21세기 국제질서의 특징이 될 것이다.

이 책은 서론과 결론을 빼고 크게 2부로 나누어져 있는데, 국문과 영문으로 쓰인 장들이 함께 포함된 특이한 구성을 취한다. 먼저 서론은 국문과 영문으로 각각 서술되어 있다. 2부에서는 오패라고 잠정적으로 이름 지어진 미국, 중국, EU, 러시아, 인도를 중심으로 세계 패권을 논의한다. 오패를 보여주는 다섯 개의 장들은 관련 분야의 전문가들이 영어로 서술한 것이다. 한국 독자의 편의를 위해 요약을 각 장의 서두에 첨부한다. 3부에서는 한국 학자들이 역사적, 이론적,

정책적 관점에서 패권의 어제와 내일에 대한 논의를 이어간다. 결론에서는 다패라는 새로운 국제질서의 현실이 우리의 일상과 정책에 무엇을 시사하는지를 밝힐 것이다. 한글 서문에 이어지는 영어 서문은 비슷한 내용을 담고 있지만, 한글 서문의 서술방식과 다른 영어권 독자들에 더 익숙한 논의 구조를 취한다. 영어 서문에 이어지는 2부의 다섯 개의 영어 논문들은 한글책 속에 포함된 작은 영어책과 같은 형태를 취한다.

2부의 3장에서 크리스토퍼 페트와이스는 21세기 국제관계에서 미국은 여전히 단극체제를 유지하고 있지만, 패권을 보유하고 있지는 않다고 본다. 페트와이스는 미국과 중국을 비교하면서 미국은 군사력, 경제력, 지도력 면에서 여전히 다른 어떤 국가보다도 강하지만, 미국의 전반적인 영향력의 추락이 다패로 이어질 가능성을 열어 놓았다고 주장한다. 패권은 우월적 지위에서 지배력을 행사하는 것을 의미하지만, 권력의 성격이 변하면서 한 국가가 하나의 영역에서만 우위 혹은 지도력을 보일 가능성이 있다. 예를 들어 한 국가가 경제력에서 패권을 장악하고 다른 국가가 군사력에서 패권을 행사할 가능성이 있다. 그러나 이러한 영역들이 불가피하게 연결되어있어 한 영역에서 보여주는 진정한 패권이 다른 영역의 패권 획득에 유리하게 작용할 가능성이 있다. 페트와이스는 이러한 개념들이 잘 이해될 수 있다는 전제 아래 21세기 권력의 복잡성에 대한 다패라는 논의가 가능할 것이라고 본다. 결론적으로 페트와이스는 여섯 가지 이유를 제시하면서 21세기의 미 · 중 관계는 때로는 위기를 맞겠지만, 전반적으로 평화로울 가능성이 크다고 주장한다.

4장에서 한쩐과 류지하오는 패권국으로 부상하는 중국은 기존 패권국인 미국과의 경쟁에서 과거의 패권 경쟁의 양상을 답습해서는 안 된다고 주장한다. 앞의 장에서 미국의 패권에 관해 서술한 페트와이스보다 한쩐과 류지하오가 다패의 형성 가능성에 대해 훨씬 긍정적인 태도를 보이고 있다. 중국은 군사 영역에서 미국과 비용이 많이 들고 비생산적인 경쟁을 벌일 것이 아니라 경제력 영역에서 패권을 확보하는 데 집중해야 한다는 것이다. 중국에 가장 적합한 정책대안은 핵억제 능력의 확보, 경제적 상호의존의 확대, 제도적 균형 (institutional balancing), 연성 균형(soft balancing)이다. 21세기 국제질서의 특징 중의 하나는 경제적으로 강하면서 군사력에서 제한적인 중국과 군사력에서 강하지만 경제력에서 약점이 드러나고 있는 미국의 불균형한 경쟁 관계다. 이러한 불균형이 미래에도 지속될 것이므로 다패의 형성이 가능한 최적의 환경이 만들어지고 있다. 이런 맥락에서 많은 사상자를 발생시킨 2020년의 인도와의 국경 분쟁이나 남중국해에서 주변국과의 충돌은 이들 국가의 반중 정책과 친미로의 선회 때문에 중국의 미래 패권 경쟁에 불리한 요소로서 작용하고 있다.

5장에서 얀 질롱카는 유럽 통합 프로젝트는 패권의 종식을 위해 유럽 국가들이 벌인 노력의 결실로 보지만, 힘의 차이에서 오는 위계적 국제질서는 패권이라는 개념의 유용성을 증대시켰다고 본다. 특히 이 책이 도입한 다패라는 개념으로 주요국들의 영향력 행사방식을 분석하면 '힘의 정치'가 어떻게 다르게 구현되는 지가 분명해진다. 미국이나 다른 강대국과 달리 군대를 갖지 않은 행위자로서 EU는 무역과 규제적 성격의 국제 활동을 통해 권력을 행사한다. 유럽의 다중심적 거버넌스 방식은 새로운 제도적 장치를 마련하고 국제적으로 정당한 규칙을 제정하는 데 적합하다. 특히 유럽이 주장하는 규범 권력(normative power)은 법치, 좋은 거버넌스, 지역 통합을 통해 민주주의와 인권을 보장하는 데 초점이 맞추어져 있다. EU가 권력을 행사하는 방식도 중국의 유교적 통치이론이 주장하는 것과 비슷하게 무력을 통한 통치가 아니라 모범적 국가연합을 만들어 다른 국가들이 추종하게 하는 것이다. 질롱카는 세계가 다패의 시대로 진입하고 있어, 비슷한 영역에서 패권 경쟁이 발생할 때 공통의 규범이나 규칙을 만들기는 어려운 시대가 될 것으로 예측했다. 그래도 이것이 새로운 세계대전의 발발로 이어지기보다는 각각의 패권국이 강점을 가진 분야에서 패권의 확대를 추구하는 경쟁의 시대가 될 것이라고 보았다.

6장에서 에카테리나 콜두노바는 냉전 이후 러시아 외교정책의 지향점을 국제질서와 패권의 관점에서 냉정하게 분석한다. 서구와의 통합을 지향했던 초기의 탈냉전 정책이 서구에 대한 균형 정책으로 대체되다가, 푸틴의 집권기를 맞아 강대국으로서의 복귀가 러시아 외교정책의 핵심 목표가 되었다. 이에 맞춰 러시아의 학계 및 전문가 그룹도 새로운 세계질서의 변화를 추적하고 있는데, 그들의 주된 판단은 미국의 지도력과 질서 구축에 필요한 패권이 종식되고 유럽도 새로운 국제체제 구축을 위한 구심점의 역할을 상실했다는 것이다. 패권의 종식 이후 등장하는 것이 다중심적 세계질서이며, 이러한 새로운 환경은 러시아가 강대국으로서의 영향력을 확대할 기회가 되고 있다. 콜두노바는 러시아가 지리, 역사, 문화, 군사, 기술적으로 막대한 잠재력을 보유한 국가지만 이러한 영역에 내재된 불균형이 러시아를 아주 특수한 강대국으로 만들고 있다고 본다. 서구와 비교해 열악한 상황에 있거나 서구에 의해 인정받고 있지 못하다는 판단이 러시아가 국제정치에서 올바른 위치를 찾고자 하는 노력을 근대기 이후 지속하게 했다. 냉전의 종식 후 서구의 일원으로 복귀하고자 했던 러시아는 북대서양조약기구(NATO)의 확대와 유고슬라비아와 이라크를 비롯한 국제 분쟁에서 서구와의 이견으로 중국이 지향하는 다극 체제를 지지하는 쪽으로 기울었다. 프리마코프 전 총리가 주장한 국제체제에서의 비서구 행위자들의 집합체라고 할 수 있는 러 · 중 · 인도의 삼각관계를 통한 균형 정책, 혹은 '브릭스(BRICS: 브라질 · 러시아 · 인도 · 중국 · 남아공)' 및 상하이협력기구(SCO)를 통한 집단지도체제(collective leadership)의 구축이 러시아 외교정책의 근간이 되었다. 우크라이나와의 크림반도 사태와 신종 코로나바이러스 감염증(COVID-19)의 확산 이후 유럽과의 디커플링(decoupling)은 가속화하고 있다. 이러한 상황에서도 러시아는 서구 및 중국에 의해 주도되는 국제체제에 대한 대안적 세력으로서 군사 · 전략, 우주개발, 정보통신기술, 지역 통합 등의 분야에서 경쟁력을 확보하고 있다. 이러한 러시아의 역량과 잠재력이 다가오는 다패 시대에서 러시아의 역할이 주목받을 수 있는 기반이 되고 있다. 특히 동유럽, 코카서스, 중앙아시아, 중동, 북극 및 동북아시아에서 러시아는 구조적 영향력을 행사하고 있다.

7장에서 라비 바지파이와 스와티 파라샤는 다패 세계에서 최대 강국인 미국 및 중국 중에 어느 국가를 선택하기보다는 양국과 일정한 파트너십을 구축하려는 인도의 노력을 설명한다. 다패 시대를 맞아 세계질서의 성공 열쇠는 단일 국가가 다른 강대국을 무시하며 특정한 정치문화 및 거버넌스 모델이나 개인적 선호도에 따른 이상과 정책을 강요하는 것을 허용하지 않는 데 있다. 이를 위해 바지파이와 파라샤는 인도의 패권적 야망과 국제관계에서 반패권 저항의 역사를 추적한다. 이 장은 세 부분으로 구성되어 있다. 첫째, 독립 후 네루의 외교정책이 보여줬던 규범적 강국이자 패권 질서에 대한 도전자로서 인도의 도덕적 접근방식을 설명한다. 하지만 1962년 중국과의 전쟁에 따른 군사적 실패는 인도의 국제적 영향력을 인도 아대륙(印度亞大陸)으로 축소시켰다. 둘째, 남아시아를 안보의 중요한 영역으로 인식한 지역 패권국으로 인도의 역할을 주목한다. '아시아의 세기'라고 불리는 21세기는 인도가 진화하는 패권 구상에서 핵심적인 역할을 할 수 있게 했다. 셋째, 21세기에 강력한 글로벌 행위자 중 하나로 인도의 부상을 추적하고 다패 세계에서 인도의 역할에 대해 논의한다. 과거의 실수와 복잡한 동맹 역사에도 불구하고 세계 최대의 민주주의국가인 인도는 기존의 세계정치의 패권 구조에 의미 있는 변화를 가져오기 위해 다른 국가와 다자간 연합체를 형성할 수 있는 최적의 위치에 있다고 주장한다.

3부는 세 개의 한글 논문으로 구성되는데 패권의 어제와 내일을 조망한다. 8장에서 손기영은 유일 패권이라는 관점에서 현재 진행 중인 미 · 중 패권 경쟁에 대해 새로운 시각을 제시한다. 역사적 접근법을 이용해 전 세계적 유일 패권을 형성했던 두 개의 국가인 영국과 미국의 패권국화의 경로를 조사한다. 먼저 21세기 패권 경쟁의 향방에 대한 최근의 논의를 소개한 후, 국제관계 이론을 이용해 패권에 대한 개념을 정리하고, 유일 패권의 형성 조건을 분석한다. 이러한 논의를 바탕으로 영국과 미국의 유일 패권화 과정을 군사력, 경제력, 지도력 관점에서 정리한다. 영국과 미국의 유일 패권 사이에 100년이라는 시간이 패권 경쟁 기간이었으므로 새로운 유일 패권의 형성은 기존의 예측과는 달리 오랜 시간이 걸릴 가능성이 크다. 이런 점에서 다패 시대를 맞아 패권 경쟁국은 물론 주변국들도 패권 경쟁의 장기화에 대비할 필요성이 있음을 주장한다.

9장에서 송규진은 중국의 패권을 보장한 조공체제가 근대조약체제로 전환되는 과정이 예상과 달리 복잡하고 다면적이었다고 주장한다. 19세기 말 청이 국력 면에서 조선에 대한 패권을 행사할 능력을 상실하는 상황이 되었지만, 서구 열강이 암묵적으로 조선에 대한 청의 특수 지위를 인정해 주는 과도기가 있었다는 것이다. 서구 열강이 동아시아까지 세력을 확장함으로써 한국을 둘러싼 국제질서가 조공체제에서 근대조약체제로 변화하게 되었다. 이 과정에서 중국은 조공체제를 유지하려 했고, 일본은 한국을 근거지로 하여 대륙침략을 획책했다. 러시아도 태평양으로 진출하기 위해 한국을 주목했고 영국은 러시아를 견제하기 위해 노력했다. 이에 따라 한국의 전략상 중요성은 한층 부각되었다. 여기에서 주목할 것이 기존의 동아시아 질서에 대한 서구의 견해다. 서구 열강은 한국에 대한 중국의 종주권을 부정하려

했지만 자국의 이익에 반하지 않으면 암묵적으로 한국과 중국의 특수 관계를 인정했다. 근대조약체제라는 입장에서는 중국의 한국에 대한 종주권을 인정하지 않았지만 조공체제라는 입장에서 중국의 한국에 대한 우월성을 인정한 것이다. 한국이 근대조약체제에 편입되었는데도 전근대적인 조공체제를 유지함으로써 중국은 한국을 둘러싼 패권을 당분간 행사할 수 있었다. 청일전쟁 이후 「시모노세키조약」으로 조공체제가 전면 부인되었지만 '삼국간섭'으로 일본이 한국을 둘러싼 국제질서에서 패권을 장악하지 못하고 정세가 급변하는 과도적 시기를 맞이하게 되었다. 이후 일본은 러일전쟁을 통해 한국을 둘러싼 국제질서의 패권국으로 등장하게 된다.

10장에서 이용욱은 현재 진행 중인 패권 경쟁과 국가-주권 시스템을 넘어 탈패권(post-hegemonic) 혹은 비패권(non-hegemonic) 세계로 이어질 수 있는 로드맵을 제시한다. 21세기 벽두에 진행 중인 중국의 부상을 분석할 때 단순한 패권국의 부상이 아니라 세계사적 의미에서 중국이 기존의 국가-주권 시스템을 뛰어넘는 대안적 세계질서의 운영과 작동원리를 제시하고 실행할 수 있는가가 중요하다고 주장한다. 즉 중국이 세계질서를 재편해 전지구적 문제들을 근본적으로 해결할 역량과 비전을 가지고 있는가가 핵심 질문이다. 첫째, 중국이 국가-주권 시스템의 개혁을 추진하는 주체가 될 수 있다고 주장한다. 중국이 국가-주권 시스템을 창안하지 않아서 이 제도에 대한 역사적 애착이 크지 않다. 중국은 19세기 말 유럽발 국가-주권 시스템에 편입된 이후 왕조 붕괴, 내전, 공산주의 체제 등장, 냉전, 탈냉전 등의 국내외 격변을 거치며 국가-주권 시스템에 적응해 왔고 이제는 G-2로 자리매김하였다. 따라서 중국은 국가-주권 시스템이 내재하고 있는 모순을 직접 경험하였고, 중국 공산당은 세계질서재편에 있어 현상유지만을 고집하지 않는 유력한 정치세력이다. 중국의 근대화 경험과 물질적, 지적 토대가 새로운 질서재편에 기여할 수 있는 동력이 될 것이다. 둘째, 이러한 가능성에도 불구하고 중국이 국가-주권 시스템을 개혁할 비전을 현재로선 보유하고 있지 않다. 이 장은 중국 내부에서 논의되고 있는 세계질서 재편에 대한 담론과 정책을 비판적으로 검토하여 다음과 같이 주장한다. 중국 내부의 담론들은 그 내용에 있어 중국이 당면하고 있는 현실과 정책 처방에 있어 차이가 존재하나, 국가-주권 시스템을 뛰어넘은 비전은 제시하지 못하고 있다. 중국은 서구 답습적인 패러다임에 갇혀있어, 중국의 부상이 중국과 세계가 당면한 안보, 경제, 기후/환경 문제를 근본적으로 해결할 수 없음을 함의한다. 중국이 제시한 조화사회론과 중국몽 역시 국가중심적 사고에 갇혀있어 문명적 대안이 되기에는 한계가 있다. 이러한 맥락에서 중국몽의 첫걸음이라고 간주되는 '일대일로' 정책의 검토를 통해 대안적 세계질서로서 그 가능성과 한계도 논의한다. 중국의 의도와는 달리 일대일로가 국가-주권 시스템을 기반으로 추진되는 한 러시아와 미국과 경쟁하는 19세기적 지정학의 부활을 가져올 수 있음을 논증한다. 결론적으로, 중국은 향후 국가-주권 시스템을 포함한 세계질서 재편을 구체적으로 제시하는 노력을 기울여야 할 것으로 보인다. 중국은 세계질서 법제화 및 초국가 권위 확립을 고려해 볼 수 있는데 EU의 운영원리가 중국이 참고할 수 있는 사례가 되겠다. 이와 함께, 미국과 대타협(Grand Compromise)을 매개로 한 세계정부론도 중국이 고려할 수 있는 선택지일 것이다. 이 두 시나리오 모두 국가-주권 시스템을 넘어선 다층적 권위 체제 확립에 관한 것인데, 이는 이슈별 초국가 권위 체제 확립을 포함하고 있다.

결론에서는 이상의 논의를 종합하면서 새로운 다패 시대를 살아갈 국가들의 정체성 문제와 효율적 거버넌스 문제를 살펴본다. 새로운 21세기 외교전략으로 다동맹이라는 접근법도 제시한다. 신춘추오패가 21세기의 강대국으로 자리매김하는 데는 그만큼 축적된 역량이 새로운 시대를 맞아 발현되는 것이다. 이 책은 신춘추오패의 성장과 상호관계를 살펴보고 이들과 다른 여타 국가들이 형성해 갈 새로운 세계질서를 논의했지만, 한국의 성장과 미래 전략에도 많은 시사점을 제시한다.

참고문헌

김찬완. 2011. 『인도의 외교정책』. 서울: 외교통상부.

Jaspers, Karl. 2010. *The Origin and Goal of History*. Oxon: Routledge.

Karim, Usman. 2009. “India from Nonalignment to Poly-Alignment.” Available from https://defence.pk/pdf/ threads/india-from-nonalignment-to-poly-alignment. 38661/.

Son, Key-young. 2016. "Multihegemony, 'Sutured Regionness,' and the US-China-Japan Triangle," *Asian Perspective* 40(1): 79-103.

Son, Key-young and Andreas Herberg-Rothe. 2018. *Order Wars and Floating Balance: How the Rising Powers Are Reshaping Our Worldview in the Twenty-First Century.* Routledge, 2018.

Zhang, Yongjin. 2001. "System, Empire and State in Chinese International Relations." *Review of International Studies* 27(5): 43-63.

2

Introduction: Multiple Hegemonies and Global Order

Key-young Son

Is it futile to study hegemony anymore, as some scholars have already declared a farewell to hegemony? They regarded hegemony as a fiction intended to justify the U.S.'s global leadership and its massive military-industrial complex (Reich and Lebow 2014; Cooley and Nexen 2020). This book takes a novel approach similar to the way in which Eisenstadt (2000) conceived the term, multiple modernities, to explore alternative possibilities apart from the homogenizing Western project of modernization. This book debunks the myth of the conventional notion of hegemony as a form of supremacy or primacy in all major sectors, such as military, economy, technology, and ideas. By doing so, this book creates a more nuanced and aptly tailor-made notion of hegemony befitting the international order of the twenty-first century.

Why is the study of hegemony necessary in the twenty-first century, especially at a time of declining U.S. hegemony? The answer is simple. If a gigantic earthquake hits your community, the tremor itself may last a few seconds or minutes at most, although aftershocks may continue for days. But the scale of destruction and the level of psychological traumas may inflict those affected for the rest of their lives.

Since the fall of the Soviet empire, the United States had exercised hegemony for about two decades while the entire world became succumbed into "a de facto American sphere" (Allison 2020, 30). After the 2007/8 financial crisis, the once-unrivaled hegemon divulged far-reaching weaknesses, while China, India, Russia, and other rising powers accelerated their ascendancy. In a most dramatic turn, the "U.S. share of global GDP—nearly one-half in 1950—has gone from one-quarter in 1991 to one-seventh today" (Allison 2020, 32).

In the third decade of the twenty-first century, we find ourselves in a new world of uncertainty where great powers are struggling to maintain an uneasy balance of power in the absence of a stable world order. Although the United States seems to have lost its influences of the past, the U.S.-built systems and institutions are more or less intact. Furthermore, no state have appeared to immediately take over the hegemonic leadership exercised once by the United States. Looking back, the United States had enjoyed unrivaled military and economic power, buttressed by the charm of its political and economic systems, represented by democracy and free market economy. With unipolarity dissipating, however, the world has enjoyed what Steven Pinker (2011) called 'the New Peace' and it is time to analyze what made the most peaceful period in history possible (Fettweis 2017, 451).

Despite the short span of U.S. hegemony, we are prone to regard hegemony as something residual. At least, we say 'hegemonic struggles' as if a new round of competition would soon produce a new hegemon. Nevertheless, it is increasingly unthinkable to imagine a new global hegemon emerging sooner or later, at least in the next two decades. It is unwise to try to predict what will happen after two decades because the speed of technological innovation, especially in the sector of artificial intelligence, would irreversibly transform the nature of the international order we are aware of.

In other words, we live in an interregnum, a term originally referring to the period of time between the reign of one monarch and the next, marked by uncertainty, unrest, and civil and succession wars. During this period, the 'game of thrones' takes place among a handful of contenders. Nevertheless, this period might last long indefinitely in a fluid international order of the twenty-first century.

The period of uncertainty and disorientation, dubbed 'liminality' in Western philosophy and anthropology, occurs in the middle stage of a rite of passage, when the youthful participants no longer hold their pre-ritual status but have not yet completed the transition to the status they will hold when the rite is over. As the origin of the word goes, those participating in a rite of passage stand at the 'threshold' between the previous mode of structuring their identity, time or space and a new mode. Likewise, the hierarchies, values and principles that had ruled the twentieth century or before will be reversed, dissolved, or thrown into doubt in the twenty-first century. The collapse of the established international order will lead to a fluid, malleable period, called a period of 'order war' in which the world's great powers will intensify competition and cooperation to establish a new international order (Son and Herberg-Rothe 2018). If this order war leads to the creation of a new order and subsequently a new human civilization with new values and principles, it would be described by posterity as an 'Axial Period'. Originally, Jaspers (2010, 1) used the term to demarcate a period between the 8th and 3rd century BC, when new ways of thinking in religion and philosophy emerged in China, India, Persia, and the Greco-Roman world all at once.

Hegemony Theories and Multiple Hegemonies

The coining of a new term, 'multiple hegemonies', was possible in the specific time and space of the twenty-first century (Son 2016). It refers to the simultaneous existence of hegemons involved in competition and cooperation. The simultaneous existence of hegemons sounds like an oxymoron, because the idea of multiple hegemonies runs against the core notion of hegemony implying that all material and ideational powers are held in one hand. Many scholars agree that the hegemonic structure implies the case in which a "single powerful state controls or dominates the lesser states in the system" (Gilpin 1981, 29). The conventional mechanism of hegemony, resting on material power, is most effectively exercised when a hegemon is able to establish a set of norms that others willingly embrace: "The papers, memoirs, and policy memoranda of British officials in the nineteenth century and U.S. officials in the twentieth century contain frequent allusions to both the need to articulate a set of norms that legitimate their designs for international order and the need to socialize other states into a community bound by shared norms and values" (Ikenberry and Kupchan 1990, 294).

However, something unthinkable, different from the conventional dynamic of hegemonic struggles, has been occurring in the twenty-first century in which we see the divergence of military, economic, and normative aspects of power and hegemony. In other words, the military hegemon finds it difficult to use its military muscles to destroy hegemonic challengers in order to maintain its hegemony. The rising economic hegemon is not all out to translate its economic fortunes into military and political capabilities. This is an anomaly, if you look back and see what Germany did twice in the first half of the twentieth century. Germany went all out to simultaneously accelerate its economic and military buildups to claim a hegemonic status at least in continental Europe. China is still subscribing to the idea of "peaceful rise," matched with soft balancing, while the United States and other allied states are also short of introducing hard balancing against China's ascendancy (Han and Paul 2020). This novelty in the balancing behavior clearly shows that the intensity of hegemonic contention would be relatively low with no immediate outcome on the horizon. Of course, the hawks in Washington D.C. argued that the on-going trade war is just a prelude to a long, protracted competition with China (Haley 2019).

Apart from the Sino-American competition, the EU, called a "normative power," has been dubbed the reservoir of good ideas and norms, especially the high living standards stemming from good governance, protection of human rights, and peaceful approach to conflict resolution (Manners 2002; Whitman 2011). Despite the lack of military power, the EU has been the target of emulation for many regional states struggling to form a viable community of nations.

Therefore, the theoretical orientation of this book is not associated with either mainstream theories of hegemony or Gramscian critical variants, but pursues a third way in which hegemons with different characteristics pursue harmony or a floating balance for the sake of survival and prosperity. Both mainstream theories of hegemony and their critical variants strove to illustrate why hegemony could be beneficial or consensual. Hegemonic stability theories regarded hegemons as the providers of public goods rather than predators, while the "Gramscian distinction between true 'hegemony' and mere 'domination' highlights the consensual elements in hegemonic orders, which outweigh, but never displace, force and coercion" (Lacher and Germann 2012, 103). In contrast, some scholars argue that retrenchment could become an attractive strategy for dealing with great power decline, since a declining hegemon is able to "reform their militaries, increase reliance on allies, and refrain from using force in international disputes" (MacDonald and Parent 2011, 44).

Spheres of Influence and Multiple Hegemonies

Then what will happen to the sphere or spheres of influence? Will the United States have to come home from its overstretched outposts of influences in a form of retrenchment? The answer is no. In this globalized world, it is impossible to indoctrinate the Western-educated Chinese intellectuals and the citizens of Hong Kong and Taiwan with Communist ideologies and discard such ideas and values as democracy, rule of law, and free market economy. In the same way, it is impossible to drive out the "made-in China" or "made in India" products from the U.S. markets. Looking back, however, it had been possible for the communist bloc countries to crack down on the capitalist products, modes of production, and even thinking and vice versa, thus creating regional hegemony in a form of bipolarity.

Therefore, it will be hard to divide the world again into the spheres of influences against the predictions of international relations specialists that geopolitics would come back in a rejuvenated manner. Of course, some twenty-first century hegemons will try to create their exclusive spheres of influence, but to no avail. See what had happened in Hong Kong and Taiwan. There have been protracted pro-democracy rallies and demonstrations in Hong Kong, while Tsai Ing-wen, a pro-Western incumbent, was reelected as president by a landslide in an almost losing race in January 2020, because of the Hong Kong factor.

What will happen is not a retrenchment, but just an uneven distribution of influence across the world because, in some countries or regions, the thinning-out of influence by the established hegemons will take place, while others wield more influences than before.

Multi-Hegemony or Multi-Polarity

To what extent is the concept of multiple hegemonies or multi-hegemony befitting the twenty-first century international order, compared to multi-polarity? When it comes to polarity, its most wide usage has been Cold War bipolarity. The two regional hegemons, the United States and the Soviet Union, dominated the capitalist and communist blocs respectively. In other words, bipolarity and multipolarity presume the existence of regional spheres of influences and the poles as the greatest powers in each bloc. This state-centric view surrounding bipolarity or multipolarity has been losing currency, given the agenda-setting functions of non-state actors and the EU, as well as the fragmentation of hegemonic roles (Reich and Lebow 2014). In this vein, Reich and Lebow (2014) highlighted the agenda-setting roles of the EU, the global economic management of China, and the security sponsorship of the United States.

Rather than seeking to jettison the term, hegemony, as nothing more than the relic of the past, we develop the notion of hegemony reflecting the newly unfolding phenomena of the twenty-first century. Multiple hegemonies refer to the case in which all states or state federations, identified as hegemons, are global powers with global influences, a clear reflection of the globalized world of the twenty-first century. It goes without saying that China's influences will be greater in its vicinity than afar. But, without assessing its growing influences in Africa and Latin America, we cannot accurately size up the real potential of China's globalism. Many regions of the world from East Asia to Latin America, despite a recent setback caused by Brexit, have attempted to emulate the EU's community-building practices, high living standard and welfare society. Although their global roles are weaker than the U.S., China and the EU, the two giant states, Russia and India, have played rivaled regional hegemonic roles which has had a far-reaching impact on the other parts of the world.

Why Multiple Hegemonies Last Long?

Hegemony is prone to face challenges. The weakening of a hegemonic state emboldens a rival state or states to challenge the established hierarchy and start struggles for hegemony. With the dawn of the twenty-first century, we may be slowly falling into a chaotic international order, as witnessed in the Spring and Autumn Period in Chinese history in the eighth century B.C. or in the Middle Age after the fall of the Western Roman Empire in the fifth century.

Back then, the hegemonic struggles were put to an end when a new hegemon rose and dominated the rival states by means of war and alignment in the Spring and Autumn Period, or political hegemony was replaced by religious hegemony in the Middle Ages. In the twenty-first century, alliances and alignments are common, but a war amongst great powers is unthinkable because of nuclear weapons and mankind's abhorrence to large-scale destruction resulting from world wars. Likewise, the single most important fact, even to the adventurous U.S. President Ronald Reagan, was his consensus with Soviet leader Mikhail Gorbachev: "a nuclear war cannot be won and must never be fought" (Allison 2020, 32).

Five Hegemons and Conflictual Cooperation

The relative decline of the United States is closely associated with the relative rise of China, EU, Russia, and India. Altogether, the five powers loom large in international politics in the foreseeable future with little chance of a single power claiming hegemony. In this vein, this book aims to divert the current focus from Sino-American hegemonic struggles to a multi-power competition and cooperation. Even though the influences of the U.S. and China appear much bigger than the three other powers, the presence of EU, India, and Russia makes the world not a prize of war and hegemony, but a living space of diverse peoples and civilizations, as well as multiple ideas, cultures and norms. Given the differences of their type of states, tension and friction will be the norm, but still what we can expect from the interaction among these hegemons is 'conflictual cooperation'. In other words, hegemons are supposed to address conflicts in a relatively peaceful way as mature powers without resorting to a military option.

In fact, the return of the ancient civilizations (China and India), the twentieth-century empires (the U.S. and Russia), and the twenty-century invention (EU), all make the world a multi-hegemonic space in which the twentieth century-style great wars and domination have a less possibility of repeating.

Pax Britannica and Pax Americana

In terms of global hegemony, only two states enjoyed the status of a hegemon: the British Empire and the United States. In the names of Pax Britannica and Pax America, the two states dominated the globe militarily and economically, introducing their own systems and values to many parts of the world. At the turn of the twenty-first century, the successive U.S. administrations, especially the Trump administration, have injected an air of uncertainty to the global security strategies of the former hegemon. Trump's hint at the possibility of withdrawing its overstretched forces from East Asia could signal a good move to elicit China's cooperation under uncertainty (Haynes 2019).

Twenty-First Century Hegemons

The twenty-first century hegemons are much different from conventional hegemons. These states are not hegemonic states or hegemons in the conventional definition because none of them claim a hegemonic status. They are hegemons by default because they find it hard to put an end to hegemonic struggles by means of war or alignment in the twenty-first century. The realist tradition of hegemonic stability theory describes hegemony as a form of supremacy in all areas, military, economic and normative. Unlike the hegemons of the past, the twenty-first century hegemons are globally influential powers demonstrating their own areas of strength: the U.S. as a military hegemon, China as an emerging economic hegemon, and the EU as a hegemon in human rights, community-building and other values. India, the soon-to-be state with the largest population, and Russia with the largest territory and natural resources, are also key players in these races for hegemony on both global and regional levels. India rose up in the hierarchy of key strategic countries when President Trump pursued Indo-Pacific strategies as part of containing China's ascendancy. Vladimir Putin, who annexed Crimea, has often been picked as the most powerful man in the world, dwarfing the status of a U.S president.

As mentioned earlier, the notion of multiple hegemonies implies the importance of harmony amongst the five hegemons. In fact, all four hegemons, except for the EU, are nuclear powers with sizable economic power. Rather than falling into the trap of the classical realist notion of fear or the neo-realist notion of international structure as anarchy, the dynamic of multiple hegemons will be one of recognition, non-recognition or misrecognition. When Chinese President Xi Jinping demanded that the United States recognize China as a great power in his rhetoric of "new type of great power relations," the question was not whether China is a great power or not, but what kind of great power it is. China needs to tell to the international community that the contemporary China, unlike Mongolian- or Manchu-dominated China, succeeds the legacies of slightly more peace-oriented Chinese kingdoms such as Song and Ming where trade and commerce thrived in a relatively liberalized economy. Therefore, the good practices and proper recognition by the peers will be the key principle in maintaining a harmonious interaction among these hegemons.

Therefore, it is time to adjust ourselves to the uneasy time and space in which there is no fixed hegemon-vassal or patron-client relationship, no superior values, and no time-proven systems and institutions. If the story goes in the right direction, it will be a return to the Spring and Autumn Period in the absence of major wars, but with the positive features of the period in terms of technological innovation, literary and philosophical achievements, and expansion of industries and infrastructure. If anything goes wrong in an apocalyptic proportion, we will plunge in a nuclear war leading to a nuclear winter with a risk of extermination.

It is important to set up new rules and institutions for this new age. Before that, we need to reflect on the shift of international order and reassess our worldviews and our notion of international relations.

Outline of the Book

This book consists mainly of two parts. After the introductory part, Part II comprises five chapters written in English, followed by Part III written in Korean.

In Chapter 3, Christopher Fettweis argues that the world is unambiguously unipolar, although the United States does not possess corresponding hegemony. Comparing the two major powers, the United States and China, Fettweis noted that the United States is stronger than any competitor in the spheres of military capability, economic power and global leadership. Fettweis, nevertheless, leaves open the possibility of multiple hegemonies unfolding in the twenty-first century, with multiple hegemons existing side-by-side, "united by interest if not by affection, by structure if not ideology." As the nature of power evolves, according to Fettweis, it is conceivable for states to assert dominance or leadership in one measure and not others. In other words, we might identify one state's hegemony in economics and another's in military aspects. Because of inexorable linkages of these two spheres, however, it is almost impossible to neatly divide them. Nevertheless, if the concepts are well understood, new and more complex discussions of the intricacies of twenty-first century power become possible. All in all, Fettweis argues that Sino-American relations are likely to remain peaceful, in spite of occasional crisis, because of six outstanding reasons.

In Chapter 4, Zhen Han and Zihao Liu argue that China, as a rising hegemon, should take a non-conventional way of competing with the incumbent hegemon, the United States. They note that China should be more focused on building and empowering its economic hegemony than resorting to the costly and often counterproductive competition with the United States in the military sphere. The best policy options for China could be nuclear deterrence, economic interdependence, institutional balancing, and soft balancing strategies. The contemporary unfolding of an international order is characterized by a temporary mismatch of economic and military powers between the two great powers: China demonstrates economic strength with a limited military power and the United States exhibits economic vulnerability in spite of its powerful military forces. Because the asymmetrical competition appears to be continuing into the foreseeable future, it sets the perfect environment for the unfolding of multiple hegemonies. Han and Liu argue that the recent assertive military actions by China vis-à-vis India and in South China Sea have been counterproductive, because the affected countries have taken measures hampering China's rise as an economic hegemon, while getting closer to the United States.

In Chapter 5, Jan Zielonka argues that, although European integration was designed to get rid of power politics, such terms as power, hegemony and empire facilitate comparisons among the world's major powers. For instance, the EU chiefly practices power politics through trade and regulatory activism, since it does not possess an army. In this line, Zielonka compares the EU with the United States, China and Russia from the perspectives of international order and hegemony. He highlights that the EU sets its sights on the rule of law, good governance and integration, even though it is hoped that these will in turn secure democracy and protect human rights. By setting a good model, like what the Confucian tradition of China has done, the EU seeks to spread democracy and human rights globally. Like Russia, the EU wants to play the role of a stabilizer in the security area. All in all, Zielonka noted that we enter a period of multiple hegemonies with different characteristics. He noted, "The more these hegemonies differ in nature and the more they contest similar spheres, the more difficult it is to establish common norms and rules to handle their conflicting claims." Nevertheless, this does not necessarily imply a new world war, because a contest among hegemons is chiefly in the field of economics, regulation or ideology.

In Chapter 6, Ekatenia Koldunova analyzes the vicissitude of Russia's foreign policy objectives since the collapse of the Soviet Union from the perspectives of international order and hegemony. Russia pursued an integrationist approach with the West right after the end of the Cold War, only to be replaced with a balancing strategy after the expansion of the North Atlantic Treaty Organization (NATO) and the rising confrontation with the West over the settlement of the conflicts in the former Yugoslavia and Iraq. Given that the Putin administration has been aspiring to restore Russia's international status as a great power, a phalanx of Russian scholars and experts portrays an emergence of a new international order in which American hegemony has collapsed and Europe lost its central role in the establishment of a new global order. The end of hegemony opened the way for the emergence of a polycentric world in which Russia, as one of the great powers, could act globally. In this new international milieu, Russia, aligned with China, has a potential to play a bigger role as the key state in what is called 'Greater Eurasia'. As an alternative power keeping global influences, Koldunova noted, Russia could hold its own hegemonic sphere of influences in several sectors, including military-strategic technology, space exploration, natural resources and finally its own huge landmass which remains in many respects the world's last frontier. While keeping some characteristics different from the West and China and partial hegemony in certain sectors, Russia could cooperate and compete along the issue areas in the newly emerging milieu of multiple hegemonies.

In Chapter 7, Ravi Dutt Bajpai and Swati Parashar illustrate India's efforts to forge partnerships with both the United States and China in a world of multiple hegemonies. They argue that the key to the success of the multi-hegemonic order lies in not allowing a singular leviathan to override other great powers to impose arbitrary ideas and subjective ideals from the position of domestic political culture and governance model or from the personal preferences of individual leaders. To do this, Bajpai and Parashar trace the genealogy of postcolonial India's hegemonic ambitions and its counter hegemonic resistance in international relations. It is organized into three sections; the first section examines the advent of independent India's Nehruvian foreign policy and its distinct moral approach which enabled India to emerge as a normative power and also as a challenger to the prevalent hegemonic order. The military debacle in the 1962 war with China not only halted India's burgeoning international influence, but also curtailed India's sphere of influence down to the Indian subcontinent. The second section explores India's perception of South Asia as a critical sphere of security and India's role as a regional hegemon. The twenty-first century, referred to as the 'Asian Century', allowed India to emerge as one of the key players in the evolving hegemonic configuration. The third and final section traces India's emergence as one of the powerful global actors in the twenty-first century and discusses how India is negotiating its role in the world of multiple hegemonies. Despite its past mistakes and complex histories of alliances, India, as the world's largest democracy, is best placed and prepared to forge a multilateral collective with other states in order to bring a meaningful change in the existing hegemonic structure of global politics.

Part II includes three chapters written in Korean. In Chapter 8, Key-young Son presents a new perspective on the ongoing hegemonic competition between the United States and China in terms of sole hegemony. Using a historical approach, the path of hegemony of Britain and the United States, the two countries that formed the world's sole hegemony, is investigated. First, a recent discussion on the direction of hegemonic competition in the 21st century is introduced, then the concept of hegemony is summarized using the theory of international relations, and the conditions for the formation of sole hegemony are analyzed. Based on these discussions, the formation of sole hegemony by Britain and the United States is illustrated in terms of military power, economic power, and leadership. Given the cases of Britain and the United States, it is highly likely that the formation of a sole hegemony will take quite a long time, contrary to previous predictions, and it is argued that rival countries as well as neighboring countries need to prepare for prolonged hegemonic competition in this era of multiple hegemonies.

In Chapter 9, Kue-jin Song argues that the process of converting the tributary system that guaranteed China's hegemony into the modern treaty system was unexpectedly complicated and multifaceted. As Western powers expanded their influences to East Asia, the international order surrounding Korea changed from a tributary system to a modern treaty system. In this process, China tried to maintain a tributary system, while Japan planned an invasion of the continental Asia using Korea as a staging base. Russia also paid attention to Korea to advance into the

Pacific and the British tried to keep Russia in check. Accordingly, Korea's strategic importance has emerged. What should be noted here is the Western view of the existing East Asian order. Western powers tried to deny China's sovereignty over Korea, but if it did not go against their own interests, they implicitly recognized the special relationship between Korea and China. In the standpoint of the modern treaty system, the West did not recognize China's suzerainty over Korea, but from the standpoint of a tribute system, it recognized China's superiority over Korea. In this way, even though Korea was incorporated into the modern treaty system, China was able to exercise the hegemony of the international order surrounding Korea for the time being by maintaining the premodern tributary system. After the Sino-Japanese War, the tributary system was completely denied under the "Shimonoseki Treaty" but, due to the Triple Intervention, Japan faced a transitional period in which Japan could not seize hegemony in the international order surrounding Korea. After that, Japan emerged as a dominant country in the international order affecting Korea through the Russo-Japanese War.

In Chapter 10, Yong Wook Lee explores the question of whether China's rise may offer an alternative world order beyond state-sovereignty system currently in the process of unraveling. On the one hand, China has potential to be a system reformer. Aside from its economic and military capability, as the concept of G2 suggests, China remains arguably the only state among great powers to seriously envision system transformation. After all, China is not the author of state-sovereignty system that Europeans imposed across the world in the late nineteenth century and early twentieth century. On the other, however, China has not yet shown any concrete blueprint for an alternative world order. Despite China's challenges to the institutions and practices of the U.S.-led world order, the nature of Chinese policy discourses among government officials, scholars, and pundits still stays at the level of debating the strategies of how China better manages its rise in terms of when and how China stands up to the U.S. Lee concludes this chapter by noting the ways in which China can construct a post state-sovereignty system possibly in collaboration with the U.S. and other great powers in this emerging era of multiple hegemonies.

In conclusion, this book addresses the questions of identity and governance facing countries and regions in this era of multiple hegemonies. As one of the strategies befitting this era, it proposes 'multiple alliances' in which a state forms a number of military, economic and 'value-oriented' alliances and alignments.

The reason why the five hegemons have emerged, as illustrated in this book, is because their accumulated capacity came into the fore in this transformative period of the twenty-first century. This book examines the growth and relationship of the five hegemons and discusses a new world order that these states will form dynamically. It goes without saying that the findings will also present many implications for Korea's future strategies.

References

Allison, Graham. 2020. "The New Spheres of Influence: Sharing the Globe With Other Great Powers." *Foreign Affairs* 99(2): 30-41.

Bersick, Sebastian, Sebastian Harnisch, Jörn-Carsten Gottwald. Eds. 2016. *China's International Roles. Challenging or Supporting International Order?* Routledge: New York (co-edited with).

Cooley, Alexander, and Daniel Nexon. 2020. *Exit from Hegemony: The Unraveling of the American Global Order*. Oxford: Oxford University Press.

Eisenstadt, Shmuel, N. 2000. "Multiple Modernities." *Daedalus* 129(1):1-29.

Fettweis, Christopher J. 2017. "Unipolarity, Hegemony, and the New Peace." *Security Studies* 26(3): 423-451.

Gilpin, Robert. 1981. *War and Chang in World Politics*. Cambridge: Cambridge University Press.

Haley, Nikki. 2019. "How to Confront an Advancing Threat From China: Getting Tough on Trade Is Just the First Step." *Foreign Affairs*, July 18, available from https://www.foreignaffairs.com/articles/china/2019-07-18/how-confront-advancing-threat-china.

Han, Zhen, and T. V. Paul. 2020. "China's Rise and Balance of Power Politics." *The Chinese Journal of International Politics* 13(1): 1-26.

Haynes, Kyle. 2019. "Useful Ignorance: The Benefits of Uncertainty during

Power Shifts." *International Interactions* 45(3): 421-446.

Jaspers, Karl. 2010. *The Origin and Goal of History*. Oxon: Routledge.

Lacher, Hannes, and Julian Germann. "Before Hegemony: Britain, Free Trade, and Nineteenth-Century World Order Revisited." *International Studies Review* 14(1): 99-124.

Lee, Yong Wook. 2015. "Nonhegemonic or Hegemonic Cooperation? Institutional Evolution of East Asian Financial Regionalism." *Korean Journal of International Studies* 13(1): 91-117.

Lee, Yong Wook and Key-young Son. Eds. 2014. *China's Rise and Regional Integration in East Asia: Hegemony or Community?* London: Routledge.

MacDonald, Paul K. and Joseph M. Parent. 2011. "Graceful Decline? The Surprising Success of Great Power Retrenchment." *International Security* 35(1): 7-44.

MacDonald, Paul K. and Joseph M. Parent. 2018. "The Road to Recovery: How Once Great Powers Became Great Again." *The Washington Quarterly* 41(3): 21-39.

Manners, Ian. 200. "Normative Power Europe: A Contradiction in Terms?" *Journal of Common Market Studies* 40(2): 235-58.

Pinker, Steven. 2011. *The Better Angels of Our Nature: Why Violence Has Declined*. New York: Viking.

Reich, Simon, and Richard Ned Lebow. 2014. *Good-Bye Hegemony: Power and Influence in the Global System*. Princeton: Princeton University Press.

Son, Key-young. 2016. "Multihegemony, 'Sutured Regionness,' and the US-China-Japan Triangle," *Asian Perspective* 40 (1): 79-103.

Son, Key-young and Andreas Herberg-Rothe. 2018. *Order Wars and Floating Balance: How the Rising Powers Are Reshaping Our Worldview in the Twenty-First Century*. London and New York: Routledge.

Whitman, Richard. ed. 2011. *Normative Power Europe: Empirical and Theoretical Perspectives*. London: Palgrave.

Ⅱ

Five Hegemons of the Twenty-First Century

Multiple Hegemonies

3

The United States and Global Hegemonic Order

Christopher J. Fettweis

요약

미국은 21세기 국제관계에서 여전히 단극체제를 유지하고 있지만, 패권을 보유하고 있지는 않다. 패권은 우위에 서서 지배하는 것을 의미한다. 그러나 권력의 성격이 변하면서 한 국가가 하나의 영역에서만 우위 혹은 지도력을 보일 가능성이 있다. 예를 들어 한 국가가 경제력에서 패권을 장악하고 다른 국가가 군사력에서 패권을 행사할 가능성이 있다. 그러나 이러한 영역들이 불가피하게 연결되어있어 한 영역에서 보여주는 진정한 패권이 다른 영역의 패권 획득에 유리하게 작용할 가능성이 있다. 이러한 개념들이 잘 이해될 수 있다는 전제 아래 21세기 권력의 복잡성에 대한 다양한 논의가 가능할 것이다.

먼저, 현재의 국제질서를 단극, 양극, 다극이라는 개념을 이용해 분석하고, 패권과 우위(primacy)라는 개념도 상호비교해 미국의 국제적 위상을 분석할 이론적 준비작업을 한다. 미국의 국제적 위상은 군사력, 경제력, 지도력으로 볼 때 다음과 같다.

군사력에서 미국은 타의 추종을 불허하는데 2020년 7,320억 달러를 군사비로 지출함으로써 압도적 1위를 유지했다. 이 숫자는 미국 이외에 군사비 지출이 많은 10개국의 군사비 지출을 모두 합한 것보다 많다. 그러므로 이 규모는 경쟁국인 중국이나 러시아의 군사비 지출과 비교할 때 비교가 불가능한 월등한 수치이다. 경제력 분야에서는 일부 영역에서 중국에 우위를 내어주고 있지만, 여전히 다수의 분야에서 압도적인 경쟁력을 보여주고 있다. 최근 벌어진 "흑인의 생명도 중요하다"라는 미국 국내의 인권운동이 전 세계적 파급력을 가져, 브뤼셀에서 '콩고의 학살자'로 불리는 레오폴드 2세의 동상이 철거되거나, 한국의 BTS가 모금 활동을 벌인 것을 보면 미국의 전 세계적 지도력도 여전히 강하다고 볼 수 있다. 종합 국력에서 미국은 중국, 러시아, EU와 비교해 아직 현저히 앞서 있다.

하지만, 미국은 단극체제에서 '세계의 경찰' 역할을 충실히 수행하지 못했고, 아프리카나 중동의 분쟁 개입 사례에서 볼 때 지역의 평화에 기여하지 못했다. 미국은 태평양 지역에서 패권을 유지해왔다고 할 수 있지만, 이것도 중국의 부상에 따라 도전에 직면해 있다. 중국의 관심은 미국의 위상을 위협하는 전 세계적 패권의 추구보다는 주변 지역에서의 패권을 추구하는데 맞춰져 있다.

20세기에 여러 차례 미국 쇠퇴론이 대두되었지만, 미국은 과거의 위상을 곧 회복했다. 결론적으로 아직 미국의 쇠퇴를 증명할 결정적인 사건은 없었다. 어느 국가도 미국을 군사적으로 억제하고 대항할 만한 능력을 갖추지 못했다. 중국이 예외적이라고 할 수 있지만, 중국마저도 GDP의 2% 정도를 군사비에 지출하면서 미국의 군사력에 도전할 의지를 보이지 않고 있다. 하지만 미국 영향력의 전반적인 추락은 다패(多覇)의 가능성을 열어 준다. 또한 비패권적(non-hegemonic) 지역 안보 협의체의 성립도 가능하다.

중국의 부상에 따른 미국의 대응은 군사적 자산을 확충함으로써 억지력을 과시해 중국에 분명한 메시지를 전해야 한다는 쪽과 미국의 군사적 행동이 중국의 유사한 대응을 불러옴으로 오히려 군사적 자산을 철수해 중국이 군사적 행동을 취할 동기를 제거해야 한다는 쪽으로 나뉜다. 미국의 미래 전략은 아직 불확실하지만, 미 · 중 관계가 보다 평화로운 쪽으로 유지될 수 있는 6개의 요인이 있다.

첫째, 미국은 고래이고 중국은 코끼리이다. 미국은 해양 패권을 추구하지만, 중국은 대륙의 패권을 추구하므로 양자는 남중국해와 같은 일부 지역을 빼고는 공존할 수 있는 여지가 많다.

둘째, 미국과 중국은 경제적 이익을 추구하는 국가이므로 총탄이 날아다니는 전쟁은 이들의 국익에 도움이 되지 않는다.

셋째, 미국과 중국의 이익이 일부 영역에서 불일치를 보이지만, 북핵 문제를 포함해 많은 영역에서 협력해왔다. 미 · 중 갈등만이 두드러지는 이유는 이러한 협력이 별 주목을 받지 못했기 때문이다.

넷째, 스티븐 핑커의 '새로운 평화'라는 개념처럼 전쟁에 대한 인류의 태도는 변해왔고, 이것은 미국과 중국의 선택에도 영향을 미칠 것이다.

다섯째, 전쟁은 선택의 결과이기 때문에 미국이나 중국 중에서 어느 쪽도 전쟁을 원하지 않으면 전쟁은 우연히 벌어지지는 않는다.

여섯째, 트럼프의 당선이나 '무역전쟁'과 같은 대중국정책은 충격을 가져왔지만, 이것이 양국 관계의 구조를 변화시키지는 못했고, 미 · 중 간 군사적 출동의 가능성을 확연히 높이지도 않았다.

결론적으로 21세기의 미 · 중 관계는 때로는 위기를 맞겠지만, 전반적으로 평화로울 가능성이 크다. 이것이 구조적 안정성과 상호의존 상태에서 국익의 실현이라는 요인으로 인해 다패의 형성과 평화적 공존의 가능성을 높인다.

Introduction

The 1967 film *Battle Beneath the Earth* depicted the nightmare scenario for national security analysts on both sides of the Pacific: a Sino-American war. In this low-budget "B picture," Chinese troops manage to get around the U.S. Navy by burrowing under the ocean, hoping to pop out near Las Vegas. Fortunately for Uncle Sam - who had been spending time foolishly looking up, toward the moon, rather than down into the bowels of the Earth - their plans are detected. Heroes in the United States quickly begin digging counter-tunnels. The Chinese attempt at a dastardly, Pearl-Harbor-style "bolt from the blue" fails.

Luckily, an actual major war between the United States and China is hard to imagine outside of campy science fiction. Neither side has any interest in conquering the other and could not do so if it wanted to. Smaller conflicts are quite possible, however, and once shooting starts, misperception and blunder can drive events in ways that serve no one's interest. Indeed, the most plausible flashpoints for great power war (and maybe the only plausible ones) are in the Pacific Rim, where Beijing is determined to maintain its theoretical hold on Taiwan and to exert new control over its various littoral waters while Washington is equally determined to prevent it from doing so. Stability in the region depends on the nature of Chinese growth, as well as the transition of power and hegemony. Little wonder that scholars of international relations pay attention to whether the Pacific is heading toward a "Thucydides trap" (Allison 2017), one in which uneven rates of growth lead to conflict neither side wants.

This brief essay discusses the nature of U.S. hegemony worldwide and in the Pacific. It then reviews two models commonly employed to prescribe behavior to avoid the trap and contribute to the development of peaceful, cooperative regional relations. The proceedings end on a positive note, describing the structural elements that tilt the scales toward stability for the world's most important bilateral relationship.

Hegemony, Polarity and Empire

As of this writing, the world is unipolar but the United States is not hegemonic. This is an important distinction, one that has substantial implications for other entries in this volume. Although few things are as tiresome as academic discussions of definitions, clarity matters. As I have explained in more depth elsewhere, the terms *unipolarity*, *hegemony*, *empire* and *primacy* are sometimes employed interchangeably, as if their differences are too slight to warrant discussion, which wallpapers over their considerable nuance and causes analysts to talk past one another (Fettweis 2018, 2-11).

Polarity is a description of the distribution of power across the international system, measured by material capabilities. It is not necessarily dependent upon national choices regarding how power is used, or a grand strategy. Polarity is empirical, to the extent power can be measured. Systems in which power is disproportionately concentrated in two countries, such as the Cold War or fifth-century-BC Greece, are bipolar; when power is spread among a few states, as it was before World War I, a multipolar system results. *Unipolarity* is obtained when one member of a system towers above the rest, irrespective of how that power is used.

Hegemony, on the other hand, results from policy choice. It is the outcome of a successful, active attempt to dominate, to create and sustain a set of rules (Keohane and Nye 1977, 44). The United States could choose not to exercise hegemony and follow a restrained grand strategy that did not seek to dominate the rest of the world without affecting the polarity of the system (Wilkinson 1999). It can also seek to intervene and influence the course of events around the world, or in a region, and thereby exert hegemony. Unipolarity can exist without hegemonic dominance, in other words, at least in theory. It may be difficult to imagine such a scenario, since both the capability and willingness to use it have traditionally been central to international status (Mueller 1995, 37). The United States had what was by many measures the largest economy in the world by the 1880s, for example, but was not considered a great power until it chose to build a proportionately large military and play a greater role in the international issues of the day. A unipolar state that chooses not to develop and then exercise its military potential risks ceding the title, at least according to traditionalists. In practice, therefore, it would be very difficult to have a consensus unipolar world without some degree of hegemony. However, consensus is not a necessary component of empirical reality.

Hegemony falls short of *imperialism* because it seeks neither direct nor indirect rule over other territories but rather the imposition of order.

Secondary states under another's hegemony maintain their sovereignty but operate under rules limiting their freedom of action. The extent to which the United States plays the role of hegemon is debatable, but it is certainly not an empire, at least in the traditional sense. Some scholars on the left maintain that modern imperialism takes a new form, but the United States wields nothing like the old form (Hardt and Negri 2000).

Finally, *primacy* is a specific grand strategy that seeks to establish hegemony and attempts to maintain the top status in the international hierarchy. It is a means to the end of dominance, and a path U.S. presidents have occasionally chosen. In the United States it has become associated with the "neoconservative" political movement, but its roots go back quite some time. When people discuss primacy, it is usually part of a prescriptive argument (what the United States should do) rather than a descriptive one (how the world is).

To summarize pithily, advocates of *primacy* recommend the construction of U.S. *hegemony* in order to prolong *unipolarity*. One can make a good case that the United States is hegemonic in the Western Hemisphere, and has sought primacy in the Middle East. "Multiple hegemonies" are also possible, with regional and even sub-regional distinctions. They depend largely on the choices made by the local powers, and especially those of the one global colossus.

Hegemony is essentially a synonym of dominance. As the nature of power evolves, perhaps it is conceivable for states to assert dominance (or at least leadership) in one measure and not others. Perhaps we will be able to discuss one state's hegemony in economics and another's in military aspects of national competition. Such aspects are still inexorably linked, however, and it is hard to imagine true dominance of one sphere not conferring advantages in another. But once the concepts are well understood, new and more complex discussions of the intricacies of twenty-first century power become possible, and important.

By keeping these definitions in mind, the first great debate about the post-Cold-War system can be settled, to the extent that such a thing is ever possible in academia. The dispute in question is one of classification: Is the world unipolar, or multipolar, or does it have unique characteristics that demand an entirely new intellectual construction? Although not everyone agrees, in terms of raw, measurable power, there is little doubt that one state towers over all others. "The question [of polarity] is an empirical one," wrote Kenneth Waltz (1979, 131), "and common sense can answer it." Despite skepticism and/or pessimism in some quarters, common sense - and the overwhelming preponderance of the evidence - suggests that the world is unambiguously unipolar. There is, however, no corresponding U.S. global hegemony.

The statistics are quite familiar, but perhaps worthy of brief review. On traditional measures of power, the United States has no peer. In 2020 Washington spent $732 billion on its defense, more than the next ten countries (five of whom are its treaty allies) combined (Tan et al. 2020). The United States also accounts for some seventy percent of global spending on defense research and development (Wohlforth 2007, 45). This asymmetry in spending has been continuing for some time, creating a military advantage for the United States without historical parallel. Lost amid the hype about Russian military modernization is the fact that the amount that U.S. defense spending increased under President Trump is twice as large as the entire Russian military budget. And the Chinese, though getting stronger, are still quite far behind Uncle Sam.

Despite its recent hiccups, the United States remains the world's economic engine. Its dominance in this area is shrinking as China grows, but in many categories America remains the world leader. Confidence in the dollar is high, and the potential for the Euro or RMB to take its place as the primary reserve currency is low. Treasury bills remain the most trusted global financial instrument. Nearly all leading, cutting-edge industries are still dominated by U.S. companies, from social networks to mobile telephony to nano- and biotechnology (Zakaria 2016). The last few years have witnessed America's re-emergence as an energy superpower, becoming the world leader in the production of both fossil fuel and green energy. All this is also coming at a time when the rest of the world is slowing down, not just economically but demographically, while the United States continues to grow.

American global leadership extends far beyond traditional measures of power. Consider the international impact of "Black Lives Matter" movement, which occurred after Donald Trump had supposedly corroded U.S. leadership for more than three years. When George Floyd died at the hands of police in Minneapolis in May 2020, protests broke out around the world. People took to the streets in London, Osaka, Monrovia, Rio de Janeiro and Sydney. Demonstrators toppled statues of King Leopold in Brussels, marched on the U.S. embassy in Tel Aviv, and marched against police brutality in Nairobi. Korean pop stars raised money for the BLM movement in the United States. German soccer players knelt in solidarity. A mural of Floyd appeared on one of the few remaining walls in Idlib, Syria. Demonstrations took place in the Philippines, Argentina, Jamaica, South Africa and nearly everywhere that race plays a role in politics (Kirby 2020). Events in no other country could spark such a broad international movement. What happens in America, for better or worse, does not stay in America.

Overall, nearly thirty years after the collapse of its only superpower competitor, the United States remains far more powerful in a comparative sense than any country has ever been. China is gaining ground in some ways but remains a far second; Vladimir Putin has a great deal of work to do before Russia returns to peer competitor status; a challenge from a united Europe seems farther off than ever. This observation of Robert Jervis (2009, 188) is just as relevant today as it was a decade ago: "To say that the world is now unipolar is to state a fact."

Unipolarity makes global hegemony possible, at least in theory. Some scholars have suggested that true peace and stability can only occur if one country is strong enough to make and then maintain a set of rules. Advocates of "hegemonic stability theory" argue that all states would benefit if the United States were to extend its sphere of hegemonic dominance (Huntington 1993; Kristol and Kagan 1996; Mandelbaum 2005; Ikenberry 2011). A world of multiple hegemonies, or at least regional hegemonies, ought to offer evidence to evaluate this proposition. Indeed, it does; a region-by-region examination of the relationship between U.S. dominance and stability suggests that the correlation is not a strong one.

Even the most ardent supporters of the hegemonic stability explanation do not contend that U.S. influence extends equally to all corners of the globe. The United States has concentrated its policing in what George Kennan used to call the "strong points," or most important parts of the world: Western Europe, the Pacific Rim and Persian Gulf (Gaddis 1982, 30-31). In general, Washington has shown less interest in the affairs of the Global South since the end of the Cold War. The United States intervenes far less in the political and military affairs of Latin America compared to any time in the twentieth century, for instance, and the states of the region remain at peace. Warfare in Africa is at an all-time low (Straus 2012; Burbach and Fettweis 2014) as is relative U.S. interest, outside of counterterrorism and security assistance. Regional peace and stability exist where there is active U.S. intervention, in other words, as well as where there is not.

The United States has not been especially eager to play the role of policeman. Even rather incontrovertible evidence of genocide has not been enough to inspire action. Washington's intervention choices have at best been erratic: Crises in Libya and Kosovo inspired responses, but much more blood flowed uninterrupted in Rwanda, Darfur, Congo, Sri Lanka and Syria. When U.S. intervention has occurred, its wisdom and efficacy have not been encouraging. The security situation in the Persian Gulf and broader Middle East, to cite the most obvious example, would be better off if U.S. troops had stayed home (Bacevich 2016). In recent years, substantial hard power investments (Somalia, Afghanistan, Iraq), moderate intervention (Libya) and reliance on diplomacy (Syria) have been equally ineffective in stabilizing states torn by conflict. The region may well be essentially unpacifiable and immune to outside policing. At the very least, it seems hard to make the case that the U.S. presence has improved matters. In this "strong point," unipolarity has failed to bring peace.

To say that the United States has not always been successful in imposing peace on willing combatants would be an understatement. The fruitless effort to encourage the various combatants in Syria to stop killing each other is a prominent example, but it is not alone. The United States also took the peacemaking lead during one of the rare interstate conflicts of the New Peace era, the war between Eritrea and Ethiopia. A high-level U.S. delegation containing former and future National Security Advisors (Anthony Lake and Susan Rice) made a half-dozen trips to the region but was unable to prevent either the outbreak or recurrence of the conflict. Lake and his team shuttled back and forth between the capitals with some frequency, and President Clinton made repeated phone calls to the leaders of the respective countries offering to hold peace talks in the United States, all to no avail (Perlez 2000). The war did not end until the Ethiopians essentially won in late 2000. The police were irrelevant.

The Horn of Africa is hardly the only region where states are free to fight one another today without fear of serious U.S. involvement. Stability exists even in those places where the potential for intervention by the sheriff is minimal. Hegemonic stability can only take credit for influencing those decisions that would have ended in war without the presence, whether physical or psychological, of the United States. It seems hard to make the case that the relative peace that has descended on so many regions is primarily due to the kind of heavy hand of the neoconservative leviathan. Something else appears to be at work.

In the Pacific Rim, however, the United States has exerted a good deal of energy and attention, and has arguably achieved a level of hegemonic dominance, at least at sea. The region was one of Kennan's strong points, and it has also been relatively stable. Should the United States choose to continue to pursue the grand strategy of primacy aimed at expanding the scope of U.S. hegemony in the Pacific, it will certainly be met by resistance generated by the growing regional sphere of influence. China maintains that its surrounding seas are essentially its property. To Washington and its allies, this is an unacceptable proposition.

Much will ultimately depend on the willingness of the United States to recognize Chinese regional hegemony in coming decades. Beijing's interests are local, at least so far; it has shown no interest in expanding its political influence beyond its immediate littorals. China seeks trade and investment opportunities through its "Belt and Road Initiative" and other such policies, but it has not backed up its expansion with military force. Pessimists point to the establishment of the first overseas Chinese bases in Djibouti and (soon in) Pakistan, but they do not seek any meaningful political control, much less hegemony, in these areas. Theirs is a regional strategy, one seeking to secure routes for the exports upon which their economic miracle - and therefore the legitimacy of the communist party - is based. They are not going to be competing in the parts of the world under U.S. hegemonic influence any time soon.

This is not to say that that influence will last forever, of course. It has become quite fashionable to declare that the unipolarity has already reached the end of its life expectancy, and that U.S. power is in the process of relative decline. The notion that other powers are catching up (or have already caught up) to the United States is as old as Washington's superpower status. Declinism, as the school of thought came to be known, first appeared in the late 1950s, and has re-emerged over and over with metronomic regularity since (Joffe 2014).

Fears of decline inevitably accompany great power (Herman 1997; Fettweis 2018). Almost as soon as the United States became dominant, a variety of observers declared that its power was waning. The first big wave of declinism was led most prominently by Henry Kissinger, who warned in 1962 that, "fifteen years more of a deterioration on our position in the world such as we have experienced since World War II would find us reduced to Fortress America in a world in which we had become largely irrelevant" (Kissinger 1962, 1). At least four more waves of declinism would crash upon Cold War shores, the most significant of which began in the late 1970s and lasted through the mid-1980s (Huntington 1988, 94-95). Declinism reappeared with earnest in the first decade of the new century, fueled this time by confidence-shaking events and trends such as the war in Iraq, Chinese economic growth and the 2008 financial crisis (Kupchan 2002; Pape 2009; Zakaria 2008). The entire Trump campaign was based on the impression that we stand, as ever, at the end of the American era.

The mere fact that all earlier predictions of decline were wrong does not mean, to paraphrase Christopher Layne (2012), that this time it is not real. While it is too soon to know the unipolar moment will last, a few things can be said with certainty. First, the main engine of U.S. decline - the rise of challengers - has not yet occurred. Whether because of high costs, the essential benevolence of U.S. unipolarity or some other factor, the world has not witnessed widespread balancing behavior in the last twenty-five years. States have generally tolerated unprecedented disparities in material power without much reaction. No new coalitions have formed to counter U.S. capabilities, which would be symptomatic of "external balancing," and few states are building up their militaries, or "internally" balancing the United States (Waltz 1979, 118). The only major exception to this rule is China, but its commitment to balance is less clear than is sometimes portrayed. Beijing has consistently chosen to devote a very small percentage of its GDP toward defense - at or near two percent - a rate that is not growing. Increasing Chinese defense expenditures are a reflection of its growing economy, in other words, but not necessarily an increased imperative to balance the United States. Although the real level of Chinese spending is hotly debated, it is clear that the Peoples' Republic could do more if it felt the need.

Second, perceptions of decline thrive during periods of uncertainty, especially those following foreign policy disasters. It is no coincidence that Kennedy wrote *Rise and Fall of the Great Powers* in the United States in the 1970s, or that Otto Spengler wrote about the decline of the West from a German perspective in the early 1920s. The mixed bag of negative emotions that follow foreign policy catastrophe - anger, guilt, shame, doubt, insecurity - contributes to an overall sense of pessimism about the future, and of foreign policy in general. Disasters always seem to portend even greater ones to come. Status is fueled by perception as much as reality, and when pessimism reigns, decline seems imminent.

Third, the United States is structurally and culturally predisposed to suffer from status insecurity. While all states worry to some degree about their relative power, those at the top tend to worry even more. Psychologists have long known that people are motivated more strongly by the specter of loss than the potential for gain, and no state has more to lose than the unipole (Kahneman and Tversky 1979). People are naturally insecure about what they value most, and the hypercompetitive United States values its status (Fettweis 2013: 141-183). As a result, it is predisposed to worry about losing that status and puts more stock in the arguments of declinists than might otherwise be warranted. Michael Cox has observed that "the United States is a very special kind of polity preoccupied by status and consumed by inner doubt" (1997, 644). That specialness leads it to fear more than necessary and obsess over rank.

Fourth, proponents of decline tend to confuse concepts. One can argue that unipolarity is coming to an end, or that the United States is in hegemonic decline, but the two are not the same. For the former to be true, the *power* of the United States would have to be waning compared to potential challengers. For the latter, the *influence* of the United States would have to be declining. It is the unipolarity vs. hegemony distinction once again, and, as usual, the two are not kept separate in much of the writing about systemic durability. Previous iterations of declinism consistently conflated the aggregate power of the United States with its ability to bring about its preferred outcomes. The former is much easier to measure, and definitive statements can be made as a result. Today the only empirical dimension along which the U.S. advantage may be slipping is in aggregate economic power, which is always expressed in terms of gross domestic product. One metric - the growth in China's GDP - has provided the lion's share of the ammunition for those predicting the end of unipolarity. In nearly all other measures of raw and symbolic power, unipolarity shows little sign of waning.

Hegemony, or more broadly the influence that power brings, is much more difficult to measure. As Bruce Russett argued during an earlier discussion of U.S. decline, perceptions of influence are "notoriously difficult to operationalize because by definition they leave no traces in events" (1985, 229). Coercion is obvious, and leaves a paper trail; influence is subtle, and tends to unfold without many obvious signs. This has not stopped observers from making very definite pronouncements, however. The inability to prevail in the various post-9/11 conflicts has fed speculation that U.S. influence is shrinking, and unipolarity eroding.

The normative implications differ from observer to observer - some lament the perceived erosion, and some welcome it - but all such arguments are essentially based on the belief that the ability of the United States to bring about its preferred outcomes is simply not what it used to be.

This evolution opens the door to multiple-hegemonic world. Hegemony is, after all, a choice. Nothing about the future of the Pacific Rim is pre-determined, or made inevitable by structure, no matter what Thucydides warned. In the years ahead decisions made in Washington and Beijing will determine whether either will seek to contest any regional hegemonic aspirations that the other may hold. A cooperative non-hegemonic regional security structure is just as plausible as a contested one.

Two Paths toward Peace: The Deterrence and Spiral Models

A cooperative, mutually beneficial East Asia is in everyone's interest. How to arrive at that end, how to encourage China to make pacific Pacific choices, is a matter of significant and vitally important debate in the United States. The United States wants China to rise responsibly (from its perspective) and peacefully. How best to shape its growth has been and will continue to be the subject of no small amount of debate. Two general paths are possible - confrontation and accommodation - both of which are built upon solid theoretical foundations. Since it is the stronger power, Washington's choices will be more important for determining whether or not the region will escape the Thucydides Trap.

Elite opinion in the United States is divided about how U.S. policy can maximize the chances for long-term peaceful outcomes. These camps are best understood using the two models of perception so brilliantly described by Robert Jervis (1976, 58-84) a generation ago. The models provide the foundation for so many debates in U.S. foreign policy, and they allow outsiders to understand those debates to a depth that goes well beyond standard party-based analyses. Jervis explained that there are two models people use to guide U.S. strategic decisions, whether they know it or not, and whether they are laymen or insiders in the foreign-policy "blob" (Rhodes 2018).

The first is referred to as the "deterrence model." Adherents agree with former U.S. Secretary of Defense Donald Rumsfeld who used to say, "weakness is provocative." Grounded in what would come to be known as "offensive realism," this model assumes that states will expand until they are acted upon by a superior force. They are always on the lookout for opportunities, for chances to expand their reach. Signs of weakness on part of their rivals will give them the green light.

As Jervis explains, this model suggests that "great dangers arise if an aggressor believes that the status quo powers are weak in capabilities or resolve" (Jervis 1976, 58). Potential rivals will be constantly on the lookout for signals of that weakness or irresolution, and will test the status quo power. Such tests will escalate in importance until decisively answered. Thus deterrence-model advocates recommend answering all challenges, no matter how insignificant, in order to bolster the credibility of the dominant state. Any signs of cooperation or conciliation will be interpreted as weakness, and would invite disaster down the road.

Opposite assumptions support the second set of assumptions. Those who subscribe to the "spiral model" believe that strength makes other states nervous. This view of international behavior is founded in the "security dilemma," a well-known phenomenon (also largely described by Jervis) that accounts for the rise of tension between states. Actions taken by one state to increase its security automatically decrease the security of its rivals. It is not the weakness of the status-quo power that results in challenge, therefore, but its strength. States react to the capabilities of their rivals, since intent is unknowable. When one state bolsters its military capabilities, others will respond in kind. Those who want peace should not plan for war, as the old saying goes, but actually prepare for peace, since their actions will be reciprocated.

The existence of these two models of perception guarantees that policy preferences will diverge in important ways although everyone shares a common end. The models are prescriptive as well as descriptive: They not only explain actions but recommend behavior. To those in the deterrence-model camp, the surest way to get China to behave itself would be to show strength in order to deter adventurism. Both capability and credibility would need to remain strong. The United States should increase its hard-power assets in the Pacific Rim and answer any challenges, big or small, in order to make future challenges less likely. If the Chinese know where the line is, they will not cross it.

The spiral model would make opposite recommendations. A U.S. show of strength in the Pacific would backfire enormously, according to this point of view, since it would generate fear in Beijing, and countermeasures. Deploying troops and ships to the region generates anxiety, as does the ring of allies the United States maintains around the Chinese coast. They will respond in kind, as any state would according to this model, and engage in the kind of aggressive behavior (in the hope of deterring U.S. actions) that the United States is hoping to prevent.

To use a concrete example, nearly everyone in the U.S. security community agrees that it is in America's interest to prevent a military solution to the China-Taiwan dilemma. A deterrence-model adherent would advocate maintaining a strong military presence in the region in order to make it clear to China that the United States could not stand idly by while an assault took place. Deterrence only works when aggressors believe that they will be punished. Those convinced by the spiral model, however, would suggest that such actions would make China nervous, and would result an equal-and-opposite military reaction. They would suggest instead that the goal would be more likely achieved if the United States pulled its assets out of the region, which would remove the need for any Chinese buildup.

Grand strategy will ultimately help decide which model policymakers in Washington follow. The United States will essentially choose to contest China's growing regional hegemonic ambitions or it will accommodate them. Fortunately for fans of peace, however, structural elements suggest that the Sino-American relationship is likely to remain more peaceful than the legions of pessimists imagine. At least six major factors weigh in on the side of stability - if occasionally an uneven, rough stability - for the Pacific Rim in the years ahead.

Sources of Stability in a Contested Pacific

The first reason for optimism is that geography stacks the deck against conflict in ways not fully appreciated by the overheated blob. As the Cold War (of the twentieth century) was emerging, a horrified Walter Lippman argued that the Soviet Union and United States were not fated to be rivals. Each dominated its region, but they had few conflicting interests. "In the foreseeable future," he wrote, "a war waged directly between Russia and the United States is nearly as impossible as a battle between an elephant and a whale" (Lippman 1944, 134). Unfortunately, few shared his optimism, and hostility between the superpowers soon grew to the point where such a clash seemed anything but impossible.

Today this logic is even stronger for the states at the center of new cold-war speculation. The United States is the whale of the twenty-first century, a maritime power (at least in the Pacific) that has no territorial ambitions in Asia. China is predominantly a land power, an elephant more concerned with what happens in its neighborhood than anywhere else (Ross 1999). Unlike during the previous Cold War, neither side is actively supporting proxies or seeking to overthrow the other's allies. While China may be significantly stronger than it was twenty years ago, its military does not pose much of a threat to the United States on the high seas, and Beijing displays little urgency to change that calculation. There are a couple of potential flashpoints where the whale and elephant overlap, but for the most part geopolitics suggests that the two can coexist and even thrive without much disagreement. Their domains are not zero-sum.

Second, war is bad for business, and the United States and China are economic actors. Neo-liberal institutionalists have long argued that modern levels of economic interdependence provide strong incentives for states to resolve disputes peacefully (Keohane and Nye 1977; Copeland 1996; Oneal and Russett 1999). Today's states would be far better off cooperating rather than run the risk of ruining their economies, and those of their main trading partners, by fighting. The globalization of production is a powerful force for stability among those countries that benefit from the actions of multinational corporations (Brooks 2005). Furthermore, today's highly mobile investment dollars flee instability, providing strong incentives for states to settle both external and internal disputes peacefully. As Secretary of State Colin Powell once told a Ugandan audience, "money is a coward" (Fick 2002, 289). Overall, globalization has been accompanied by an evolution in the way national wealth is accumulated. The major industrial powers, and perhaps many of their less-developed neighbors, seem to have reached the rather revolutionary conclusion that territory is not directly related to national power and prestige (Rosecrance 1999; Gartzke 2007).

If bullets and missiles start flying, the prosperity of both countries will suffer immensely. Despite fears on the left that military-industrial complexes push states toward war, in today's world economic imperatives are powerful forces for peace. It would be exceptionally difficult for anyone on either side of the great ocean to make the case that fighting between the world's two largest economies could possibly prove beneficial to their respective national standards of living, and therefore to the regimes in charge. Shooting customers is generally a bad idea, for shopkeepers and states alike. So while economic considerations are not the only ones that states must weigh when war looms, to the extent that they affect decisions, in this post-mercantilist age they do so in a uniformly pacific direction.

Third, Washington and Beijing share many common policy preferences. Amid all the *sturm und drang* regarding conflicting interests in the region, it is easy to forget that there is widespread consensus regarding many of the most vital. Neither the United States and China wish to see North Korean nuclear development continue, for example, and both depend on freedom of the seas. It is not the case that either would benefit from controlling shipping through the region's various straits and seas. Naval analysts seem stuck in the eighteenth century, when the rules of mercantilism drove policymaking, and national merchantmen needed protection from privateers and brigands sent by other capitals. This does not describe the modern era. Mahan has given way to Angell, even if few in the security world seem to have noticed.

An unprecedented level of multilateral cooperation, coordination and intelligence sharing has occurred since 9/11. There is no meaningful dissention anywhere in the industrialized world regarding the nature of the threat posed by terrorists, and police action to reduce their violence is in the interest of every state. Great power interests are similarly aligned concerning the other transnational threats of the twenty-first century, such as weapons proliferation, human trafficking, drug smuggling, piracy, and many other issues. It is easy to emphasize the places where interests diverge, and such places certainly do exist, but the United States and China actually agree on many of those issues most relevant to the twenty-first century. Their common interests are significantly underappreciated.

Fourth, constructivist IR scholars would suggest that one should not underestimate the ideational dimensions of structure. Ideas are to the constructivist what power is to the realist: The elements that give the world structure, shaping choices actors make and determining outcomes. One of the dominant ideas of the twenty-first century, according to an increasing number of observers, is war aversion (Mueller 2004; Fettweis 2010; Goldstein 2011; Pinker 2011). This is the era of the "New Peace," to use Steven Pinker's phrase, when there is far less violence in the international system today than at any previous time in history. Attitudes toward warfare have changed; rarely do states consider conflict to be in their interest. This point remains somewhat controversial (Braumoeller 2019), but the longer the world goes without major warfare, the more people will become convinced by its logic. And to the extent that it exists that logic is irenic, and weighs in heavily on the side of peace in the Pacific.

Fifth, it is important to remember that war is a choice, one that can rather easily be avoided. Structural factors do not ease those minds that are full of faith in the limitless potential for blunder. To err is human, after all. The international-relations literature clearly shows, however, that war does not happen by accident (Luard 1986, 220; Blainey 1973, 127-145). When neither side wants war, war does not occur. It is difficult to find exceptions to this rule; even World War I, the example that causes so many to be concerned about unwanted escalation, was hardly the result of absent-minded decisions. If no side wanted to fight, the war would not have occurred. The United States and China will no doubt make threats and express their willingness to bring the region to the brink, but unless either changes its interpretation of its national interest in a rather substantial (and stupendously unlikely) way, neither will drag the other into the abyss.

Finally, the effects of the Trump era have been illuminating for Sino-U.S. relations. The Trump Administration was what social scientists would call a "systemic shock," an unexpected event with the potential to reshuffle international relations around the world (Fettweis 2020). The coronavirus pandemic will add to the bedlam and shake the system to its foundations. Such shocks can be very instructive; what they leave in their wake are the system's enduring features, those likely to persist.

The early verdict for the Pacific is clear: Trump's impact on Sino-American relations has been substantial, but not necessarily dangerous. On the one hand, he seems to have exacerbated existing tensions between the two, and created some more. Trade between the two was the main avenue of contestation, and both sides suffered under increasing tariffs and belligerent rhetoric. Trump demonized China throughout his re-election campaign, and desperately attempted to shift blame for his own failed pandemic leadership across the Pacific where the "King Flu," in his words, originated.

On the other hand, however, the underlying structural elements held firm. At no time did the mounting tensions have a military element. The usual stare-downs over the South China Sea and its environs continued, but they did not escalate. Even a criminally stupid administration in Washington hell-bent on complicating Sino-U.S. relations was unable to do so in any permanent fashion. If Donald Trump cannot bring the two powers to the brink of war, who could?

Overall, these factors combine to make a substantial U.S.-China military confrontation extremely unlikely outside the world of science fiction. Perhaps one day leaders in Beijing will decide that their interests would be served by digging massive subterranean tunnels to launch a secret attack on the other side of the world. Until that happens, though, the most important relationship of the twenty-first century is likely to be tense at times, and certainly contentious, but generally peaceful and stable. While obviously nothing is assured, it certainly seems as if multiple hegemonies might exist side-by-side, united by interest if not by affection, by structure if not ideology.

References

Allison, Graham. 2017. *Destined for War: Can America and China Escape Thucydides's Trap?* New York: Houghton Mifflin Harcourt.

Bacevich, Andrew. 2016. *America's War for the Middle East: A Military History*. New York: Random House.

Blainey, Geoffrey. 1973. *The Causes of War*. New York: Free Press.

Brooks, Stephen G. 2005. *Producing Security: Multinational Corporations, Globalization, and the Changing Calculus of Conflict*. Princeton, NJ: Princeton University Press.

Braumoeller, Bear. 2019. *Only the Dead: The Persistence of War in the Modern Age*. New York: Oxford University Press.

Burbach, David and Christopher J. Fettweis. 2014. "The Coming Stability? The Decline of Warfare in Africa and the Implications for International Security." *Contemporary Security Policy* 35(3): 421-445.

Copeland, Dale. 1996. "Economic Interdependence and War: A Theory of Trade Expectations." *International Security* 20(4): 5-41.

Cox, Michael. 2007. "Is the United States in Decline - Again? An Essay." *International Affairs* 83(4): 643-653.

Fettweis, Christopher J. 2010. *Dangerous Times? The International Politics of Great Power Peace*. Washington, DC: Georgetown University Press.

Fettweis, Christopher J. 2013. *The Pathologies of Power: Fear, Honor, Glory and Hubris in U.S. Foreign Policy*. New York: Cambridge University Press.

Fettweis, Christopher J. 2018. *Psychology of a Superpower: Security and Dominance in U.S. Foreign Policy*. New York: Columbia University Press.

Fettweis, Christopher J. 2020. "Is Donald Trump America's First Constructivist President?" *Survival* 62(5): 65-75.

Fick, David S. 2002. *Entrepreneurship in Africa: A Study of Success*. Westport, CT: Greenwood Publishing.

Gaddis, John Lewis. 1982. *Strategies of Containment: A Critical Appraisal of Postwar American National Security Policy*. New York: Oxford University Press.

Gartzke, Erik. 2007. "The Capitalist Peace." *American Journal of Political Science* 51(1): 166-191.

Goldstein, Joshua. 2011. *Winning the War on War*. New York: Dutton.

Hardt, Michael and Anthony Negri. 2000. *Empire*. Cambridge, MA: Harvard University Press.

Herman, Arthur. 1997. *The Idea of Decline in Western History*. New York: Free Press.

Huntington, Samuel P. 1988. "The U.S.: Decline or Renewal?" *Foreign Affairs* 67(2) 76-96.

Huntington, Samuel P. 1993. "Why International Primacy Matters." *International Security* 17(4): 68-83.

Ikenberry, G. John. 2011. *Liberal Leviathan: The Origins, Crisis, and Transformation of the American World Order*. Princeton, NJ: Princeton University Press.

Jervis, Robert. 1976. *Perception and Misperception in International Politics*. Princeton, NJ: Princeton University Press.

Jervis, Robert. 2009. "Unipolarity: A Structural Perspective." *World Politics* 61(1): 188-213.

Joffe, Josef. 2014. *The Myth of America's Decline: Politics, Economics, and a Half-Century of False Prophecies*. New York: W.W. Norton.

Kahneman, Daniel and Amos Tversky. 1979. "Prospect Theory: An Analysis of Decision under Risk." *Econometrica* 47(2): 263-291.

Kennedy, Paul. 1987. *The Rise and Fall of the Great Powers: Economic Change and Military Conflict from 1500 to 2000*. New York: Random House.

Keohane, Robert O. and Joseph S. Nye. 1977. *Power and Interdependence: World Politics in Transition.* Boston: Little, Brown.

Kirby, Jen. 2020. "'Black Lives Matter' Has Become a Global Rallying Cry against Racism and Police Brutality." *Vox,* June 12, available from https://www.vox.com/2020/6/12/21285244/black-lives-matter-global-protests-george-floyd-uk-belgium.

Kissinger, Henry A. 1962. *The Necessity for Choice: Prospects of American Foreign Policy*. Garden City, NY: Anchor Books.

Kristol, William and Robert Kagan. 1996. "Toward a Neo-Reaganite Foreign Policy." *Foreign Affairs* 75(4): 18-33.

Kupchan, Charles. 2002. *The End of the American Era: U.S. Foreign Policy and the Geopolitics of the Twenty-First Century*. New York: Knopf.

Layne, Christopher. 2012. "This Time It's Real: The End of Unipolarity and the *Pax Americana*." *International Studies Quarterly* 56(1): 202-213.

Lippmann, Walter. 1944. *U.S. War Aims*. Boston: Little, Brown and Co.

Luard, Evan. 1986. *War in International Society: A Study in International Sociology*. London: I.B. Taurus.

Mandelbaum, Michael. 2005. *The Case for Goliath: How America Acts as the World's Government in the 21st Century*. New York: Public Affairs.

Mueller, John. 1995. *Quiet Cataclysm: Reflections on the Recent Transformation of World Politics*. New York: Harper Collins.

Mueller, John. 2004. *The Remnants of War*. Ithaca, NY: Cornell University Press.

Oneal, John R. and Bruce M. Russett. 1999. "The Kantian Peace: The Pacific Benefits of Democracy, Interdependence, and International Organizations, 1885-1992." *World Politics* 52(1): 1-37.

Pape, Robert A. 2009. "Empire Falls." *The National Interest* 99: 21-34.

Perlez, Jane. 2000. "U.S. Did Little to Deter Buildup as Ethiopia and Eritrea Prepared for War." *New York Times*, May 22, available from https://www.nytimes.com/2000/05/22/world/us-did-little-to-deter-buildup-as-ethiopia-and-eritrea-prepared-for-war.html.

Pinker, Steven. 2011. *The Better Angels of Our Nature: Why Violence Has Declined*. New York: Viking.

Rhodes, Ben. 2018. *The World As It Is: A Memoir of the Obama White House*. New York: Random House.

Rosecrance, Richard. 1999. *The Rise of the Virtual State: Wealth and Power in the Coming Century*. New York: Basic Books.

Ross, Robert S. 1999. "The Geography of the Peace." *International Security* 23(4): 81-118.

Russett, Bruce M. 1985. "The Mysterious Case of Vanishing Hegemony: Or, Is Mark Twain Really Dead?" *International Organization* 39(2): 207-231.

Spengler, Oswald. 1926. *The Decline of the West*. New York: Knopf.

Straus, Scott. 2012. "Wars Do End! Changing Patterns of Political Violence in Sub-Saharan Africa." *African Affairs* 111(443): 179-201.

Tian, Nan, Alexandra Kuimova, Diego Lopes da Silva, Pieter D. Wezeman and Siemon T. Wezeman. 2020. "Trends in World Military Expenditure." *Stockholm International Peace Research Institute,* April, available from https://www.sipri.org/sites/default/files/2020-04/fs_2020_04_milex_0_0.pdf.

Waltz, Kenneth N. 1979. *Theory of International Politics*. Boston: Addison-Wesley.

Wilkinson, David. 1999. "Unipolarity without Hegemony." *International Studies Review* 1(2): 141-172.

Wohlforth, William C. 2007. "Unipolar Stability: The Rules for Power Analysis." *Harvard International Review* 29(1): 45-48.

Zakaria, Fareed. 2016. "America is Still Great - But it Needs to Stay Strong." *Washington Post*, May 26, available from https://www.washingtonpost.com/opinions/america-is-still-great--but-it-needs-to-stay-strong/2016/05/26/d3c198ae-237c-11e6-9e7f-57890b612299_story.html.

4

China and Global Hegemonic Order: Economic Hegemony and Soft Approaches to Security Competition

Zhen Han and Zihao Liu

요약

패권국으로 부상하는 중국이 기존 패권국인 미국과의 경쟁에서 과거의 패권 경쟁의 양상을 답습하는 것은 전략적 실패를 초래할 것이다. 중국은 군사 영역에서 미국과 비용이 많이 들고 비생산적인 경쟁을 벌일 것이 아니라 경제력 영역에서 패권을 확보하는 데 집중해야 한다. 중국에 가장 적합한 정책대안은 핵억제 능력의 확보, 경제적 상호의존의 확대, 제도적 균형 (institutional balancing), 연성 균형(soft balancing)이다. 21세기 국제질서의 특징 중의 하나는 경제적으로 강하면서 군사력에서 제한적인 중국과 군사력에서 강하지만 경제력에서 약점이 드러나고 있는 미국의 불균형한 경쟁 관계다. 이러한 불균형이 미래에도 지속될 것이므로 다패의 형성이 가능한 최적의 환경이 만들어지고 있다. 즉 중국은 과거의 부상하는 패권국처럼 대규모로 군사력을 확충할 필요가 없고, 대신 제한된 군사력을 유지하면서 경제력의 확충을 통한 새로운 질서와 규칙을 만드는 데 총력을 기울여야 한다. 이런 맥락에서 최근 인도와의 국경 분쟁이나 남중국해에서 주변국과의 충돌은 이들 국가의 반발과 친미 정책으로의 전환 때문에 중국의 미래 패권 경쟁에 불리한 요소로서 작용하고 있다.

중국은 "중국 모델(China Model)"이라고 불리는 새로운 규범을 국제적으로 확산시켜야 할 필요가 있다. 중국 모델은 중앙 정부의 장기 경제발전에 대한 탈이데올로기적 헌신, 정치적 안정의 유지, 점진적 경제 개혁이라는 주요 정책 목표를 담고 있다. 경제 위기에 맞춰 대규모경기 부양과 인프라 투자가 여기에 해당되는데, 이러한 정책은 서구의 경제학자들이 주장하는 자유화와 민영화와는 대조적인 입장이다. 중국의 입장은 서구의 자유주의적 경제질서가 양산한 저개발 문제, 국제기구에서의 개발도상국의 대표성 문제, 국가 내부 및 국가 간 불균형의 문제에 대해 대안적 해답을 제시하는 데 있으며, 결국은 국제사회에서 이 두 가지 접근법 중 어느 쪽이 정당성을 확보하느냐의 문제이다. 중국은 2018년 현재 세계 여러 국가 및 국제기구와 맺은 협정이 105개에 달하지만 약 25%만이 안보와 관련된 내용을 담고 있다.

앞으로의 연구 방향으로 경제 패권국이 어떤 조건에서 군사 패권국으로 전환될 수 있는지를 탐색해야 할 것이고, 국가 수준의 접근법을 벗어나 국제기구, 다국적 기업, 비정부 기구 등 비국가 행위자들이 21세기 패권 경쟁에 어떤 영향을 미칠지에 주목해야 한다.

Introduction

The rise of China has brought many questions to international relations (IR) studies. How are China's rising strategies different from the hegemons in history, and how should the status quo power respond to a rising China? Answers to this question can have important implications for theoretical discussions and policy-making. Why, by 2020, is there no Cold War-style competition in Asia? Would China and the U.S. eventually fall into the "Thucydides Trap," and what does the intensifying China-U.S. competition mean for smaller nations in the region? If we study these questions from the structural realism perspectives, its rigid top-down mechanisms predict a gloomy picture that major powers tend to repeat tragedies through history (Mearsheimer 2001). However, IR studies have developed to include unit-level analysis, ideational factors, and learning from history to explain various outcomes. The multiple hegemony argument in this edited volume follows this trend and develops our understanding of hegemonies in the contemporary world.

Hegemony can be defined as "the capacity of an actor with overwhelming capacity to shape the international system through both coercive and non-coercive means" (Norrlof 2015). As this definition shows, it often refers to *one actor* in the international system with overwhelming power in *coercive* (military) and *non-coercive* (economic, ideational, and soft power) forms. The multiple hegemony concept challenges this view by showing that, in the contemporary world, there can be multiple hegemonies that have a different configuration of power. This chapter further argues that, due to specific domestic and international conditions, a hegemon in the contemporary world may be economically strong (and can influence other states and the system through economic means) but militarily weak. Furthermore, there also can be a traditional hegemon that is militarily strong but economically in decline. Due to their weaknesses in either economic or military realms, these two hegemons cannot quickly and completely knock each other out in a power competition. Thus, they will co-exist for a relatively long period and continue to compete through different means.

To some extent, this argument delinks the mutual transformation between wealth and power, and it suggests a new hegemon in the contemporary world does not have to use military expansion to cast its influence on other nations. Accumulating hard power and competing militarily with the incumbent hegemon could be costly. Instead, by utilizing new conditions such as nuclear deterrence, economic interdependence, institutional balancing, and soft balancing strategies, a new hegemon can maximize its national security and focus on building influences through economic means. This argument also means that, for the incumbent hegemon, the key to the competition is to revive its declining economy. Military competition against the challenger (which challenges the status quo mostly in economic realms) could be ineffective and miss the target.

This chapter suggests that contemporary China is the best case to demonstrate how a rising state can achieve economic hegemon status without being militarily competitive against the incumbent. The next section reviews why hegemony, in traditional understanding, should maintain overwhelming power in both economic and military forms. It then discusses the rise of the soft-balancing strategy and shows that a rising hegemon does not have to maintain a massive military power under new international conditions. It has many other low-cost means to defend its national security. Section three in this chapter discusses China's increasing economic power. Section four focuses on the soft power of the China Model and shows how, consciously or unconsciously, China has become a norm maker in global economic issues. Section five discusses the domestic and international conditions that allow China to ensure its national security without an intense military competition with the U.S. Section six discuss some negative cases in which China indeed adopted aggressive security policies, and it shows that these policies did not help Chinese hegemony. Instead, it weakened China's economic norm-making power.

Hegemony and the Combination of Military and Economic Power

The concept of hegemony in international relations has three layers of meaning. At the core of the hegemony concept, it refers to the power preponderance of a state, especially in economic and military realms (Gilpin 1981; Norrlof 2015). The second-layer, often related to the Gramscian theory of hegemony, emphasizes the dominance of ideology, norm, and culture by a hegemonic state (Cox 1983, 162-75). The third layer refers to specific strategies and policies adopted by a hegemon to influence the system. Hegemonic Stability Theory (Kindleberger 1986,

183-98), Power Transition Theory (Organski 1958), and Ikenberry's "After Victory" argument (Ikenberry 2001) are examples of the "hegemonic impact" studies.

Varieties of hegemonic studies share that a hegemon should spontaneously maintain power preponderance in economic and military realms. An economic hegemony without strong military capacity is vulnerable to predators, and a military hegemony without the backup of a strong economy is unsustainable. Indeed, the combination of economic and military power superiority is at the core of the hegemonic order. Economic power and military power are mutually convertible. Furthermore, the simultaneous augmentation of them is necessary and sufficient for the rise of a hegemon. Gilpin precisely summarizes:

> "As the power of a state increases, it seeks to extend its territorial control, its political influence, and/or its domination of the international economy. Reciprocally, these developments tend to increase the power of the state as more and more resources are made available to it and it is advantaged by economies of scale" (Gilpin 1981, 106).

The "trade follows the flag" versus "flags follow trade" debate highlights the mutual augmentation of military and economic power of hegemony in history. The "trade follows flag" concept refers to imperialist policies under which a hegemonic state uses military conquering to expand its control over foreign resources and markets (Hobson 1975). Gallagher and Robinson reverse the causality and show that an economic hegemon's commercial activities first expand into unexplored regions that "fail to provide satisfactory conditions for commercial or strategic integration."(Gallagher and Robinson 1953, 5-6) Then consequently, it expands its political control over foreign territories to protect its economic interests. Whether trade follows the flag or flags follow trade is out of the scope of this chapter. The key is that, in both arguments, the expansion of military and economic power is causally associated with each other.

The Hegemonic Stability Theory (HST) also requires a hegemon to maintain a strong military and economic capacity as the "overwhelming dominance of one country was necessary for the existence of an open and stable world economy" (Milner 1998, 113; Kindleberger 1986). The strong military power of a hegemon reassures stability and security in the international system; meanwhile, the strong economic capacity of a hegemon leads world economic growth and maintains the international economic system's openness (Kindleberger 1986; Lake 2018). A declining hegemon—either in terms of economic or military power—essentially leads to instability and the collapse of hegemonic rules.

Historical cases also show that a mismatch between military and economic power in a hegemon state undermines the hegemonic structure. Military hegemon without the support of a robust domestic economy faces domestic instability, imperial overstretch, and potentially, the hegemon's implosion (Florig 2010). The Gross National Product (GNP) of the Soviets had declined continuously between 1970 and 1989, but the military spending, by 1989, reached 25-40 percent of its GNP (Lundestad 2000, 6). The dysfunction of the Soviet economic model eventually led to the implosion of the U.S.S.R. An economic hegemon without strong military capacity, on the other hand, is vulnerable to predators. Their capacities for providing public security goods and coordinating followers are also questionable. The Song Dynasty in Chinese history (960-1276) was an economic hegemon in East Asia, but it was militarily weak (Angus 1998; Deng 2013; Needham 1965). Song Dynasty was forced to pay annual tributes to northern nomad kingdoms to buy peace and eventually was conquered by Mongols in 1276 A.D (Twitchett and Smith 2009). The rise and fall of the Dutch hegemony in the 16th and 17th centuries also demonstrated how an economic hegemony collapsed after military defeats.

A new wave of hegemonic studies has emerged in recent years. According to Ikenberry and Nexon's summary, these new hegemonic studies "break from the impulse to treat hegemony as an independent variable" and instead, focusing on "how hegemonic orders operate in practice" (Ikenberry and Nexon 2019, 397). It emphasizes that all hegemony rises under specific international systems; the external system's characteristics also shape the practices and strategies of the rising hegemon. Eventually, each hegemon, to some extent, becomes different from past hegemons in history, as they all rise under different domestic and international conditions. In short, "hegemons are not just order makers but also order takers" (Ikenberry and Nexon 2019, 399).

The multiple hegemony argument in this edited volume echoes this new wave of "hegemonic ordering" studies. In the introduction, Son (2020) argues that under the current international system, a hegemon does not have to maintain supremacy in all major sectors, such as military, economy, technology, and ideology. Therefore, multiple hegemons with specific characteristics of power configuration can co-exist in the contemporary system and compete through different strategies. Specifically, this chapter shows that due to some contemporary international system changes, a rising hegemon does not have to ensure its security and influence through the accumulation of massive conventional military forces. A contemporary rising power can achieve hegemonic status by maintaining limited and defensive military power while maximizing its material and rule-making power through economic expansion.

These new conditions in the contemporary international system include two groups of factors. The first group of factors is systemic changes that allow a rising hegemon to ensure its security and economic growth through non-military means. This group of conditions includes the rise of international institutions (Keohane 1984), nuclear weapons, and military technology developments that favor defense over offense (Taliaferro 2000), a highly interdependent global economy (Keohane and Nye, 1977), and normative changes that disfavor military expansion (Korman 1996). The second group of factors is the adaptation of new strategies that raise the costs of military build-up, pushing a rising hegemon to adopt soft competition strategies, such as institutional balancing (He 2008a; He 2008b), soft balancing (Paul 2018; Han and Paul 2020), hedging (Tessman 2012), and alignments rather than alliances (Wilkins 2012). If a rising power already alarmed the incumbent hegemon, and if the military power gap between them is still too wide to catch-up, then the military build-up for the rising power can incur high costs by triggering preventive attacks from the status quo (Evera 1998). If a rising power faces a hostile external environment (i.e., high costs of forming alliances) and domestic instability (i.e., high costs of maintaining domestic security), then external and internal hard balancing is less viable. In such a case, the military power of the rising hegemon cannot match-up with its economic influence.

This chapter uses contemporary China as a case to test the argument. It defines two indicators of hegemonic status. Firstly, a rising power needs to accumulate enough material power (being economical or military power) that overwhelms the power of other nations. Secondly, it has effectively become a rule-maker (rather than a rule-taker) for other nations (Narlikar 2013; Ikenberry 2014). China has become the second-largest economic power since 2010. In recent years, it has also become a norm-maker, creating new norms and rule through new institutions, such as the BRICS New Development Bank and the Asian Infrastructure Investment Bank. However, China's military power still lags far behind the U.S., and China faces difficulties in forming a security alliance to balance the U.S. military power (Liu and Liu 2017). Intense security competition with the US will significantly increase China's costs and weaken its economic expansion.

Therefore, China's best strategy is to focus on the augmentation of its economic power while not becoming a military hegemony like the Soviet Union in the Cold War or Germany in the 1930s. Thus, this chapter predicts that the future world system may contain multiple hegemons competing in multiple dimensions. China, an economically strong but militarily weak hegemon, will continue to spread its economic influence among developing countries while adopting a defensive position in the security competition with the U.S. The US will continue to cast its influence on global security issues, but the liberal economic model's influence depends on how the US would respond to the expanding influences of China's state-led capitalism.

The next section discusses empirical evidence. It starts with a discussion on China's economic hegemony and focuses on how China has become rule-makers in global economic governance since 2010.

Chinese Economic Hegemony

Since its "Reform and Opening" in 1979, China has transformed from an economic backwater to the economic behemoth that it is today. In the past few decades, the world has witnessed China's spectacular growth in Gross Domestic Product (GDP), its transition from being the world's factory to an engine of growth, and in becoming the second-largest economy. China has become an anchor of the global supply chain and plays an indispensable role in the global economic system, a role that challenges the historical hegemonic position of the United States.

According to the data from the World Bank, China's GDP went from \$2.232 trillion (in constant 2010 USD) at the turn of the century to \$11.537 trillion in 2019, an increase more than five-fold, surpassing that of Japan in 2009. From 2003 to 2008, China's annual GDP growth rates were above 10%, with the highest being an impressive 14% in 2007. Although the growth rate has noticeably slowed down since 2010, it still has been above 6%. Comparatively, the U.S. GDP growth rate has never surpassed 4% since 2000 and it even contracted from 2008 to 2009 (The World Bank). At the same time, China's status in global trade has also become prominent. By 2018, China's "total trade in goods had jumped to $4.6 trillion or 12.4 percent of global trade", followed by 11.5% of the U.S. (ChinaPower Project). Aside from being the second largest economy, China is also "the world's largest exporter of goods, the second-largest source of outbound direct investment", accounting for "about 30 percent of the total each year" (Dong 2020).

These developments had led many commentators and analysts to argue that it is just a matter of time before China overtakes the U.S. economy in size and becomes the next dominant global economic power. For instance, Professor Arvind Subramanian, an Indian economist and former chief economic advisor to the Indian government, notably predicted that the global economic primacy will shift from the U.S. to China before 2020. Subramanian established an economic dominance index with "GDP, trade, and external financial strength" as its three main components and argued that "China's role will be roughly equivalent to the UK around 1870 or the USA after World War II", with China's GDP accounting for "about 25% of the globe (USA's GDP will account for 12 %) when estimated on the basis of purchasing power parity" in 2030 (Zhang 2016, 53).

Even the COVID-19 pandemic that brought about a great recession worldwide doesn't seem to be able to thwart China's economic progress. Although COVID-19 disrupted China's economic growth at first, China's swift and forceful national measures in combatting the disease also made it able to recover much quicker than the rest of the world. *The Economist* marveled that China's economy expanded by 4.9% in the third quarter of 2020 and has "just about completed the upward leg of a V-shaped rebound" when "most other countries are mired in recession and grappling with a new wave of COVID-19 cases" (The Economist 2020). In fact, China's quick recovery has been credited to the amelioration of the sharp global downturn. According to the International Monetary Fund (IMF), China will be "the only major economy to grow" in 2020 and this lowered IMF's forecasted decline of the world's GDP from 5.2% to 4.4% (Zumbrun and Hayashi 2020). IMF Chief Economist Gita Gopinath remarked that without China, "cumulative growth for 2020 and 2021 is negative" (Zumbrun and Hayashi 2020) Clearly, China has become an inseparable part of the global economic development. As such, the

Chinese government has ample confidence that it is still set to surpass the U.S. A think tank affiliated to the Chinese State Council predicted in September 2020 that China will overtake the U.S. to become the largest economy worldwide in 2030 even accounting for "the intensifying economic, technological and geopolitical rivalry with the United States" (Tang 2020).

The Soft Power of the China Model

China's economic rise has challenged U.S. economic hegemony in prominent ways. Aside from overtaking the U.S. in multiple quantitative metrics, the challenges center around questioning the legitimacy of the U.S.-centered liberal economic model. Specifically, China has introduced an alternative, state-led development model, the so-called "China Model" that has gained traction within developing countries and established new international financial institutions (IFI) that broke the post-World War II monopoly of existing IFIs led by the U.S. In contrary to the Washington Consensus, some studies called the "China Model" as the "Beijing Consensus." This section uses these two concepts interchangeably.

The 2008 financial crisis was a watershed that witnessed the rise to prominence of the "China Model". While western economies suffered a heavy toll, China emerged from the crisis comparatively unscathed and resumed its rapid growth quickly thanks to strong state interventions such as massive government stimulus and infrastructure investment. The crisis dramatically shifted the dynamics between China and the U.S.-led democratic capitalism in that many attributed China's developmental success to "the differences from U.S. and other Western economies" (Freeman III, in Shambaugh 2013, 186). Chinese officials became "increasingly convinced that they no longer have much to learn from American counterparts on economic matters" (Freeman III, in Shambaugh 2013, 186).

While there is no single consensus on the exact content of the China Model, scholars largely agree that it has a few defining characteristics. At the core, there is a central government that has a de-ideologized commitment to long-term development and the maintenance of political stability, while the country adopts a gradual approach to economic reform as opposed to practicing the "shock therapy" prescribed by powerful IFIs (Breslin 2011, 1328-29). In China's experience, this has been manifested in the country's relative lack of financial liberalization, its large foreign exchange reserve to guard against external shock, visible state sector, and its tremendous efforts to maintain political and social stability (Breslin 2011, 1328-29). Some have argued that these characteristics did not just make China recover from the financial crisis much sooner than the West but also were the reasons that China had such a successful growth all along. For instance, Yi Wen, an economist at the Federal Bank of St. Louise, summarized that the key to China's rise has been its refusal to "take advice from Western economists (unlike what Russia did in the 1990s) and instead took a very humble, gradualist, experimental approach with its economic reforms." Such approach includes "maintain political stability at all cost", follow a "dual-track system of government/private ownership instead of wholesale privatization", and "provide enormous government support for infrastructure buildup" (Wen 2016).

The aftermath of the 2008 crisis saw the "China model" gaining currency on the international stage, especially among the developing countries. China demonstrated that the incumbent orthodoxy of liberal political and economic reform is not the only way toward modernization and that China's experience might in fact be more relatable to their circumstances. Yi observed that "China's rise provides a golden opportunity for developing nations to ride for free on the China train" (Wen 2016). Similarly, scholars have noted that the Chinese model has gained traction in Africa in that it puts "national rights over human rights, sovereign rights over idiosyncratic rights and economic rights over political rights" at a time when "Africa is increasingly discontent about the West's selective definition of human of rights" (Asongu and Acha-Anyi 2020, 120). China's ability to assist other countries in financial distress also greatly contributed to the global promotion of its model. Following the crisis, "there was increased activity in Chinese relations with Asia, Africa and Latin America, with Chinese demand playing a key role in helping countries such as Brazil recover from the decline in demand in North America and Europe", providing China with new clout in its economic dynamics with developing nations (Breslin 2011, 1327). Some Western analysts alarmingly noted that China, as "a new source of financial assistance and economic development for smaller countries", will enable these countries to bypass traditional Western resources and thus form "a clash of values, governance, and two versions of modernity" in the 21st Century (Halper 2010, 27).

Indeed, China's influence in global governance became increasingly prominent in the aftermath of the 2008 crisis. The "China Model", although never officially promoted by Beijing, perhaps inspired and encouraged China to challenge the hegemony of the Washington Consensus manifested in existing IFIs and become more vocal in developmental rule-setting. This can be discerned through China's active role in leading the BRICS' New Development Bank (NDB) and its accompanying Credit Reserve Agreement (CRA).

Both the NDB and the CRA were created during the 2014 BRICS Fortaleza Summit and entered into force after the 2015 Ufa Summit. The CRA was created as "a framework for the provision of support through liquidity and precautionary instruments in response to actual or potential short-term balance of payments pressures" and to "provide mutual support and further strengthen financial stability" (BRICS, 2014). Of the initial USD 100 billion commitment, China accounted for the largest share of 41 billion, seconded by Brazil, Russia and India with 18 billion each. The NDB, headquartered in Shanghai, was created "to mobilize resources for infrastructure and sustainable development projects in BRICS and other emerging market economies and developing countries to complement the existing efforts of multilateral and regional financial institutions for global growth and development" (BRICS, 2014). Notably, the NDB agreement explicitly mentions a drawback of the existing international financing regime, namely the "significant financing constraints to address infrastructure gaps and sustainable development needs" for developing countries.

The creation of the two BRICS financial institutions and China's leadership in both of them carry significant implications for the hegemony of Western-led IFIs in international governance. The primary motivation for establishing the NDB is to offer financing alternatives to BRICS and other developing countries. Although the 2008 crisis questioned the legitimacy of the Washington Consensus and developing countries' share of the global economy continues to increase, the latter still face a bottleneck when it comes to securing financing from IFIs. For instance, scholars have noticed that the IMF has not relaxed its conditioning requirements and involvement in recipients' "sensitive policy areas, such as the privatization…liberalization, and economic deregulation" after the crisis, despite official rhetoric to the contrary (Kentikelenis, Stubbs and King 2016, 549). Chinese scholars likewise cited the imbalance between developing countries' voting rights in the World Bank and their importance to the global economy, and the uninterrupted succession of

U.S.-backed president as major imperatives for the NDB to be established (Zhu 2019, 24).

The NDB represents an innovative norm-setting in global economy governance. As opposed to the World Bank, voting rights of NDB are shared equally among the five founding members. It is a BRICS institution "only answerable to themselves", meaning there is little to no policy conditioning in lending, and remains outside of the Western-controlled liberal economic order (Roberts, Armijo, and Katada 2017, 92). NDB prioritizes infrastructure investment in developing countries, an area long inadequately financed by IFIs (Roberts, Armijo, and Katada 2017, 92). Moreover, the NDB and CRA seek to shield BRICS nations from the influence of USD by issuing bonds and conducting projects in local currencies (Zhu 2019, 25). As the NDB membership is not limited to the BRICS nations, one can reasonably expect that more developing nations will join in the future, further diminishing the dominance of the Washington Consensus.

China's leadership in this alternative institution is undisputed. China's largest contribution to the CRA grants it prestige and influence, and the NDB's headquarters in Shanghai also confirms China's leadership within BRICS in international financing. Although India was the first to propose the idea of a BRICS bank and competed for locating its headquarters, China emerged victorious in the end thanks to its stronger economic prowess and Shanghai's financial resources (Roberts, Armijo, and Katada 2017, 94). China did compromise when it agreed to an equal voting right instead of enjoying a larger share and to a rotating presidency instead of a permanent Chinese presidency (Roberts, Armijo, and Katada 2017, 94). In the end, however, China get to lead two non-Western financial institutions located within its borders—the NDB and the Asia Infrastructure Investment Bank (AIIB), which also focuses on infrastructure development. This shows that not only did China's economic influence grow substantially after 2008, but also that it has been able to gather international support in advancing an alternative model to the Washington Consensus. Granted, NDB still is very young and is far from challenging the global influence of traditional IFIs, and BRICS had made it clear that the NDB complements, rather than competes, with the World Bank. Nevertheless, the days when the U.S. has a hegemony in international economic governance is over. China is starting to dominate in the critical yet relatively overlooked sector of infrastructure finance in developing countries.

Of course, none of the above is suggesting that China's economy will surpass that of the U.S. in every aspect or that China's development will be free from problems. It is far from a given that the "China Model" will be the next development orthodoxy for developing countries. Yasheng, for instance, asserts that the "China Model" is nothing more than the Chinese variant of Latin-American state capitalism with its "urban bias, heavy-handed interventionism…and a biased liberalization that privileges FDI over indigenous…private entrepreneurship" that was born out of China's ideological necessity (Huang 2008, 42-43). China's demographic crisis and its ongoing confrontations with the U.S. cast a serious doubt on the future speed and quality of its growth. The DCS is also in its nascent stage with uncertain economic implications. Lastly, the Washington Consensus is still alive and well in many critical areas. A case in point is that the three biggest U.S. credit rating agencies still collectively enjoy market monopoly that BRICS have little hope of challenging anytime soon (Zhu 2019, 36-38).

Nonetheless, China has and will surpass the U.S. economically in several noteworthy areas, and it has presented an alternative development model and has acquired international financial agenda-setting abilities. It has achieved what the Soviet Union could not during the Cold War—becoming a serious challenge to the U.S. in a global economy that was established and led by the U.S. China, therefore, is on its way to become a partial economic hegemon.

Keeping a Low Profile (1990-2012) and the Soft Balancing Strategy

For domestic and systemic reasons, China did not compete for military hegemony when it rose as an economic hegemon. Between 1990 and 2012, China has adopted the "keeping a low profile" (KLP) policy as the guiding principle in its foreign relations. Deng Xiaoping in 1990 defined the KLP policies as "being moderate and cautious, undertaking no leadership, raising no banner, searching for no expansion, not running after hegemony and being consistent with the idea of peaceful development" (Yan 2014, 155). With the KLP principle in effect, China has restrained itself from external hard balancing (i.e., joining an alliance to balance against a hegemon) and internal hard balancing (i.e., arms race or significant military build-up). Favorable external conditions, such as the expansion of international institutions and economic interdependence since the 1990s, also allow China to ensure its security through non-military means and focus on economic development. In this era, China mainly uses soft balancing strategies to defend its security interests.

The adoption of the KLP was initially due to a domestic legitimacy crisis. In the 1980s, Deng Xiaoping recognized that the underdevelopment problem in China has imposed the biggest challenge to CCP's ruling legitimacy (Garver 2016, 357-360). Thus, the KLP policy was designed to create a peaceful international environment that was necessary for China's economic growth. Adopting the KLP strategy, China withdrew from the military competition and stayed away from security alliances. Therefore, it effectively lowered the perception of China's military threats before 2012. China had border wars with India in 1962 (and recent border skirmish in 2017 and 2020), Soviet Union in 1969, and Vietnam in 1979. Under the KLP policies, China normalized its relations with India in 1988, the Soviets in 1989, and Vietnam in 1991. China has become an observer member of the international non-aligned movement in 1992. If the presence of mutual defense treaty measures alliance, China did not have any allies except North Korea (ATOP Database, n.d.). Under the KLP strategy, China defines its foreign relations by different types of partnerships rather than the concepts of alliances.

Partnership concepts are more flexible than security alliances, and they often emphasize economic cooperation and cover a wide range of non-security cooperation (Strüver 2017; Wilkins 2012). For example, China and Russia agreed to develop a "comprehensive strategic cooperative partnership facing the new era" in June 2019. This marks the highest level of partnerships that China has ever developed with a foreign nation. However, the joint declaration signed by Xi and Putin clearly states this partnership is not an alliance, and it does not target any third parties. This partnership heavily emphasizes cooperation over trade, energy, global economic governance, international finance, and other economic issues (The Economist 2019). It does touch on important security and political issues; however, as Korolov points out, China-Russia security cooperation is missing some important components (such as formal treaties of mutual defense and joint deployment of forces) to be defined as a traditional alliance (Korolev 2019). By 2018, China has developed 105 partnerships with other nations and international organizations; only 25% of them contain security-related content (Han and Papa 2020). And most of this security-related content is mutual non-aggression agreements and mutual respect to territorial integrity. None of them contain mutual defense treaties or agreements on joint deployment in military actions.

Systemic conditions in the 1990s also helped China to avoid intense security competition with the incumbent hegemon. Nuclear deterrence has continued to function as an important check and balance mechanism for national security, and it allows China to avoid excessive conventional arms race against the hegemon. Meanwhile, China also avoided the nuclear arms race with the U.S. It has maintained a minimum deterrence strategy since 1964, and accordingly, a relatively small nuclear arsenal among the P5 countries (Yao, in Twomey 2008).

The economy of China and the U.S. are highly interdependent. The US-China bilateral trade volume in 1990 was 20 billion USD (in current value), and by 2018, it reached 659.8 billion USD (U.S. Census Bureau, n.d.). However, the U.S. has an annual trade deficit of over 350 billion USD against China since 2012, and China's mercantilist approach to the U.S.'s economic relations triggered the 2018 trade war. Under the Trump administration, some U.S. leaders and pundits argued that economic engagement with China failed to liberalize China, and it has also failed to restrain the economic expansion of a mercantilist China (Campbell and Ratner 2018; Pompeo 2020).

IR scholars have debated whether economic interdependence leads to cooperation between major powers (Erik and Zhang 2015). While complaints about China's mercantilist policies accumulate among U.S. leaders and citizens, it will be hard for China to control its geopolitical competition with the U.S. In many cases before 2017, China had shown the willingness to pursue economic cooperation rather than intense geopolitical competitions with the U.S. On May 8, 1999, the U.S. air force bombed the Chinese embassy in Belgrade and killed three Chinese journalists in the accident. In response, China announced it would suspend all dialogues with the U.S. over non-proliferation, arms control, international security, human rights negotiation, and WTO entrance negotiation (CCTV News China 1999). However, China resumed the WTO entrance negotiation with the U.S. in September and finally reached an agreement with the U.S. on November 15th. The conclusion of the China-US WTO entrance negotiation paved China's access to WTO membership and triggered a new wave of economic development in China.

Participation in international institutions also helped China balance and check the powerful influence of the incumbent hegemon. China's participation in international institutions is often seen as a sign of support to the incumbent liberal system (Johnston 2003; Johnston 2008); however, it can also be a mechanism of using institutions to check and balance the influence of rising powers (He 2008). For example, China decided to join the ASEAN Regional Forum (ARF) in 1994 because China believed ASEAN mechanisms could balance and restrain the U.S. alliance system in East Asia (He 2008).

The idea of balancing and ensuring national security through international institutions is best summarized in the soft balancing concept. T.V. Paul defines soft balancing as the strategies of "restraining the power or aggressive policies of a state through international institutions, concerted diplomacy via limited, informal ententes, and economic sanctions in order to make its aggressive actions less legitimate in the eyes of the world and hence its goals more difficult to obtain" (Paul 2020, 20). Since 1990, China has used a combination of soft balancing and limited hard balancing to defend its national interests and expand its economic hegemony (Han and Paul 2020).

The establishment of the AIIB demonstrates China's soft-balancing approach in its hegemonic rules. The AIIB was a financial institution proposed by China to fill in Asian developing countries' infrastructure gaps. The AIIB is a game-changer because it does not hold neoliberal ideologies and does not attach conditions (of economic and political liberalization) in their lending to developing countries. Thus, the AIIB is a soft balancing strategy to weaken the U.S. leadership in global financial governance. China further "soften" its challenges to the US-led financial system by incorporating U.S. allies, such as the UK, France, Germany, Australia, Canada, and Korea, as member states of the AIIB. AIIB also often co-invest with established international institutions. For example, in 2016, AIIB co-invested with International Finance Cooperation and Asian Development Bank in a clean energy power plant project in Burma (AIIB 2016). Through the co-investment strategy, AIIB effectively shares risks and profits with established Western institutions and soften its challenges to the status quo powers.

Nevertheless, soft balancing may fail when competition intensifies. Thus, China also adopted limited hard balancing as a security check. China's military spending in 1990 was 21.939 billion USD (in 2018 USD), and it increased to 266.449 billion USD (SIPRI Database, n.d.).

However, the limited hard balancing strategy did not help China to achieve a military hegemon status. China's military power is still far behind the U.S. military power. Furthermore, some studies find that China faces much higher domestic costs—i.e., maintaining the stability of the authoritarian regime, providing health, education, and pension to its large population, the costs associated with the inefficiency within the bureaucracy system, and finally, the costs associated with lower production efficiency in its economy. Michael Beckley suggests that when these costs are considered, China's overall power index (combining both economic and military power) is still about 30-40% of the U.S. aggregate power (Beckley 2018).

However, China has adopted more assertive foreign policies since 2012. This policy change can be explained by the changing perception of relative powers among Chinese leaders, and leadership changes in China also lead to more proactive foreign policies (Yan 2014). Some studies suggest this shift to assertive foreign policies could create a better international environment for China's rising as a new hegemon. However, the next section demonstrates that the strategy of maximizing China's security and political influence through hard means indeed hurts China's soft power. It weakens China's economic hegemony and raises the cost of hegemonic rules. Indeed, incoming hegemons should continue to focus on economic development rather than prematurely involving military and security competitions.

Backlash over China Exercising its Hard Power

The importance of soft balancing to protecting China's security and interests is reflected in China's negative experience when it chose the opposite alternative: exercising China's flexing hard power in its vicinity. Although, as demonstrated above, China's military capabilities still lag far behind that of the U.S., it still is an increasingly powerful force to be reckoned with within the Asia-Pacific region, especially when compared to those of smaller nations. In recent years, China has been assertive in defending what it considers to be its territorial sovereignty and historical rights in the region, notably along the Sino-Indian border and in the South China Sea (SCS). However, China's forceful actions vis-a-vis its neighbors had resulted in pushbacks against it both militarily and economically. Many countries near China adjusted their geopolitical postures in response and, more importantly, have grown weary of China's ever-expanding economic and commercial influence, a development that is certainly detrimental to China's advance toward an economic hegemon. In fact, one can argue that China exercising its hard power is working *against* China's bid in becoming a global leader for it damages not just individual trade relationships but also diminishes international enthusiasm for China's economic leadership.

Yet before examining the ways in which China's assertiveness harms its economic hegemony, it is necessary to analyze how and why China chose to flex its military muscle in the first place. Two examples examined are the Sino-Indian border clashes of 2017 and 2020, and China's maritime activities in the SCS against Southeast Asian nations.

China and India have long had border disputes, including a brief war in 1962. Over the decades, the two sides were able to come up with multiple conflict prevention and de-escalation mechanisms. However, the uneasy peace was interrupted in 2017, when Chinese and Indian soldiers had a two-month long standoff in the Doklam/Donglang area in the Himalayas near Bhutan over Indian and Bhutan's objection to China's extension of a road within the disputed region (Safi 2017). The height of the standoff saw about 3,000 troops from both sides facing off against each other and physical skirmishes, prompting the *New York Times* to call it "one of the worst border disputes between the regional rivals in more than 30 years" (Myers, Barry and Fisher 2020) While the standoff eventually died down, it was unfortunately overshadowed by an even more severe one in 2020. Tensions rose again in the disputed Ladakh region and culminated in a deadly brawl in June. 20 Indian soldiers were killed in the clash with unconfirmed casualties on the Chinese side, the first deadly conflict on the Sino-Indian border in at least 45 years (BBC News 2020). In September, China and India accused each other of firing warning shots "in what would be the first use of guns along their disputed border in decades" (Roy 2020). Fortunately, the situation became calm again in October following a series of high-level military and diplomatic negotiations (Hindustan Times 2020).

China's role in the SCS dispute is well-documented by many and need not to be elaborated here. Most pertinent to our discussion is that China became much more assertive in upholding its claims starting from 2010. While China's claim in SCS precedes the PRC's founding in 1949, starting from 2012 "China made it increasingly clear its claims were no longer dormant" as it established a new administrative center in SCS, engaged in a protracted standoff with the Philippines over Scarborough Reef, and opened up oil blocks in what Vietnam considers to be its Exclusive Economic Zone (EEZ) for bid (Haddick 2014, 79-80). Since then, Chinese actions have only become more hawkish. It embarked on an ambitious island-building campaign that solidified its positions in disputed waters, causing great unease among other regional claimants and the U.S. The U.S.-China Economic and Security Review Commission recorded that "China built artificial islands with a total area of close to 3,000 acres on seven coral reefs it occupies in the Spratly Islands in the southern part of the South China Sea" from 2013 to 2015, dwarfing similar activities by other claimants by a huge margin (Southerland 2016, 3). Most recently in April 2020, a Chinese survey ship had a month-long standoff with a Malaysian drilling ship in what Malaysia considers to be its EEZ (Latiff 2020). In May, China's maritime militia rammed and sunk a Vietnamese fishing boat with eight crew members onboard off the Paracel Islands, prompting a national outcry in Vietnam (NBR 2020).

The Sino-Indian border clashes and China's heavy-handed actions in the SCS showcase China's apparent willingness in exercising its hard power. China showed no reluctance in adopting a hardline stance in both incidents. The two-month standoff in 2017 and the fact that 20 Indian soldiers died in the June 2020 clash suggest an emboldened posture of China's frontline units.

Several factors underline China's rationale, most prominently domestic politics considerations and a hawkish nationalism. Since President Xi Jinping took the helm of China in late 2012, he has tirelessly launched the "China Dream" campaign that promises to bring about the "great rejuvenation of the Chinese nation" and become a global leader in national power and influence by the mid-21st Century (BBC News 2013). The campaign prescribes a more forceful foreign policy, largely because China perceives that the international balance of power to have been shifting toward it from the U.S. since the 2008 financial crisis (Glaser and Funaiole 2020). Xi has also been described "as the first leader since Deng" who "is visionary and strong enough to push through a rethinking of China's foreign policy strategy" toward "striving for achievement" instead of continuing the KLP strategy (Sørensen 2015, 53-54). Needless to say, a first step in achieving the grandiose goals is to ensure China's territorial sovereignty, which was widely abused during China's "century of humiliation" when contemporary China was exploited by colonial powers.

Therefore, China's less restrained utilization of hard power corroborates its overarching political campaign.

Tightly connected to the "China Dream" is China's rising nationalism that increasingly takes an assertive tone. One result of China's integration into the world economy is that its citizens have become more aware of world affairs, thanks to the arrival of the digital age and more Chinese citizens venturing abroad. This awareness in turn promoted the resurgence of Chinese nationalism that, under the "China Dream", has become more hawkish. Scholars have observed that "Chinese attitudes are indeed more hawkish than dovish - from masses to netizens to elites. Hawkish views are especially pronounced among elites and netizens, who represent the most visible and vocal segment of the Chinese population" (Weiss 2019, 692) The younger generation also favors China to utilize its military strength more in foreign disputes (Weiss 2019, 692). Although popular sentiment does not directly translate into policy preferences in China as it often is the case in Western democracies, the Chinese leadership is still not immune to the pressure from nationalism since its legitimacy derives from the ability to achieve goals outlined in its own nationalistic political campaign.

It is also possible that China's relatively opaque civil-military relationship contributed to China's usage of hard power against India and in SCS. When engaging in fierce brawls or ramming fishing boats, Chinese frontline units could be acting aggressively believing that they are implementing the objectives outlined in China's national campaigns even if the leadership does not wish to see escalation. This reflects the PLA's new image of itself as "the most important guarantor of China's safety and national interests" in China's assertiveness after the financial crisis (Kurlantzick 2011).

Regardless of the exact rationales underlying China's assertiveness, its behaviors have brought negative consequences to China's bid for hegemony. They have not resolved China's territorial disputes but have harmed China's economic interests instead. China's assertiveness has antagonized other dispute claimants, which are important developing nations and potential followers of the "China Model", into having second thoughts on China's economic dominance. India's economic pushback against China was evident after the border clashes. According to data from the Chinese Administration of Customs, Chinese imports to and exports from India was 424.13 billion RMB (about 64.15 billion USD) from January to September 2020, a 10.9% decrease compared to the same period in 2019. Chinese telecommunication and internet service providers, which constitute a crucial part in China's plan to be the global leader in ICT, also suffered from an increasingly hostile market environment in India. Since the June 2020 clash, the Indian government has banned almost 200 Chinese mobile apps, including popular ones like TikTok, for threatening India's "sovereignty and integrity" (Kharpal 2020). The prohibition also unofficially extends to Chinese 5G network vendors such as Huawei (Kazmin and Findlay 2020). The loss of the sizeable India market has considerable impact on China's economic hegemony: India is incentivized to develop its own ICT technologies while simultaneously presenting more commercial opportunities to Chinese firms' Western competitors; China will have less sway in the development of global 5G technological standards being kept out of the Indian market; India offers a precious policy convergence with the U.S. against Huawei on its own accords, a windfall for China's principal opponent in the contest for global economic order (Sherman 2020).

The tense Sino-India relations hindered China's ambitious economic connectivity projects as well. Chinese scholars have lamented that the geopolitical tensions between the two has damaged the extension of China's BRI (Belt and Road Initiative) projects into South Asia. Specifically, India has been reluctant to welcome the "Bangladesh-China-India-Myanmar" economic corridor, one of the major corridors of BRI proposed by China, due to geopolitical and security concerns. Although Sino-Indian economic relationship is not as substantial as China's trade relations with many other countries, the negative influence from the clash reaches beyond bilateral trade relations and directly harm China's ambition to project its economic prowess outward.

Similarly, China's economic expansion in Southeast Asia received heightened suspicion in the wake of China's belligerence in SCS. Malaysia, traditionally a close economic partner of China, has become much more skeptical of Chinese investment, suspending and renegotiating multiple Chinese-funded projects. Former Malaysian Prime Minister Mahathir Mohamad was very vocal in criticizing Beijing's "debt-traps" BRI programs, warning other smaller nations in the region against accepting them too eagerly (Heydarian 2019). Mahathir even publicly accused China of practicing "new colonialism" that has "the effect of diminishing the freedom of action of other countries that [owe] too much money to China" (Heydarian 2019). Malaysia's experience is representative of other members of the ASEAN. Beijing considers ASEAN members to be vital parts of BRI's maritime silk road and has invested considerably in ASEAN's connectivity plan to boost its "socio-economic and non-traditional security dimensions" of maritime cooperation with ASEAN countries (Meng 2017, 329-330). However, China found itself isolated diplomatically by ASEAN states after its stance on SCS turned more assertive after 2010 (Thayer 2011, 91). ASEAN members have developed a "trust deficit" with China, undercutting Beijing's previous "charm offensive and wooing of ASEAN states" and replacing it with "uncertainties concerning Chinese intentions" and a "groundswell of distrust" (Lai 2017, 335)

Although China's economic gravity and its long-standing trade relationship with Southeast Asia prevented the overall commercial relations to deteriorate as notably as the Sino-Indian one and China still has firm supporters like Cambodia in the region, China's economic expansion could without a doubt have gone much more smoothly if China had not antagonized other key SCS claimants. Instead, countries like Vietnam and the Philippines are moving closer to the U.S. in the security realm while also seeking to diversify their economic relations away from China and be more cautious in accepting Chinese projects. It is also true that, as reflected in Mahathir's remarks, concerns about excessive debt to China, as opposed to Chinese actions in SCS alone, increase economic skepticism within ASEAN. Yet the apprehension of Chinese hard power still underlies the alert against the so-called "debt-trap diplomacy": smaller countries are anxious about the prospect of surrendering control of vital infrastructures like ports that further facilitate China's military expansion.

China exercising its hard power might be a natural development following its incessant pursuit of military modernization and the rise of hawkish nationalism at home. One can also argue that India and SCS claimants in ASEAN are "expected" to be on the receiver's end of China flexing its muscle given their sovereignty disputes and their inferior military power. Nevertheless, such exercises have resulted in enormous cost for China's economic hegemony. By alienating some of the most promising supporters of the China-centered economic model, it reduces China's economic influence globally and strengthens the U.S.-led system that China actively challenges.

Conclusion

This chapter argues that a rising power can achieve hegemony through economic expansion without overwhelming military power in the contemporary world, and the China case supports this argument. It further suggests that this new approach to hegemony is not only sufficient but also necessary, as when China adopts aggressive expansionist policies, its economic influence and norm-making power has been damaged. Because China cannot quickly replace the U.S. in security and political hegemony, these two hegemonic systems will co-exist in the contemporary world.

The co-existence of multiple hegemonies and the hegemonic competitions in multi-dimensions have important implications for the questions raised in this chapter's introduction section. While military capacity build-up remains a fundamental check and balance mechanism in hegemonic dynamics, it is not the primary competition method. The main battlefield in today's China-U.S. competition is in the economic realms. To effectively compete with China, the liberal hegemony needs to identify and address the problems in the liberal economic order—such as the underdevelopment problem and the underrepresentation of developing countries' interests in liberal international institutions. In other words, the competition is mainly about the legitimacy of two economic approaches.

For smaller nations in the region, they could continue with strategic hedging on both sides unless China became increasingly aggressive. The U.S. will continue to be the security stabilizer in the region, and China will continue to provide an alternative approach to current economic problems. Smaller nations also need to carefully watch the economic manipulation associated with China's state-led capitalism model. Debt traps or other forms of building political influence through economic leverages are real concerns of small nations. Hirschman's study on how Germany effectively controlled Southeast European nations in the 1930s is still relevant today.

Future studies can explore under what condition an economic hegemon can turn into a military hegemon. Domestic conditions, such as leadership change and domestic institutional reforms, could profoundly impact the characteristics and behaviors of a rising hegemon. This study also can be criticized as being state-centric. Due to limited space, we did not discuss non-state actors' roles in the current hegemonic competition.

Thus, future studies can further investigate how non-state actors, such as international institutions, MNCs, state-owned enterprises, and NGOs, influence competition under a multiple hegemony system.

References

Angus, Maddison. 1998. *Development Centre Studies Chinese Economic Performance in the Long Run.* Paris: OECD publishing.

Asongu, Simplice A., and Paul N. Acha-Anyi. 2020. "A Survey on the Washington Consensus and the Beijing Model: Reconciling Development Perspectives," *International Review of Economics* 67 (2): 111-29.

Asia Infrastructure Investment Bank. 2016. "Myanmar: Myingyan 225 MW Combined Cycle Gas Turbine (CCGT) Power Plant Project." available from

https://www.aiib.org/en/projects/details/2016/approved/Myanmar-Myingyan-225-MW-Combined-Cycle-Gas-Turbine-Power-Plant-Project.html.

BBC News. 2016. "India-China Clash: 20 Indian Troops Killed in Ladakh Fighting." June 16, available from https://www.bbc.com/news/world-asia-53061476.

BBC News. 2013. "What Does Xi Jinping's China Dream Mean?" June 5, available from https://www.bbc.com/news/world-asia-china-22726375.

Beckley, Michael. 2018. "The Power of Nations: Measuring What Matters." *International Security* 43(2): 7-44.

Breslin, Shaun. 2011. "The 'China Model' and the Global Crisis: From Friedrich List to a Chinese Mode of Governance?" *International Affairs* 87(6): 1328-29.

Campbell, Kurt M., and Ely Ratner. 2018. "The China Reckoning: How Beijing Defied American Expectations Essays," *Foreign Affairs* 2: 60-70.

CCTV news China. 1999. "Zhongguo Zhengfu Caiqu Cuoshi Kangyi Yi Meiguo

Weishou de Beiyue de Baoxing [Chinese Govrnment Adopts Policies to Protest the Atrocity of the U.S. and NATO].” May 10, available from http://www.cctv.com/overseas/chinareport/199905/10.html.

ChinaPower Project (blog). 2019. “Is China the World’s Top Trader?” available from http://chinapower.csis.org/trade-partner/.

Cox, Robert W. 1983. “Gramsci, Hegemony and International Relations: An Essay in Method.” *Millennium* 12(2): 162-75.

Deng, Kent. 2013. “Demystifying Growth and Development in North Song China, 960-1127,” *LSE Research Online* 178. http://www.lse.ac.uk/economicHistory/home.aspx.

Erik, Gartzke, and J.J. Zhang. 2015. “Trade and War.” In *The Oxford Handbook of the Political Economy of International Trade*, 419-438. Oxford: Oxford University Press.

Evera, Stephen Van. 1998. “Offense, Defense, and the Causes of War.” *International Security* 22(4): 5-43.

Florig, Dennis. 2010. “Hegemonic Overreach vs. Imperial Overstretch.” *Review of International Studies* 36(4): 1103-1119.

Freeman III, Charles W. “The Commercial and Economic Relationship”, In *Tangled Titans: The United States and China*, edited by David L. Shambaugh, 181-210. Lanham: Rowman & Littlefield.

Gallagher, John, and Ronald Robinson. 1953. “The Imperialism of Free Trade.” *The Economic History Review* 6(1): 1-15.

Garver, John. 2016. *China’s Quest: The History of the Foreign Relations of the People’s Republic of China*. Oxford: Oxford University Press.

Gilpin, Robert. 1981. *War and Change in World Politics*. New York: Cambridge University Press.

Glaser, Bonnie and Matthew P Funaiole. 2017. “The 19th Party Congress: A More Assertive Chinese Foreign Policy.” *Lowy Institute*, Oct 26, available from https://www.lowyinstitute.org/the-interpreter/19th-party-congress-more-assertive-chinese-foreign-policy.

Haddick, Robert. 2014. *Fire on the Water: China, America, and the Future of the Pacific*. Annapolis: Naval Institute Press.

Halper, Stefan. 2010. *The Beijing Consensus: How China's Authoritarian Model Will Dominate the Twenty-First Century*. New York: Basic Books.

Han, Zhen and Mihaela Papa. 2020. "Alliances in Chinese International Relations: Are They Ending or Rejuvenating?" *Asian Security* 1-20.

He, Kai. 2008. *Institutional Balancing in the Asia Pacific: Economic Interdependence and China's Rise.* London and New York: Routledge Taylor & Francis Group.

He, Kai. 2008. "Institutional Balancing and International Relations Theory: Economic Interdependence and Balance of Power Strategies in Southeast Asia." *European Journal of International Relations* 14(3): 489-518.

Heydarian, Richard Javad. 2019. "Beijing's Inchoate Hegemony: The Brewing Backlash in Asia to China's Resurgence," *Carnegie Endowment for International Peace*, June 24, available from https://carnegieendowment.org/2019/06/24/beijing-s-inchoate-hegemony-brewing-backlash-in-asia-to-china-s-resurgence-pub-79302.

Hindustan Times. 2020. "India, China engaged in 'confidential' talks to resolve border standoff, says Jaishankar." October 15, available from

https://www.hindustantimes.com/india-news/india-china-engaged-in-confidential-talks-to-resolve-border-standoff-says-jaishankar/story-ZvIxiCYQsEbIfTR3vvQEAI.html.

Hobson, John Atkinson. 1975. *Imperialism: A Study*. Nottingham: Spokesman Books.

Huang, Yasheng. 2008. *Capitalism with Chinese Characteristics: Entrepreneurship and the State.* Cambridge: Cambridge University Press.

Ikenberry, John G. 2001. *After Victory: Institutions, Strategic Restraint, and the Rebuilding of Order after Major Wars.* Princeton: Princeton University

Press.

Ikenberry, John G, and Daniel H. Nexon. 2019. "Hegemony Studies 3.0: The Dynamics of Hegemonic Orders." *Security Studies* 28(3): 395-421.

Ikenberry, John G. 2014. *Power, Order, and Change in World Politics*. Cambridge: Cambridge University Press.

Johnston, Alastair Iain. 2003. "Is China a Status Quo Power?" *International Security* 27(4): 5-56.

Johnston, Alastair Iain. 2008. *Social State: China in International Institutions 1980-2020*. Princeton: Princeton University Press.

Kazmin, Amy, and Stephanie Findlay. 2020. "India moves to cut Huawei gear from telecoms network." *Financial Time,* August 24, available from https://www.ft.com/content/55642551-f6e8-4f9d-b5ba-a12d2fc26ef9.

Kentikelenis, Alexander E., Thomas H. Stubbs, and Lawrence P. King. 2016. "IMF Conditionality and Development Policy Space, 1985-2014." *Review of International Political Economy* 23(4): 543-82.

Keohane, Robert O. 1984. *After Hegemony: Cooperation and Discord in the World Political Economy*. Princeton: Princeton University Press.

Keohane, Robert O and Joseph S. Nye. 1977. *Power and Interdependence: World Politics in Transition*. Boston: Little Brown.

Kharpal, Arjun. 2020. "'Chinese Firms Are Learning a Painful Lesson': India's App Crackdown Opens Doors for U.S. Tech Giants," *CNBC*, September 4, available from https://www.cnbc.com/2020/09/04/india-crackdown-on-chinese-tech-opens-doors-for-us-giants.html.

Kindleberger, Charles P. 1986. *The World in Depression, 1929-1939*. California: The University of California Press.

Korman, Sharon. 1996. *The Right of Conquest: The Acquisition of Territory by Force in International Law and Practice*. New York: Oxford University Press.

Korolev, Alexander. 2020. "How Closely Aligned Are China and Russia?

Measuring Strategic Cooperation in IR," *International Politics* 57: 760-89.

Kurlantzick, Joshua. 2011. "The Belligerents: Meet the hardliners who now run China's foreign policy." *The New Republic*, January 27, available from https://newrepublic.com/article/82211/china-foreign-policy.

Lake, David A. 2018. "Economic Openness and Great Power Competition: Lessons for China and the United States." *The Chinese Journal of International Politics* 11(3): 237-70.

Latiff, Rozanna. 2020. "Chinese Ship Leaves Malaysian Waters after Month-Long South China Sea Standoff," *Reuters*, May 15, available from

https://www.reuters.com/article/us-china-security-malaysia-idUSKBN22R1SN.

Liu, Ruonan and Feng Liu. 2017. "Contending Ideas on China's Non-Alliance Strategy." *The Chinese Journal of International Politics* 10(2): 151-71.

Lundestad, G. 2000. "'Imperial Overstretch', Mikhail Gorbachev, and the End of the Cold War," *Cold War History* 1(1): 1-20.

Mearsheimer, John J. 2001. *The Tragedy of Great Power Politics*. New York: W.W. Norton Press.

Meng, Lai Yew. 2017. "'Sea of Cooperation' or 'Sea of Conflict'?: The South China Sea in the Context of China-ASEAN Maritime Cooperation." *International Journal of China Studies* 8(3): 321-47.

Milner, Helen V. 1998. "International Political Economy: Beyond Hegemonic Stability." *Foreign Policy* 110: 112-123.

Ministry of External Relations of Brazil. 2014. "Treaty for the Establishment of a BRICS Contingent Reserve Arrangement." available from http://www.brics.utoronto.ca/docs/140715-treaty.html.

Ministry of External Relations of Brazil. 2014. "Agreement on the New Development Bank." available from http://www.brics.utoronto.ca/docs/140715-bank.html.

Myers, Steven Lee, Ellen Barry, and Max Fisher. 2017. "How India and China

Have Come to the Brink Over a Remote Mountain Pass." *The New York Times*, July 26, available from https://www.nytimes.com/2017/07/26/world/asia/dolam-plateau-china-india-bhutan.html.

Narlikar, Amrita. 2013. "Negotiating the Rise of New Powers." *International Affairs* 89(3): 561-76.

Needham, Joseph. 1965. *Science and Technology in China*, vol. 4. Cambridge: Cambridge University press.

Norrlof, Carla. 2015. "Hegemony." *Oxford Research Bibliography*, available from https://www.oxfordbibliographies.com/view/document/obo-9780199743292/obo-9780199743292-0122.xml.

Organski, A.F.K. 1958. *World Politics*. New York: Knopf.

Paul, T.V. 2018. *Restraining Great Powers: Soft Balancing from Empires to the Global Era.* New Haven: Yale University press.

Paul, T.V., and Han Zhen. 2020. "China's Rise and Balance of Power Politics." *The Chinese Journal of International Politics* 13(1): 1-26.

Pompeo, Michael R. 2020. "Communist China and the Free World's Future." *United States Department of State*, July 23, available from

https://www.state.gov/communist-china-and-the-free-worlds-future/

Roberts, Cynthia, Leslie Armijo, and Saori Katada. 2017. *The BRICS and Collective Financial Statecraft, 1st edition*. New York, NY: Oxford University Press.

Roy, Rajesh. 2020. "India, China Trade Accusations Over Firing of Shots at Disputed Border." *Wall Street Journal,* September 8, available from https://www.wsj.com/articles/india-china-trade-accusations-over-firing-of-shots-at-disputed-border-11599597457

Safi, Michael. 2017. "Chinese and Indian Troops Face off in Bhutan Border Dispute." *The Guardian,* July 6, available from https://www.theguardian.com/world/2017/jul/06/china-india-bhutan-standoff-disputed-territory

Sherman, Justin. 2020. "Don't Underestimate India's Sidelining of Huawei."

The Diplomat, September 17, available from https://thediplomat.com/2020/09/dont-underestimate-indias-sidelining-of-huawei/

Singh, Abhijit. 2020. "China's Assertive Behavior in the South China Sea and the Implications for India." *The National Bureau of Asian Research*, May 12, available from

https://www.nbr.org/publication/chinas-assertive-behavior-in-the-south-china-sea-and-the-implications-for-india/

SIPRI military spending database. available from https://www.sipri.org/databases/milex

Sørensen, Camilla TN. 2015. "The Significance of Xi Jinping's 'Chinese Dream' for Chinese Foreign Policy: From 'Tao Guang Yang Hui' to 'Fen Fa You Wei.'" *Journal of China and international relations* 3(1): 53-73.

Southerland, Matthew. 2016. *China's Island Building in the South China Sea: Damage to the Marine Environment, Implications, and International Law*. Washington D.C.: U.S.-China Economic and Security Review Commission.

Strüver, Georg. 2017. "China's Partnership Diplomacy: International Alignment Based on Interests or Ideology." *The Chinese Journal of International Politics* 10(1): 31-65.

Taliaferro, Jeffrey W. 2000. "Security Seeking under Anarchy: Defensive Realism Revisited." *International Security* 25(3): 128-61.

Tang, Frank. 2020. "China to Overtake US as World's Top Economy in 2032 despite Washington Hostilities, State Think Tank Predicts." South China Morning Post, September 2, available from https://www.scmp.com/economy/china-economy/article/3099951/china-overtake-us-worlds-top-economy-2032-despite-washington.

Tessman, Brock F. 2012. "System Structure and State Strategy: Adding Hedging to the Menu." *Security Studies* 21(2): 192-231.

Thayer, Carlyle A. 2011. "Chinese Assertiveness in the South China Sea and Southeast Asian Responses." *Journal of Current Southeast Asian Affairs* 30(2): 77-104.

The Alliance Obligations and Provisions Peoject database. available from http://www.atopdata.org.

The Economist. 2020. "Daily Chart - In a World Mired in Recession, China Manages a V-Shaped Recovery | Graphic Detail." October 19, available from

https://www.economist.com/graphic-detail/2020/10/19/in-a-world-mired-in-recession-china-manages-a-v-shaped-recovery.

The Economist. 2019. "Partnership Is Much Better for China than It Is for Russia." July 27, available from https://www.economist.com/leaders/2019/07/27/partnership-is-much-better-for-china-than-it-is-for-russia.

The White House. 2018. "Remarks by National Security Advisor Ambassador John R. Bolton on the Trump Administration's New Africa Strategy." December 13, available from https://www.whitehouse.gov/briefings-statements/remarks-national-security-advisor-ambassador-john-r-bolton-trump-administrations-new-africa-strategy/.

The World Bank. "GDP (constant 2010 US$) - China, Japan." available from https://data.worldbank.org/indicator/NY.GDP.MKTP.KD?end=2019&locations=CN-JP&start=2000.

The World Bank. "GDP growth (annual %) - China, United States." available from

https://data.worldbank.org/indicator/NY.GDP.MKTP.KD.ZG?end=2019&locations=CN-US&start=2000.

Twitchett, Denis, and Paul Jakov. Smith. 2009. *The Cambridge History of China: The Sung Dynasty and Its Precursors.* Cambridge: Cambridge University Press.

US Census Bureau. "Trade in Goods with China." available from

https://www.census.gov/foreign-trade/balance/c5700.html.

Webb, Michael C., and Stephen D. Krasner. 1989. "Hegemonic Stability Theory: An Empirical Assessment." *Review of International Studies* 15(2), 183-98.

Weiss, Jessica Chen. 2019. "How Hawkish Is the Chinese Public? Another

Look at 'Rising Nationalism' and Chinese Foreign Policy." *Journal of Contemporary China* 28(119): 679-695.

Wen, Yi. 2016. "China's Rapid Rise: From Backward Agrarian Society to Industrial Powerhouse in Just 35 Years." *Federal Reserve Bank of St. Louis* 24(2): 8-14.

Wilkins, Thomas S. 2012. "'Alignment', Not 'Alliance' - the Shifting Paradigm of International Security Cooperation: Toward a Conceptual Taxonomy of Alignment," *Review of International Studies* 38(1): 53-76.

Xinhua News. 2019. "Zhonghua Renmin Gongheguo He Eluosi Lianbang Guanyu Fazhan Xinshidai Quanmian Zhanlie Xiezuo Huoban Guanxi de Lianhe Shengming [A Joint Declaration between China and Russia on the Development of a Comprehensive Strategic Cooperative Partnership Facing the New Era]." Government document, June 6, available from http://www.xinhuanet.com/world/2019-06/06/c_1124588552.htm.

Yan, Xuetong. 2014. "From Keeping a Low Profile to Striving for Achievement." *The Chinese Journal of International Politics* 7(2): 153-84.

Yao, Yunzhu. 2008. "*Chinese Nuclear Policy and the Future of Minimum Deterrence.*" In *Perspectives on Sino-American Strategic Nuclear Issues*, edited by Christopher P. Twomey, 111-124. New York: Palgrave Macmillan US.

Zhang, Jun. 2016. "The Coming Dominance of China: Fact or Fiction? (Part I)," in *End of Hyper Growth in China?* edited by Jun Zhang, 51-62. New York: Palgrave Macmillan US.

Zhicheng, Dong. 2019. "Unprecedented Growth." *China Daily,* September 30, available from https://www.chinadaily.com.cn/a/201909/30/WS5d9166c6a310cf3e3556e502.html.

Zhu, Jiejin. 2019. "Jinzhuan Xinkafa Yinhang Zhidujianshe de Zhengzhiluoji [Political Logic of the Construction of BRICS NDB Institution]." *Contemporary World (Dangdai Shijie)* 12: 22-25.

Zhu, Jiejin. 2019. "Chuangjian Jinzhuan Xinpingjijigou de Dongyin yu Kunjing [Motivations and Difficulties in Establishing a BRICS credit rating agency]." *Contemporary World* 12: 33-39.

Zumbrun, Josh, and Yuka Hayashi. 2020. "China Growth Limits Global Economic Damage From Pandemic, IMF Says." *Wall Street Journal,* October 13, available from https://www.wsj.com/articles/imf-says-global-downturn-will-be-less-severe-than-estimated-in-june-11602592206.

5

The European Union and Global Hegemonic Order*

Jan Zielonka

요약

유럽 통합 프로젝트는 패권 종식을 위해 유럽 국가들이 벌인 노력의 결실이지만, 힘의 차이에서 오는 위계적 국제질서는 패권이라는 개념의 유용성을 증대시켰다. 특히 이 책이 도입한 다패라는 개념으로 주요국들의 영향력 행사방식을 분석하면 '힘의 정치'가 어떻게 다르게 구현되는지가 분명해진다. 군대를 갖지 않은 행위자로서 유럽연합은 무역과 규제적 성격의 국제적 활동을 통해 권력을 행사한다. 유럽의 다중심적 거버넌스 방식은 새로운 제도적 장치를 마련하고 국제적으로 정당한 규칙을 제정하는 데 적합하다. 특히 유럽이 주장하는 규범권력(normative power)은 법치, 좋은 거버넌스, 지역 통합을 통해 민주주의와

* This chapter represents a revised and up-dated version of an article published in *European Foreign Affairs Review* (Vol. 16, No. 3, 2011) under the title: The EU as International Actor: Unique or Ordinary?"

인권을 보장하는 데 초점이 맞추어져 있다. 유럽연합이 권력을 행사하는 방식도 중국의 유교적 통치이론이 주장하는 것과 비슷하게 무력을 통한 통치가 아니라 모범적 국가연합을 만들어 다른 국가들이 추종하게 하는 것이다.

세계가 다패의 시대로 진입하고 있어, 패권 간의 성격이 다르고 비슷한 영역에서 경쟁이 격화될 때 공통의 규범이나 규칙을 만들기는 더 어려워질 것이다. 하지만 패권 간의 경쟁이 주로 경제, 규제, 이념의 영역에서 벌어지고 있으므로 세계가 3차대전의 위협에 처해 있다는 것은 아니다. 유럽연합은 인근 지역과 전 세계를 상대로 유럽연합이 강점을 보이는 분야에서 패권의 확대를 추구할 것이다.

Introduction

European integration was designed to get rid of power politics (Zielonka 2011). Large and rich states were no longer to bully small and impoverished ones. Above all, Europe was not to be ruled by Germany. The institutional embodiment of the integrated Europe, the European Union, prides itself to be a civilian and normative power when dealing with the external world; a power guided by noble values with no military force. Europe's imperial legacy was to be put into the history books with a construction of the EU. The term hegemony is not to be found in the EU's documents, unless when referring to other actors.

There is no doubt that the EU is a peculiar international actor; a kind of "unidentified political object," to use the term coined by Jacques Delors (Martin 2019). The Union lacks some of the essential structural features of a state. It has no effective monopoly over the legitimate means of coercion. It has no clearly defined centre of authority. Its territory is not fixed. Its geographical, administrative, economic and cultural borders diverge. It is a polity without a coherent *demos*, a power without an identifiable purpose, and a geopolitical entity without defined territorial limits.

The European Common Foreign and Security Policy (CFSP) is a misnomer because EU member states are allowed to act outside the EU framework, as in fact they frequently do, either within the United Nations framework or via the OSCE, Council of Europe or NATO. European foreign and security policies are often carried out by formal or informal coalitions of the willing, by contact groups or bilateral initiatives.

However, it would be a mistake to assume that power and hegemony are absent within the EU or in the EU's external actions. Politics is about power per definition and "power politics is a colloquial phrase for international politics," to use Martin Wight's (1986, 23) words. Hegemony is about inequality among individual actors and the ensuing hierarchy in the international system (Wallerstein 2004; Cox 2020). In the analytical terms it is hard to claim that all EU member states are equal; consider the case of Germany and Cyprus, for instance. Moreover, the international system comprising of the EU and its neighbours is clearly hierarchical. And when we talk about hegemony we cannot ignore the controversial term empire. As Niall Ferguson (2003; O'Brien and Clesse 2002) put it:

> What is this thing called hegemony? Is it a euphemism for "empire," or does it describe the role of a primus inter pares, a country that leads its allies but does not rule subject peoples? And what are the motives of a hegemon? Does it exert power beyond its borders for its own self-interested purposes? Or it is engaged altruistically in the provision of international public goods?

Looking at the EU in terms of power, hegemony and empire may be politically incorrect, but it facilitates comparisons with other huge territorial actors which like the EU have power resources sufficient to influence, if not manipulate other actors, especially in their respective peripheries. This chapter will examine the EU from this comparative perspective. The EU will thus be compared to the United States, Russia and China.

Although all these huge global actors have hegemonic if not imperial characteristics, they also differ to a considerable extend. Most crucially from the perspective adopted in this book, they practice power politics differently. For instance, since the EU does not possess an army it practices power politics through trade and regulatory activism chiefly. Moreover, Europe's polycentric system of governance is better suited to creating institutional structures and setting up rules of legitimate behaviour than to swift and bold power projection abroad. Identifying and explaining a set of similarities and differences between these four hegemonic actors is the main of objective of this chapter. The objective is to adopt a relatively long-time perspective rather than focusing on a particular period of history related to President Trump or Xi distinctive behaviour.

International Aspirations and Self-images

All four actors under consideration have noble aspirations and see themselves as agents of peace and development, not only in their respective peripheries but also in the world. In this sense the EU self-image as a normative power is certainly not unique. American ambitions are more global than in the case of the EU, Russia and China. The US normative agenda is also framed in more universal terms to make it suited for application in various cultural and geographic contexts. As President Bush (2003) stated on the eve of the invasion of Iraq: "We are serving in freedom's cause - and that is the cause of all mankind."

The universalism of the American "project" stems from the widespread belief among the American establishment, from both left and right, that all people are born to be like Americans, that they are all safer under the United States' hegemony, and that the surest way for them to progress is to embrace the American model of a capitalist economy (Prestovitz 2003; Hobsbawm 2008). They see America as an "indispensable nation" maintaining global order and possessing an economic project congruent with the deeper forces of modernization. The global financial crisis following the fall of the Lehman Brothers has not undermined US self-confidence if only because other powers have not attempted to exploit American weakness or offer a plausible alternative to the American model. Besides, those who do not share the US normative agenda are quickly reminded of America's formidable power in all its dimensions. In fact, American leaders repeatedly argue that the reason they never cease to augment their power is to maintain their ability to save the world from the enemies of freedom and capitalism. Even President Trump could subscribe to this dictum. One cannot do any good without power, it is argued, and by extension "might is right". As John Ikenberry (2002, 296) put it: "The United States makes its power safe for the world and in return the world agrees to live within the American-led international order."

European leaders have much less confidence in the universal application of their model. This is partly because of the colonial experience that taught them to appreciate the importance of cultural variety, and partly because of the traumatic legacy of various European wars. Europeans tend therefore to claim technocratic or institutional superiority. They may well insist that their norms are right, but unlike the Americans Europeans are not in a position to claim: "might is right!"

Chinese leaders, like European ones, feel superior in cultural terms, but they are haunted by the historical memory of failure (Cohen 2002; Callahan 2010). Thanks to the "Mandate from Heaven" China was able to create and sustain for ages one of the greatest civilizations in human history. However, the last two centuries, in particular, have generated "a dishonourable inferiority" complex. The impressive economic growth of recent years has clearly boosted Chinese confidence, and there is little doubt that President Xi's policies are more assertive than these of his predecessor. However, China does not ask other countries to emulate its own model. It presents itself as a "responsible power" that deserves respect and equal treatment from other powers (Chen 2009). Chinese leaders are focused predominantly inwards and view China's own success in fostering economic and social development as their greatest contribution to the world at large.

Russian leaders are clearly frustrated by the loss of geopolitical reach following the collapse of the Soviet Union (Sakwa 2007; Brown 2010; Kofman 2020). They still feel like masters in their own periphery, but competition from other powers in what used to be their exclusive domain gets tougher by the day. To keep their influence, they must rely on their military power and skilful use of energy resources. But they are annoyed by repeated rebuffs of their "security guarantees," and "exploitation" of their energy resources by the peripheral states. Like China, Russia demands respect from other powers, but her definition of respect implies a special treatment as evidenced by her insistence on participation in the G-8. Russia fiercely refuses to see herself as a "rogue state" misusing its enormous military power (Hopf 2005; Kuchins 2009; Kofman 2020). Even the particularly heavy handed treatment of the Chechen resistance has been described by the Russians as an effort to combat terrorism and Muslim extremism (Hughes 2007). Military interventions outside Russia's borders were termed "peace keeping missions" necessary to restore order and to safeguard the lives of vulnerable ethnic Russians. Contemporary Russian discourse makes frequent reference to the enlightenment heritage of Catherine II and Alexander I (Nowak 2008). It describes Russia as a stabilizing and pacifying power centre, taming the barbarian forces of chaos, nationalism and religious fundamentalism in its backyard, with positive implications for all of Europe and the world (Tsygankov 2005; Cameron and Asmus 2011).

The US also sees itself as a stabilizing and pacifying power centre, but its objectives are more ambitious, if not revolutionary in some cases. The US tried to promote freedom and democracy even in such countries as Iraq and Afghanistan. It does not hesitate to topple individual rulers and orchestrate the overhaul of their regimes. The EU "does not do regime change," by its own admission, but it "does system change." (Ferrero-Waldner 2005) This also sounds revolutionary, but in fact the ambition is much more reformist: the EU tries gradually to reform the periphery through economic and legal engineering. Its objectives are more technical than ideological. The emphasis is on the rule of law, good governance and integration even though it is hoped that these will in turn secure democracy and protect human rights (Zielonka 2013; Börzel and Lebanidze 2017).

China's officially proclaimed objectives are also not particularly modest: building a "harmonious world" of lasting peace and common prosperity (Jiemian 2009). However, it is clear that contemporary China no longer wants to spread the proletarian revolution around the world according to Chairman Mao's blueprint. On the contrary, China tries to reassure other states that its ever growing power represents a net benefit rather than a threat to them (Breslin 2009; Cheng 2012).

Many Chinese are fond of arguing that China's current ambition to foster harmonious coexistence reflects its long-standing cultural tradition, featuring "unity and diversity" (*he er Butong*) and "priority to peace" (*he wei gui*). Unity based on diversity is indeed a Confucian concept. Confucius and his followers such as Mencius or Xunzi believed that differences can be maintained in harmony (Chen 1998). Rather than arguing for imposing one's rules or culture onto others, they advocated leading by example, not through domination and the use of force. In their view, China could help "barbarians" to civilize themselves by the appeal of its universal culture and the attraction of its administrative model. Contemporary Chinese will admit that China has also a tradition that rests on force rather than benevolence. But "legalism" imposing draconian laws by impersonal bureaucracy is ill-suited to the current age of globalization, they argue. This is why China has changed its course and endorsed the concept of the "harmonious world" based on respect for other actors and moral values (Chen 2009).

There are probably few Confucians among the EU's top officials, but "united in diversity" is now their official motto ("The EU motto"; Crossick and Hong 2007). Moreover, contemporary Europeans, like their Chinese counterparts, believe that the EU possesses the power of attraction, especially among its neighbours. They also want Europe to lead by example and not by force; as David Miliband (2007) put it: "The EU will never be a superpower, but could be a model power." As the case of China shows, the EU is not unique in this particular ambition. Unlike China, the EU has an ambition to spread democracy and human rights; but as mentioned earlier, in this sense America's proclaimed aims are similar. And Russia, like the EU, would like to be seen as a stabilizing force in Europe embracing multilateralism at least in the rhetorical sense. (Russians are always ready to point out that Europe's endorsement of multilateralism can also be rhetorical as evidenced by the NATO intervention in Kosovo without a UN mandate).

This means that if one wants to find examples of the EU's normative uniqueness one needs to look at very specific values endorsed by the current EU. For instance, unlike the US, Russia and China, the EU campaigns against the death penalty. However, one wonders whether this kind of example makes the EU a genuinely unique international actor (Manners 2010). Let me therefore search for other possible unique characteristics of the EU, starting with a comparison of governance form and structure.

Governance Form and Structure

The EU, Russia and China govern much more diversified polities than is the case with the US. However, only the EU has a "plurilateral" or "polycentric" structure of governance. Governance of the other three is hierarchical (Koolman 1993). Both the US and Russia are federal states with a strong centre, while the EU is a kind of post-modern (or neo-medieval) polity with no single centre of government. China is formally a unitary state, but with a varied degree of autonomy for some of its provinces, especially in the field of trade. While the central government makes crucial decisions, the provinces have substantial powers in implementing them. In recent years, many Chinese provinces, especially in the coastal areas, have sought to develop their own relations with other states and the central Chinese authority has shown a lack of coordination capacity. There is also a considerable degree of territorial devolution of power in the US, but in the final analysis the governance structures of Russia, China and the US resemble a pyramid.

Centralization in the US, China and Russia is particularly pronounced in the field of foreign policy and defence. The US president is the sole commander-in-chief, and he runs foreign policy with limited input from Congress (Henehan 2000). Foreign and defence policy in Russia and China are also centralized. In Russia major foreign policy decisions were in the hands of Vladimir Putin even during his term as Prime Minister, although the President, not Prime Minister, has major constitutional prerogatives in this field. In China the President is also the General Secretary of the Communist Party which *de facto* controls state institutions. (Xi Jinping is also chairman of the Party's Military Committee).

The EU governance structure is totally different. Here decisions concerning foreign and defence issues are taken by 27 sovereign states, usually on the principle of unanimity. The High Representative for Foreign Affairs envisaged by the Lisbon Treaty have no powers to take key decisions on behalf of the member states (Wallace 2017; Aggestam and Bicchi 2019). The coherence of the EU decision-making system is further undermined by the so called "pillar structure", which separates trade and economics from foreign and security policy. These differences in governance structure have serious implications for the respective foreign and defence policies of the four actors considered. For instance, the EU is unable to have any distinct international strategy US- or Russian-style. Strategy demands the ability to set clear objectives and an application of means to meet these objectives. In the EU. decisions are subject to the lowest common denominator. Moreover, the link between policy means and ends is largely missing: the CFSP has very few policy instruments at its disposal. These are either to be found in the first pillar of the Union or outside the Union structure altogether.

This polycentric system of governance hampers Europe's efforts to project power abroad in a strategic manner. However, it does help the Union to diffuse internal conflicts over foreign affairs (and this is one of the EU's most important tasks). Moreover, the lack of clear strategy makes Europe less vulnerable to accusations of pursuing selfish ambitions at the expense of others. This is why Europe, unlike America, Russia and China is viewed as a benign actor. The complex intergovernmental bargaining process required for EU decisions prevents it taking some bold and swift actions, but it also ensures that the Union does not take precipitous actions that it would later regret. (It is difficult, for example, to imagine the Union taking a unanimous decision to invade Iraq or Georgia).

A centralized governance system helps the US, Russia and China to project its power in an instrumental fashion, but it hampers deliberation and constrains the participation of important domestic actors. This has repeatedly caused serious problems for Russia and China, not only because they lack the American system of checks-and-balances, but also because they govern a very pluralistic polity in both ethnic and economic terms.

Centralized governance helps actors to "bribe" and punish reluctant foreign states, conduct secret negotiations and manipulate international institutions. Polycentric governance is more suited to creating institutional structures and setting up rules of legitimate behaviour. Centralized governance allows actors to function as an effective fire brigade when problems erupt abroad, while polycentric governance helps create a structural environment conducive to peace and cooperation. Ideally actors would like to have it both ways, but in practice this is difficult. After all crude manipulators cannot act as honest brokers.

Means of Governance

These observations are reinforced by the asymmetrical policy means at the disposal of our four actors. Most notably, the US, China and Russia have a formidable military power, while the EU is basically a civilian power trying to shape the external environment by trade and "preaching." (Sjursen et al. 2006) Of course, the US also uses its formidable economic power and cultural appeal to meet its objectives. However, unlike the EU, the US always assumes that the military force can be used when economic and cultural diplomacy fails to produce the desired objectives (Nye 2002).

Russia is primary a military power and a rather mediocre economic force despite its sizable oil and gas resources. Russia's nuclear forces are still on a par with the US. Russian soldiers are still stationed in Moldova and Georgia, severely constraining the domestic options of these formally sovereign states. Russia also has military installations in four other former Soviet republics: Kyrgyzstan, Kazakhstan, Belarus and Ukraine (Russian annexation of Crimea has not been recognized by the international community). China, like the EU, is primarily an economic power. However, unlike the EU, China was able to implement double-digit increases to its defence budget for the last two decades, placing a growing emphasis on air, maritime, and strategic missile capabilities.

Over the last decade the EU has also acquired military capability and it has become involved in several military or civilian-military operations in no fewer than three continents. There has also been a proliferation of various EU military institutions such as its Military Committee, Military Staff and the European Defence Agency. However, these institutions remain small, if not purely symbolic, while individual EU missions have involved only very small contingents of soldiers. True, more than 50,000 soldiers from EU member states have served in recent international operations, but currently the Union has only three so-called Battle Groups on standby, each of around 1,500 personnel (Biscop 2020; Tocci 2018).

The US, in contrast, has a truly unprecedented level of military power. It has more than 700 military installations located in over 130 countries worldwide. The Pentagon's budget is equal to the combined military budgets of the next 12 or 15 states. This gives the US a unique technological superiority over the military of other states by air, land and sea. The US does not just possess this military power, but also quite frequently uses it as exemplified by two large military operations in Iraq and Afghanistan. (Although the US military presence in these two countries is now merely symbolic) (Bernstein 2020). It also regularly attacks military or even civilian targets in different parts of the world in pursuit of suspected terrorists. Russia has also repeatedly intervened militarily outside its formal borders, including in Georgia, Azerbaijan, Tajikistan and Moldova.

This military capability is an enormous asset for the US, Russia and China, but there are also costs involved, both political and economic. To have a gun "at hand" not only widens opportunities for action; it also endows one with much greater responsibility for one's actions. Military intervention always brings about enormous human suffering, often without meeting the intended political objectives. The economic costs of sustaining a huge military are also being questioned, especially during economic crises.

The lack of a significant military power has severely constrained EU freedom of action. However, in one sense, and often unintentionally, the EU's civilian status has been a blessing. Because the current Union's power is not military in nature other states do not fear it and feel compelled to balance it. In other words, the Union's civilian power does not repel other states, but instead it attracts them. By contrast, China with its constantly growing military might is viewed with suspicion by most of its neighbours even though it has refrained from using force against any of them since its twenty-nine-day incursion into Vietnam in February 1979.

Economic power certainly enhances actors' ability to shape their external environment, but in the modern world economic power implies interdependence (Keohane 2002). This has repeatedly been experienced by Russia, whose use of gas as a lever to exert political concessions from Ukraine and other neighbours has undermined its credentials as a reliable economic partner throughout Europe. China understood much better how to play power politics under conditions of interdependence even before it became the second largest economy in the world. During the 2007-2008 global financial crisis, as during the Asian financial crisis a decade earlier, China has not tried to take advantage of its economic partners' indebtedness (Qiang 2009). China's policy in Africa is also shaped by interdependence. Africa is now China's major supplier of oil, minerals and other commodities without which it would be difficult for China to sustain her rapid economic growth. And so China cultivates remarkably friendly relations with numerous African states, including those run by corrupt politicians. Chinese leaders regularly visit Africa, offering concessionary trade, infrastructure loans, and scholarships to African students. Refraining from using political conditionality linked to aid and trade puts China at advantage over the US and EU in Africa, both of whom insist on conditionality.

China's enormous economic might and ever-growing military capability have not as yet resulted in a tangible increase of its soft power. The EU together with the US generate around 80 per cent of the international norms and standards that regulate the global markets (Sapir 2007). Although China is now member of most intergovernmental organizations (IGOs) it is usually the US and EU that shape their agenda. For these reasons China, perhaps more than the EU, deserves to be characterized as an "economic giant but a political dwarf."

This analysis would suggest that those actors who must rely primarily on economic power are more likely to seek accommodation than conflict, to engage with multilateral organizations and to search for long-term legal or diplomatic agreements with their partners (Rosecrance 1986). This certainly applies to the EU and probably also to China. Of course, economic interdependence is not enough by itself to prevent all kinds of unilateral, confrontational postures. Time and again, the EU has challenged the US government or some of the American companies such as Microsoft, Qualcomm and MasterCard, for instance. China engages in militant rhetoric each time foreign officials meet exiled Tibetan or Uighur leaders such as the Dalai Lama or Rebiya Kadeer. However, economic powers seem to consider confrontation as a second best option and hesitate much more than other type of powers to launch diplomatic, let alone military attacks.

Borders and the Scope of Governance

Actors need instruments of power to guarantee the security and welfare of their respective territories and people. Complications arise when we try to define which territory and people are considered truly theirs and as such deemed worthy of investment and protection. At stake is the definition of borders and relations between the centre and periphery. Borders are not simply lines on the ground, but complex institutions rooted in culture and history (Anderson 1996). They not only define the core and peripheral territory, but also various categories of people: insiders and outsiders, privileged and discriminated against, accepted and rejected. Legal aspects are merged with ideational ones here, because borders in the latter sense are part of political belief and myths about the unity and diversity of people living in certain territories. In both legal and ideational terms borders can be hard or fuzzy, stable or mutable.

US borders are fixed, while EU borders undergo regular adjustments, both in territorial and functional terms. There is no major disjunction between administrative boundaries, military frontiers, cultural traits, and market transaction fringes in the US. In the EU we have different and only partly overlapping legal, economic, security and cultural spaces. Successive enlargements have allowed the EU to acquire new territory, but they have produced ever more variable geometry.

Russia's borders are very recent. They emerged after the rapid and confusing collapse of the Soviet Union, and a sizable Russian population lives outside them. Numerous Russian territories, as well as those of her neighbours, are prone to contestation. This particularly concerns the border with Ukraine. The Russo-Ukrainian war that started in 2014 has led to the illegal occupation of Crimea and part of Donbas region by Russia. The 2008 military clash between Russia and Georgia over Ossetia and Abkhazia has also showed the volatile nature of the problem. But Russia's rule within its current borders was also being challenged, most notably in Chechnya. China's borders are also being contested, largely from within. The greatest conflict occurs in Tibet, Xinjiang, and the southern part of Mongolia. China also has territorial claims of its own, most notably over Taiwan and a large number of islands in the South China Sea. The fuzziness of China's borders is reinforced by the special status of Hong Kong and Macao. In 2020 China's violations of Hong Kong autonomy have become resolute, persistent and widely criticized. And there are also over 40 million overseas Chinese, mostly living in Southeast Asia (Chin 2000).

It is easy to see how borders shape the policies of the actors concerned. The EU has never had any territorial claims, and yet it has enlarged several times in its relatively short history. These enlargements have often been undertaken reluctantly, but they have proved the most effective means of shaping the EU's unstable environment. This was first seen after the fall of the dictatorships in Greece, Portugal and Spain, and later after the fall of communism in Central and Eastern Europe. Obviously each enlargement represents an import of diversity and so the Union has spent most of its energy on fostering legal and economic convergence as well as a cultural sense of identity. Allegedly even more energy has been invested in reforming institutions to make the ever larger Union workable. In 2020 the EU has also experienced the reversed process prompted by the United Kingdom leaving the EU. Brexit will also demand reforms and adjustments of the EU budget and institutions.

Russia's policies are very much determined by developments in the former Soviet space, what Russia sometimes calls her "near-abroad." This is not only because ethnic Russians face discrimination even in fully fledged "post-Soviet" democracies such as Estonia or Latvia. This is also, if not largely, because the former Soviet republics are trying to exercise their sovereign rights by asserting their political independence from Russia. According to many Russians, they do this in a way that denies their common culture and history and ignores their persistent economic dependence on Russia. In addition, some of the former Soviet republics seek EU membership or to develop friendly relations with the US and China. This only increases Russia's preoccupation with her borders and her immediate neighbours (Teague 2005; Tsygankov 2006; Trenin 2007).

China's preoccupation with borders seems even greater than in the case of Russia. This is partly because of the complicated question of Taiwan and partly because of the persistent challenge to its rule in Tibet and Xinjiang in particular. As a consequence, Beijing is hyper-sensitive about its sovereignty and adamant about its "one-China policy." But the notion of one China does not acknowledge fully the enormous diversity of this country in ethnic, economic, and cultural terms. Nor it is obvious what the borders of China proper are. Three twentieth-century Chinese leaders, Sun Yat-sen, Chiang Kai-shek, and Mao Zedong, all drew the map of China differently; each during his career changed his mind over whether one or other territory was part of China (Terrill 2003, 193). Today most Chinese believe that Taiwan belongs to the People's Republic of China, but in other times many Chinese believed that Thailand, Mongolia, Turkistan, Vietnam and Korea were Chinese too, at least in large part. China, like Russia and in a different way the EU, needs to reconcile itself with the fuzzy nature of its borders and find a proper way of handling them (Callahan 2004; Chin 2000).

America's border politics look simple by comparison with the three other actors considered here, although the existence of the so-called "non-incorporated territories" such as Puerto Rico, Guam and Samoa implies some fuzziness here, too. Moreover, the border with Mexico is porous and President Trump's effort to seal it proved largely futile. This is not surprising given the economic and demographic gaps between the US and its southern neighbour. However, in comparative terms US borders are fixed and hard, confronting the US leadership with far fewer challenges and dilemmas than is the case with the EU, Russia and China. For instance, when French Quebec tried to gain independence from Canada, the United States did not contemplate incorporating the English part of Canada within its borders. Nor is it conceivable that America would enlarge further south because of economic or political instability in Mexico or Cuba. In other words, the relatively hard and fixed US borders generate less cross-border interdependence and make US relations with its neighbours more asymmetrical. This leads to another important topic: centre-periphery relations.

Centre-Periphery Relations

Periphery can mean the outermost part, but it also used to describe a region within a precise boundary or a zone constituting an imprecise boundary (Rokkan and Urwin 1983). The one common feature is an asymmetric power relationship between periphery and centre. The centre will always attempt to control the periphery and does not treat it on equal footing. This does not necessarily imply open discrimination and exploitation. Some peripheral actors are given access to the decision-making and resources of the metropolis. The relationship between centre and periphery can be harmonious and based on mutual dependency and is not necessarily hierarchical and conflict ridden (Galtung 1971). The centre can exercise control over the periphery through a variety of military, economic and cultural means. Control can be formal or informal to various degrees; it can be based on coercion or incentives, or a combination of both.

Fuzzy borders in the case of the EU, Russia and China imply a fuzzy notion of their respective peripheries. For instance, Ukraine and Georgia are formally outside Russia's borders, but they are both treated by Russia as her periphery because in the past they belonged to Russia and then to the Soviet Union. Moreover, they still contain sizable Russian populations (Alexseev 1999). China treats Taiwan in a similar fashion, even though for the first half of the twentieth century Taiwan was ruled by Japan. (And the notion of ethnic Chinese is very complex). Tibet, Xinjiang and "Inner Mongolia" are formally within China's borders, but because of their distinct histories, ethnic composition and geographic locations they do not belong to China's centre and are treated as peripheries. Russia treats its internal peripheries such as Dagestan or Chechnya, both of which are rebellious and inhabited by mainly non-ethnic Russians, in a similar way.

In the case of the EU, the definition of periphery is even more confusing. The EU, EMU and Schengen have different memberships, creating different peripheries and centres. Although Norway and Switzerland have decided not to join the EU, they are nevertheless gradually adopting EU laws and their economies have merged with the EU's centre (Eriksen and Rossum 2015). Bulgaria and Romania have joined the EU, but their record in adopting and implementing EU laws remains poor while their economies remain peripheral, especially when compared with Norway and Switzerland. Turkey, a regional power centre in its own right, is hastily adopting EU laws to enhance its prospect of EU membership. Kosovo and Bosnia-Herzegovina currently have no prospects of joining the EU, but they are *de facto* semi-protectorates governed by European officials under the formal auspices of the United Nations.

The US basically has no internal peripheries, although the case of Puerto Rico and other so-called "non-incorporated territories" complicates the issue. (Puerto Rico is part of the United States by special arrangement and has commonwealth status). Moreover, since US borders are relatively fixed and hard it is difficult to talk about external peripheries in the same sense as discussed above. However, the US tends to treat the entire world as its periphery because the scope of American territorial control is truly global and so is the scope of its interests. As Andrew Bacevich (2005, 2) argued, American political leaders "have demonstrated their intentions of tapping that mastery to reshape the world in accordance with American interests and values." US control is more informal than in the case of the EU, with no formal territorial acquisitions on the agenda. Nevertheless, the US global military, economic and cultural reach allows it to impose severe domestic constraints on all actors around the globe.

This brings us to two important dimensions of centre-periphery relations: the scope and form of territorial control by the centre. The EU, Russia and China are fully engaged in global politics. For instance, China has not only dramatically increased its trade with Africa, Latin America and the Middle East over the last few years; it has also become a leading donor of aid and contributor to UN peace keeping operations. All three actors are also able to impose severe domestic constraints on numerous global actors. Consider, for instance, the EU's many successes in linking trade concessions to the adoption of its labour and safety standards by formally sovereign trade partners. However, the scope of meaningful territorial control of the EU, Russia and China is by and large regional rather than global. Most notably, none of these three actors is able to impose severe domestic constraints on the US and on each other. The US, on the other hand, is capable of so doing to all other actors, no matter where.

The form of territorial control exercised by the four actors in question varies considerably. The EU's relations with its external peripheries are not just about aid, trade and security cooperation; they are largely about the export of EU governance to these countries. Its neighboring countries are asked to "approximate their legislation to that of the Internal Market" and in exchange they are offered "further integration and liberalization to promote the free movement of persons, goods, services and capital (four freedoms)."[2] The EU's aim is not separation from, or containment of, troublesome neighbours. Its aim is to bring these neighbours closer to the Union through legal and institutional convergence and joint infrastructure projects.

US relations with its global periphery are different. The power imbalance and its hard borders make it difficult for peripheral actors to gain access to US decision-making. These relations are by their nature hierarchical, and the hierarchy is basically perpetual. The US can be generous towards its clients, but peripheral actors cannot contemplate becoming part of

2) Council conclusions, "Wider Europe - New Neighbourhood" available at: http://ec.europa.eu/world/enp/pdf/cc06_03.pdf, 16 June 2003.

the American governance system. Even America's closest allies are not recognized as equals. They are asked to support American policies and share the burdens.

In other words, both the US and EU effectively constrain the sovereignty of their respective peripheries, but the governance system exported by the EU envisages a high degree of shared sovereignty. The more that peripheral countries adopt EU rules, the greater access they have to EU decision-making and resources. The US does not share sovereignty with its periphery. US influence is more about hierarchy and domination, often backed by its military presence. This does not necessarily make the US unpopular in its peripheries. In fact, various peripheral actors compete for US favours rather than trying to resist American control.

Both Russia and China sternly deny sovereignty to their respective internal peripheries, often with the help of their armies. Russia has also repeatedly intervened militarily in its external peripheries and used its economic leverage to obtain political concessions there. China has been much more restrained in its external periphery, but the case of Taiwan shows that it does not rule out the use of force outside its formal territory, and in fact, makes ongoing preparations for such an eventuality. This is probably so because China regards Taiwan as its internal rather than external periphery.

Conclusions: Hegemony Revisited

Three concluding observations can be deduced from the above analysis. First, regardless of their differences, the US, EU, Russia and China share certain important characteristics. They all are vast territorial units with the ability to influence (if not manipulate) the international agenda and shape the notion of legitimacy (if not normality) in various parts of the world. They all seek to impose domestic constraints on a plethora of formally sovereign actors by applying a combination of diplomatic, economic and military means. And they all have a kind of civilizing mission to accomplish vis-à-vis the external environment. In my view these are all key characteristics of empires, but because the term empire carries considerable negative historical connotations, they are all empires in denial. (And there is no commonly accepted definition of empire). That said, the US, EU, Russia and China today do what all historical forms of empires have always done, namely they exercise control over diverse peripheral actors through formal annexations and/or various forms of informal domination (Hopkins 2018; Toh 2017; Lieven 2002; Marks 2012). In other words, they all exercise hegemony in its neighbourhood and often beyond. This means that we are faced with multiple hegemonies in the world. The more these hegemonies differ in nature and the more they contest similar spheres, the more difficult it is to establish common norms and rules to handle their conflicting claims. This leads us to the next concluding observation concerning the differences between these four actors and the ensuing hegemonies.

Despite detected commonalities, the EU, the US, Russia and China have different characteristics and the nature of their hegemony differs by extension. For instance, our analysis shows that Europe's polycentric system of governance is more suited to creating institutional structures and setting up the rules of legitimate behaviour than to swift and bold power projection abroad. Put differently, the EU's system of governance is conducive to the type of foreign policy advocated by Hugo Grotius or Immanuel Kant, but ill-matched to the type of policies advocated by Thomas Hobbes or Niccoló Machiavelli (Bressand 2011; Hassner 1994). No wonder therefore that the EU engages more in the former type of foreign policy than in the latter. The US, China and Russia might well embrace the normative vision of legal order advocated by Grotius or of moral order advocated by Kant, but their system of governance is well suited to Hobbesian politics, and so they often engage in them. These observations are also reinforced by the asymmetrical policy means at the four actors' disposal. The lack of sizable military power makes it difficult for the EU to engage in Hobbesian politics. On the other hand, it is tempting for actors with sizable military power such as the US or Russia to forget about Grotius and Kant and follow the path of Hobbes.

A different nature of our actors' borders results in a different pattern of centre-periphery relations. The fuzzy nature of the EU's borders makes the Union particularly exposed to developments in its immediate periphery. This interdependence forces the EU to become engaged in the politics and economics of the periphery. There is path-dependency logic in the process of enlargement. Each enlargement brings the EU new neighbours and these new neighbours usually end up as candidates for EU accession. This situation makes it easier for the periphery to get access to EU resources, and in some cases even to the EU's decision-making system. It is still unclear whether Brexit will prompt other exits and whether the EU relations with the UK will allow cross-border exchanges to flourish. The relatively hard and fixed US border generates less cross-border interdependence and makes America's relations with its neighbours more asymmetrical. Its peripheries cannot count on any access to US decision-making or make claims on American resources.

The final concluding observation concerns the evolving pattern of conflict and cooperation between the four actors concerned (Chen 2016; Stent 2019; Sutter 2018). This chapter has shown that the US, EU, Russia and China often contest similar spheres and spaces. This is likely to generate conflict, regardless of other factors such as leadership or diplomatic arrangements. Most notably, because the US treats the entire world as its periphery this is likely to impinge upon the EU, Russia and China (Mandelbaum 2005). Consider the case of EU-US relations. The US has been actively engaged in European politics since World War II. It helped to rebuild the devastated economies Western Europe and extended its nuclear umbrella over the region. The US also supported the project of European integration (Remacle and Winland 2009). However, the US has never ceased to compete with the EU for the loyalties of individual member states and it has also regularly intervened in the internal politics of these states (De Grazia 2005). Europe's dependence on America has diminished since the end of Cold War, but the 2003 dispute over the invasion of Iraq showed America's ability and readiness to split Europe into two opposing camps. President Trump's administration has also attempted to split Europeans albeit along different political lines: states governed by pro-Trump populists such as Hungary or Poland versus states governed by liberal politicians such as Germany or France. Trump himself has showed little sympathy for the project of European integration, although his successor, Joe Biden, is likely to work closely with the EU.

The EU is a more equal and coherent actor in the field of trade than in the security field. Nevertheless, the US economy remains an important, if not the most important, reference point for economic decisions in the EU. A similar pattern of competition exists in the field of mass communication, innovation and culture. One day, this competition could well generate a major transatlantic conflict. Europe may disintegrate as a result, or else unite itself even further when faced with the American policy of *divide et impera* (Peterson 2004).

Another type of contest for the same space and spheres exists between the EU and Russia. What Russia considers its "near abroad" is also the EU's near abroad (Wilson 2010; Baranovsky 2010). For instance, the EU's Eastern Partnership initiative involves countries that Russia sees as its own periphery: Belarus, Moldova, Armenia, Azerbaijan and Ukraine. No wonder the Partnership has been fiercely criticized by Russia. Although Russia and the EU have different dimensions of power, they contest all possible spheres. Military issues were at stake when the EU intervened in Kosovo, and Russia in Georgia and Ukraine (Whitman 2010; Averre 2009). In fact, the EU imposed economic sanctions on Russia following Russia's military intervention in Ukraine and annexation of Crimea. Political issues were at stake when they supported opposing sides during the "Orange Revolution" in Ukraine and "Anti- Cockroach Revolution" in Belarus. Economic issues were at stake when the two clashed about their respective rights to engage in each other energy markets (Sherr 2010).

One could multiply similar examples across other regions of the world. The question is about the scale of possible conflict and the margins for accommodation. So far, none of the actors considered perceives its competition in zero-sum terms (Kupchan 2010; Clark 2011). Moreover, with only a few exceptions such as the issue of Crimea, Taiwan and Hong Kong, the actors do not deny their respective claims to legitimacy. Their normative agenda also largely overlaps even though they attach different meanings to such terms as free market, democracy or multilateralism. This does not mean that accommodation rather than competition will prevail among the EU, the US, Russia and China. This is because their characteristics, norms and structures differ, and so the competition is anything but symmetrical. This makes it very difficult for these actors to agree on common rules of the game among themselves, let alone on the common set of norms guiding their mutual behavior. (The international law and the United Nations system, both based on the abstract concept of sovereignty, are not adequate for handling hegemony and empires.) The very fact that China is ascending power, while the US is declining one, makes it even harder to arrive at a common set of rules and norms. Russia is still a revisionist power, trying to make up for its loss prompted by the fall of the Soviet Union. This is doomed to frustrate relations with the EU, in particular. The EU is now aspiring to a strategic autonomy, but this is easier said than done (Tamma 2020).[3)]

3) In 2020 President Macron of France has openly launched a concept of Europe's strategic autonomy to face other global powers.

Besides, acquiring a certain strategic autonomy by the EU would not make the relationship between the four empires any easier.

To sum up, multiple hegemonies are now the order of the day with numerous actors exemplifying imperial characteristics. Since their structures, objectives and self-visions often clash, it is hard to expect a mutual accommodation. Rivalry for the preponderance in the world is now on the cards, and hence there are even less chances for a common set of norms and rules than two or three decades ago. This does not necessarily imply a new world war. So far, the contest is chiefly in the field of economics, regulation and ideology. Because of its peculiar governance system, fuzzy borders and predominantly civilian policy means, the EU practises its politics differently from the three other "empires" considered here. The EU's territorial acquisitions take place by invitation rather than conquest. Its legitimizing strategies do not follow the usual imperial motto: "might is right". The periphery is often able to gain gradual access to the decision-making of the European metropolis. Its sovereignty is not denied, but merely constrained by the EU's policy of conditional help and accession. That said, the EU is certainly able to assert its hegemony in its vast neighbourhood and even beyond. A comparative methodology utilized in this chapter is seldom used in the field of International Relations. However, Table 1 shows that it can be revealing, especially if we apply a long-term perspective. In any case, studying hegemonies can help us to go beyond the standard discourse of realism and constructivism.

Table 1: EU, US, China and Russia compared

Major features	EU	US	China	Russia
Governance structure	Polycentric in concentric circles	Federative but highly decentralized	Unitary but with some regional autonomy	Federative but fairly centralized
Governance paradigm	Mixture of social, liberal and Christian democracy	Liberal democracy	Mixture of communism, Confucianism and legalism	Electoral autocracy
Scope of territorial control	Neighbors aspiring to EU membership	Global	Chiefly within formal state borders	Partly over former Soviet republics

Major features	EU	US	China	Russia
Type of territorial control	Rule biding through the extension of *acquis communautaire*	Informal penetration	Formal acquisitions	Inter-state formal arrangements
Type of external borders	Fuzzy due to the export of laws, successive enlargements and Brexit	Clear, stable and sharp	Fuzzy due to intense economic exchanges, ethnic links and territorial acquisitions	Fuzzy due to the complex legacy of the Soviet Union and its abrupt dissolution
Objectives in the periphery	Reformist: good governance	Revolutionary: freedom and democracy	Gradual assimilation in ethnic, economic and political terms	Restoration of the influence over the former Soviet space
Mode of orchestrating change in the periphery	Institutional engineering	Regime overhaul	Ethnic engineering and economic development	Political engineering and military intervention
Leverage used in the periphery	Membership prospect, market access, aid	Military and economic might, technological innovation, media and mass culture	Market access, ethnic links, and military pressure	Energy resources and military might
Power relations between metropolis and periphery	Periphery gradually gains access to decision-making of the metropolis	Perpetual asymmetry and hierarchy	Periphery is gradually incorporated to the metropolis through various forms of self-governance	Perpetual asymmetry and hierarchy
Sovereignty in the periphery	Constrained through sharing	Constrained through political domination and/or military presence	Denied under "one China" principle	Constrained through formal arrangements and economic domination
Objectives vis-à-vis other powers	Multilateralism	Primacy	Multi-polar world	Respect and special treatment

Major features	EU	US	China	Russia
Self-image	Superior in technocratic terms but hunted by the legacy of war and conflict	Uniformly noble and benevolent	Culturally superior but embarrassed by the "dishonorable inferiority" of the last two centuries	Culturally superior but shaken by the abrupt dissolution of the Soviet empire
Degree of universalism	Global but low	Global and high	Moderate and only within the Asian context	Moderate and only within the former Soviet Union
Legitimizing strategies	Our norms are right	Might makes right	Promotion of "harmonious world"	Guarantee of stability and order

References

Aggestam, Lisbeth, 1965, and Federica Bicchi. 2019. "New Directions in EU Foreign Policy Governance: Cross-Loading, Leadership and Informal Groupings." *Journal of Common Market Studies* 57(3): 515-532.

Alexseev, Mikhail. 1999. *Center-Periphery Conflict in Post-Soviet Russia: A Federation Imperilled.* New York: St. Martin's Press.

Anderson, Malcolm. 1996. *Frontiers, Territory and State Formation in the Modern World.* Cambridge: Polity Press.

Averre, Derek. 2009. "From Pristina to Tskhinvali: the legacy of Operation Allied Force in Russia's relations with the West." *International affairs* 85(3): 575-591.

Bacevich, Andrew. 2005. "*Introduction*" In *The New American Militarism: How Americans are Seduced by War.* Oxford: Oxford University Press.

Baranovsky, Vladimir. 2010. "Russia's Approach to Security Building in the Euro-Atlantic Zone." *The International Spectator* 45(2): 41-53.

Bernstein, Brittany. 2020. "Trump Expected to Withdraw Thousands of Troops from Afghanistan, Iraq before Leaving Office." *National Review,* Nov 16, available from https://www.nationalreview.com/news/trump-to-withdraw-thousands-of-troops-from-afghanistan-iraq-before-leaving-office/.

Biscop, Sven. 2020. "Battalions to Brigades: The Future of European Defence." *Survival* 62(5): 105-118.

Börzel, Tanja, and Bidzina Lebanidze. 2017. "'The transformative power of Europe' beyond enlargement: the EU's performance in promoting democracy in its neighbourhood." *East European Politics* 33(1): 17-35.

Breslin, Shaun. 2009. "Understanding China's regional rise: interpretations, identities and implications." *International Affairs* 85(4): 817-835.

Bressand, Albert. 2011. "Between Kant and Machiavelli: EU foreign policy priorities in the 2010s." *International Affairs* 87(1): 59-85.

Brown, Archie. 2010. *The Rise and Fall of Communism.* London: Vintage.

Bush, George. 2003. "Address of the President to the Nation." Lecture, The Cabinet Room, Sep 8.

Callahan, William. 2004. *Contingent States: Greater China and Transnational Relations.* Minneapolis: University of Minnesota Press

Callahan, William. 2010. *China : the pessoptimist nation.* Oxford: Oxford University Press.

Cameron Fraser, and Ron Asmus. 2011. "Russia: Rewriting History." *The World Today* 67(1): 18-19.

Chen, Xunwu. 1998. "A rethinking of Confucian rationality." *Journal of Chinese philosophy* 25(4): 483-504.

Chen, Zhimin. 2009. "*Confucius' Ideal of Peace in the Contemporary World.*" In *Diplomacy in Theory and Practice,* edited by Karin Aggestam and Magnus Jerneck, 58-73. Malmö: Liber.

Chen, Zhimin. 2009. "*International Responsibility and China's Foreign Policy.*"

In *China's Shift. Global Strategy of the Rising Power,* edited by Masafumi Iida, 12-13. Tokyo: The National Institute for Defence Studies.

Chen, Zhimin. 2016. "China, the European Union and the fragile world order." *Journal of Common Market Studies* 54(4): 775-792.

Chin, Ung-Ho. 2000. *The Chinese of South East Asia.* London: Minority Rights Group.

Clark, Ian. 2011. "China and the United States: a succession of hegemonies?" *International Affairs* 87(1): 13-28.

Cohen, Paul. 2002. "Remembering and Forgetting National Humiliation in Twentieth-Century China", *Twentieth-Century China* 27(2): 1-39.

Cox, Robert. 2020. "Gramsci, Hegemony and International Relations: An Essay in Method." *Millennium - Journal of International Studies* 12(2): 162-175.

Crossick, Stanley and Zhou Hong. 2007. "*Mutuality: Confucius and Monnet.*" In *China-EU. A Common Future*, edited by Stanley Crossick and Etienne Reuter, 201-205. Singapore: World Scientific.

De Grazia, Victoria. 2005. *Irresistible empire: America's advance through twentieth-century Europe.* Cambridge MA: Harvard University Press.

Dongxiao, Cheng. 2012. *Building up a Cooperative and Co-Progressive New Asia: China's Asia Strategy Towards 2020.* Shanghai: Shanghai Institutes for International Studies.

Eriksen, E. Oddvar, and John E. Fossum. 2015. *The European Union's Non-members: Independence Under Hegemony?* London: Routledge.

European Union. "The EU Motto." *European Union*, n.d., available from https://europa.eu/european-union/about-eu/symbols/motto_en.

Ferguson, Niall. 2003. "Hegemony or Empire?" *Foreign Affairs* 82 (5): 154-161.

Ferrero-Waldner, Benita. 2005. "Quo vadis Europa." Lecture, EPP "Paneuropa" Group, Dec. 14.

Galtung, Johan. 1971. "A structural theory of imperialism." *Journal of peace research* 8(2): 81-117.

Hassner. Pierre.1994. “Beyond the Three Traditions: The Philosophy of War and Peace in Historical Perspective.” *International Affairs (Royal Institute of International Affairs 1944-)* 70 (4): 737-56.

Henehan, Marie. 2000. *Foreign Policy and Congress: An International Perspective.* Michigan: The University of Michigan Press.

Hobsbawm, Eric. 2008. *On Empire. America, War, and Global Supremacy*. New York: Random House.

Hopf, Ted. 2005. "Identity, Legitimacy, and the Use of Military Force: Russia's Great Power Identities and Military Intervention in Abkhazia." *Review of International Studies* 31: 225-243.

Hopkins, Anthony. 2018. *American Empire. A Global History*. Princeton, NJ: Princeton University Press.

Hughes, James. 2007. *Chechnya: from Nationalism to Jihad.* Philadelphia: University of Pennsylvania Press.

Ikenberry, John. 2002. “*American Unipolarity: The Sources of Persistence and Decline*.” In *America Unrivaled: The Future of the Balance of Power*, ed.. Ithaca, NY: Cornell University Press.

Jiemian, Yang. 2009. "60 years of New China’s diplomacy: Characteristics of practice and evolution in thinking." *Global Review* 1(9).

Keohane, Robert. 2002. *Power and Governance in a Partially Globalized World.* London: Routledge.

Kofman, Michael. 2020. “Syria and the Russian Armed Forces: An evaluation of Moscow’s military strategy and operational performance.” *Foreign Policy Research Institute.*

Koolman, Jan. 1993. *Modern Governance.* London: Sage.

Kuchins, Andrew. 2009. “Why Russia Is So Russian.” *Current History* 720: 318 - 324.

Kupchan, Charles. 2010. *How Enemies Become Friends: The Sources of Stable Peace*. Princeton, NJ: Princeton University Press.

Lieven, Dominic. 2002. *The Russian Empire and its Rivals*. New Haven, CT: Yale University Press.

Mandelbaum, Michael. 2005. *The case for Goliath: how America acts as the world's government in the twenty-first century*. New York: Public Affairs.

Manners, Ian. 2010. "Global Europa: Mythology of the European Union in world politics." *Journal of Common Market Studies* 48(1): 67-87.

Marks, Gary. 2012. "Europe and its empires: From Rome to the European Union." *Journal of Common Market Studies* 50(1): 1-20.

Martin, Garret. 2019. "How does the 'unidentified political object' that is the European Union really work." *The Conversation,* September 18, available from https://theconversation.com/how-does-the-unidentified-political-object-that-is-the-european-union-really-work-123425.

Miliband, David. 2007. "Europe 2030: Model Power Not Superpower," Lecture, College of Europe, Bruges, Nov 15.

Nowak, Andrzej. 2008. ""*Poor Empire or a Second Rome" - Temptations of Imperial Discourse in Contemporary Russian Thinking*," In *History and Geopolitics: A Contest for Eastern Europe*, 201-234. Warsaw: Polish Institute of International Affairs.

Nye, Joseph. 2002. *The Paradox of American Power.* Oxford: Oxford University Press.

O'Brien, Patrick, and Armand Cleese. 2002. *Two Hegemonies: Britain 1846-1914 and the United States 1941-2001*. Aldershot: Ashgate Publishing.

Peterson, John. 2004. "America as a European power: the end of empire by integration?" *International Affairs* 80(4): 613-629.

Prestovitz, Clyde. 2003. *Rogue Nation*. New York: Basic Books.

Qiang, Sheng. 2009. "Subtle changes of major power relations: a perspective on the reform of international financial and economic system." *Global Review*

1(1): 43-52

Remacle, Eric, and Pascaline Winland. 2009. "*American Attitudes toward European Unity from the Rome Treaties to the Kennedy Administration.*" In *America, Europe, Africa (1945-1973),* edited by Eric Remacle, Pascaline Winand, 115-144. Bruxelles, Bern, Berlin, Frankfurt/M, New York, Oxford, Wien: Peter Lang.

Rokkan, Sten and Derek Urwin. 1983. *Economy, Territory, Identity: Politics of West European Peripheries*. London: Sage.

Rosecrance, Richard. 1986. *The Rise of the Trading State: Commerce and Conquest in the Modern World.* New York: Basic Books.

Sakwa, Richard. 2007. *Putin: Russia's Choice.* London: Routledge.

Sapir, André. 2007. "*Europe and the Global Economy.*" In *Fragmented Power: Europe and the Global Economy,* edited by André Sapir, 12. Brussels: Bruegel Books.

Sherr, James. 2010. "The Russia-EU Energy Relationship: Getting it Right." *The International Spectator* 45(2): 55-68.

Sjursen, Helene, Ian Manners, Wolfgang Wagner, Adrian Hyde-Price, Erik Oddvar Eriksen, Guido Schwellnus, Marika Lerch, Michael Smith, Federica Bicchi, and Jennifer Mitzen. 2006. *Journal of European Public Policy* 13(2): 169-327.

Stent, Angela. 2019. *Putin's World: Russia Against the West and with the Rest*. New York: Hachette Group Publ.

Sutter, Robert. 2018. *US-China Relations: Perilous Past, Uncertain Present.* London: Rowman & Littlefield.

Tamma, Paola. 2020. "Europe wants 'strategic autonomy' — it just has to decide what that means." *Politico,* Oct 15, available from https://www.politico.eu/article/europe-trade-wants-strategic-autonomy-decide-what-means/.

Teague, Elizabeth. 2005. *"Citizenship, Borders, and National Identity,"* In *Russia's Engagement with the West,* edited by Alexander Motyl, et al., 17-32. New York: M.E. Sharpe

Terrill, Ross. 2003. *The New Chinese Empire*. Sydney: UNSW Press.

Tocci, Natalie. 2018. "Towards a European Security and Defence Union: Was 2017 a Watershed?" *Journal of Common Market Studies* 56(1): 131-141.

Toh, Han Shih. 2017. *Is China an Empire?* Singapore: World Scientific.

Trenin, Dmitrii. 2007. "Russia Redefines Itself and Its Relations with the West." *The Washington Quarterly* 30 (2): 95-105.

Tsygankov, Andrei. 2005. "Vladimir Putin's Vision of Russia as a Normal Great Power." *Post-Soviet Affairs* 21(2): 132-158.

Tsygankov, Andrei. 2006. *Russia's Foreign Policy: Change and Continuity in National Identity*. Oxford: Rowman & Littlefield

Wallace, William. 2017. "European foreign policy since the Cold War: How ambitious, how inhibited?" *The British Journal of Politics and International Relations* 19(1): 192-201.

Wallerstein, Immanuel M. 2004. *World-Systems Analysis: An Introduction*. Durham, North Carolina: Duke University Press.

Whitman, Richard, and Stefan Wolff. 2010. "The EU as a conflict manager? The case of Georgia and its implications." *International affairs* 86(1): 87-107.

Wight, Martin. 1986. "*Powers*." In *Power Politics*, edited by Hedley Bull, and Carsten Holbraad. Harmondsworth: Penguin Books.

Wilson, Andrew. 2010. "Eastern Europe's Balancing Act." *Current History* 109(729): 295-324.

Zielonka, Jan. 2011. "The EU as an International Actor: Unique or Ordinary." *European Foreign Affairs Review* 16(3): 281-302.

Zielonka, Jan. 2013. "Europe's new civilizing missions: the EU's normative power discourse." *Journal of Political Ideologies* 18(1): 35-55.

6

Russia and Global Hegemonic Order: A Permanent Quest for its Right Place

Ekaterina Koldunova

요약

서구와의 통합을 목표로 했던 러시아의 탈냉전 정책이 미국 및 유럽연합에 대한 불만이 축적되면서 서구에 대한 균형 정책으로 대체되었다. 푸틴의 집권기를 맞아 강대국으로서의 복귀가 러시아 외교정책의 핵심 목표가 되었다. 이에 맞춰 러시아의 학계 및 전문가 그룹도 새로운 세계질서의 변화를 추적하고 있는데, 그들의 주된 판단은 미국의 지도력과 질서 구축에 필요한 패권이 종식되고 유럽도 새로운 국제체제 구축을 위한 구심점의 역할을 상실했다는 것이다. 패권의 종식 이후 등장하는 것이 다중심적 세계질서이며, 이러한 새로운 환경은 러시아가 강대국으로서의 영향력을 확대할 기회가 되고 있다.

러시아는 지리, 역사, 문화, 군사, 기술적으로 엄청난 잠재력을 보유한 국가지만 이러한 영역에 내재된 불균형이 러시아를 아주 특수한 강대국으로 만들고 있다. 서구와 비교해 열악한 상황에 있거나 서구에 의해 인정받고 있지 못하다는 판단이 러시아가 국제정치에서 올바른 위치를 찾고자 하는 노력을 근대기 이후 지속하게 했다. 냉전의 종식 후 서구의 일원으로 복귀하고자 했던 러시아는 북대서양조약기구(NATO)의 확대와 유고슬라비아와 이라크를 비롯한 국제 분쟁에서 서구와의 이견으로 중국이 지향하는 다극 체제를 지지하는 쪽으로 기울었다. 프리마코프 전 총리가 주장한 국제체제에서의 비서구 행위자들의 집합체라고 할 수 있는 러 · 중 · 인도의 삼각관계를 통한 균형 정책, 혹은 '브릭스(BRICS: 브라질 · 러시아 · 인도 · 중국 · 남아공)' 및 상하이협력기구(SCO)를 통한 집단지도체제(collective leadership)의 구축이 러시아 외교정책의 근간이 되었다. 우크라이나와의 크림반도 사태와 신종 코로나바이러스 감염증(COVID-19)의 확산 이후 유럽과의 디커플링(decoupling)은 가속화하고 있다.

이러한 상황에서도 러시아는 서구 및 중국에 의해 주도되는 국제체제에 대한 대안적 세력으로서 군사 · 전략, 우주개발, 정보통신기술, 지역통합 등의 분야에서 경쟁력을 확보하고 있다. 이러한 러시아의 역량과 잠재력이 다가오는 다패시대에서 러시아의 역할이 주목받을 수 있는 기반이 되고 있다. 특히 동유럽, 코카서스, 중앙아시아, 중동, 북극 및 동북아시아에서 러시아는 구조적 영향력을 행사하고 있다.

Introduction

Russia has a long-lasting tradition of aspiring for a better place in the international system. Equally long is its tradition of undertaking various efforts to catch up with the leading states in this system. The modernization reforms undertaken by Peter the Great in the early 18th century, and the breakthrough of USSR to the status of the second world superpower in the bipolar system perpetuated a long-lasting sense of Russia's destiny to uphold its position among the great superpowers of the world, irrespective of any international turbulence. Each time the country faced domestic or international disruptions, the dissatisfaction with Russia's collapsing international status exacerbated. The historical traumas of the Russian Empire (1917) and the dissolution of the Soviet Union (1991) only reinforced the national feeling of the unjust treatment Russia received internationally, and spurred multiple discourses concerning ways to secure its right place in the global order (Primakov 2011; Putin 2012; Karaganov et al. 2020).

Up to the most recent times, however, the prevailing stream of political thought was on finding ways for Russia to catch up with the West, in which both the Soviet and Russian political elites sought in reference models, albeit of different kinds. For the Soviet leadership the West, the USA, primarily, was a constant stimulus for the arms and technological race and "significant Other" (Feklyunina 2018). For the Russian leadership after 1991, the West was a much-desired final destination in terms of normative, political, economic and social development. This kind of attitude, alongside with centuries of forging the European orientations among the Russian elite, made Russia the most westernized non-Western state with corresponding aspirations to ultimately become a part of the West. The indigenous philosophy of Slavophiles and Eurasianists, which originates back to the 19th century, for quite some time, remained on the periphery of public discourse while reemerging once Russia's ambitions to join the West as an equal and integral counterpart proved to be illusive. In the 2010s, Russia's growing tensions with the USA and NATO over the European and global security architecture, profound crisis in Russia-EU relations after 2014 political turmoil in Ukraine, and the US labelling of Russia and China as revisionist states in the international system became the bifurcation points in Russia's move away from the West but towards indefinite direction. The proclaimed in 2012 "Turn to the East" did not fully bring Russia to the rising China's orbit as many feared or hoped; neither had made Russia a more structurally integrated part of Asia.

However, Russia did not remain a "lonely power" as once claimed by Lilia Shevtsova (Shevtsova 2010) though its integrationist potential significantly decreased, compared to previous historical periods. The relatively quick reemergence of regional integration ties with a number of post-Soviet states confirmed Russia's competitive advantages, and combined with technological domains that were not always publicly visible, and its still-retained and even enhanced strategic capabilities, rendered Russia into a country that was not to be easily written off internationally. The question of its future place in the international system, though, remained unanswered. The answer to it depended on many domestic and international variables and not to the least extent on Russia's success or failure to transform itself economically and politically and to maintain demographically.

An important stream of thought regards Russia from the viewpoint of its geographical burden and geopolitical ambitions, the latter being aggravated by its vast and unequally developed territory stretching across a huge Eurasian landmass through eleven time zones (Hill and Gaddy 2003; Suny 2007; Suslov and Bassin, 2016). Others rather explore Russia's great power aspirations from the constructivist positions (Neumann 2008; Urnov 2014; Tsygankov 2012; Morozov 2015). Some tend to portray Russia as a Westphalian and even revisionist state focused on the outdated norms and principles (from American or European points of view) (Ziegler 2012; Karmazin and Hynek 2020). In contrast to these approaches, another group of Russian politics followers focus on the transformist agenda both as a challenge for Russia in its way to "redefine itself as a modern power" (Lo 2015) and as a huge cleavage in Russia's relations with the West (Sakwa 2017). Advancing the argument on the gap between Western (expand Atlantic community as it is) and Russian aspirations (join a transformed West sensitive to Russian interests) after the end of the Cold War, Richard Sakwa also regards the elements of anti-hegemonic behavior in Russian foreign policy which aims at transforming the existing version of the global order (Sakwa 2017, 5, 57).

All these explanations of Russia's international behavior illuminate noteworthy aspects which can explain the way Russia feels about itself in the international system today. However, they do not provide a direct answer to the question of what could be Russia's place not in the extension of the current hegemonic order, but in an order defined by the co-existence of multiple hegemonies, outlined in the introduction to this book.

Against this background this chapter aims to analyze various domestic and international discourses concerning Russia's role in the world and their practical implications for Russian foreign policy actions vis-à-vis other major actors in the international system on their way to multiple hegemonies as well as vis-à-vis Russia's immediate neighborhood. The chapter argues that in trying to implement its aspirations, Russia remains a peculiar kind of power with a striking asymmetry between its geographical, historical, cultural and military-technical potential and further illustrates the ways these potentials play out in the present day international relations. However, this potential does exist and may well bring so far unpredictable results.

After Collapse

1991 and its aftermath became without any exaggeration a formidable political, economic and social catastrophe for Russia. The USSR dissolution brought to an end a no longer effective Soviet political and economic system but it left the huge Eurasian landmass in the situation of geopolitical and economic disorder. At that time, Russia seemed to have not that much prerequisites to retain or return itself any kind of the hegemonic abilities apart from those in the military-strategic sphere.

In the early 1990s, however, it was not an important agenda-setting problem for Russian foreign policy. Russian reformist elite believed that the pains of the USSR collapse were soon to be cured due to Russian growing political and economic engagement with the West. Indeed, Russia was formally involved in such structures as G7, making it G8 for the period of 1997-2014. NATO, its former military adversary, was ready to start dialogue with Russia in the form of the Permanent Joint Council, and since 2002 - the NATO-Russia Council (NRC). The Council's website even stated that "hardly a day goes by without an NRC meeting at one level or another, leading to an unprecedented intensity of contacts" (NATO 2014). In 1994, Russia and the EU signed the Strategic Partnership agreement.

This intensity of contacts did not mark real progress in Russia's relations with the West. By the mid-1990s Russia's limited inclusion in the Western structures and domestic economic collapse resulted in the 1997 default, which highlighted the asymmetry in the relations between Russia and the West. Even though Russia remained central to such structures as the Commonwealth of Independent States (CIS) and Collective Security Treaty Organization (CSTO) loosely uniting the post-Soviet countries, the then-Western discourse of the 'world without Russia' became almost a reality. Dissatisfied with NATO's expansion and unilateral actions in Yugoslavia (1999) Russian political elite started to reconsider its perceptions of the West and supported the Chinese concept of the multipolar international system in the making (Portyakov 2013). This line of thinking resulted in the culmination of the then-Foreign (1996-1998) and Prime Minister (1998-1999) Yevgeny Primakov's balancing foreign policy and idea of Russia-China-India triangle as an amalgam of the most prominent non-Western actors in the international system. Even though this triangle was not so easy to institutionalize due to Sino-Indian perennial contradictions and more importantly, to put in coordinated action, it nevertheless became a part of Russian foreign policy toolkit for several decades ahead.

The early 2000s witnessed rising oil prices and the revenues from the energy resources export made Russia capable of restoring its economic statecraft. The newly accumulated economic weight, along with antiterrorist cooperation with the US initiated after 9/11 attacks in New York and Washington, bred new hopes for more equal relations with the West. For the Russian elite at the time, it was still natural to refer to Russia as a European power. There was also an economic underpinning of this perception: the EU retained its position as the largest importer of Russian energy resources while many Russian elites enhanced their financial assets in Europe.

The optimism did not last long and the fundamental disagreements in the Russia-Western relations remained unsettled. In 2007, in his speech at the 43rd Munich Security Conference, Russian President Putin indicated the main pain spots in these relations originated from what he described as a unipolar world. Criticizing the American approach to the global governance through force and UN-unsupported military interventions, he contrasted the economic potential of emerging powers of Brazil, Russia, China and India with those of the US and the EU. The former, in his reading, were obviously on the rise vis-à-vis the latter and their interests were to be taken into account. Other significant landmarks of this speech was an appeal to the UN and the international law - as the only universal instruments for approaching international problems - the rejection of

NATO, and the EU's attempts to use their decision-making processes to legitimize international actions on behalf of the entire international community (Putin 2007). From the viewpoint of the Russian domestic discourse this speech just articulated and sharpened the discontent with the West and its unilateral actions in Yugoslavia and Iraq (2003) already present in Russia for several years. For some of the Western observers it became a direct challenge to a post-bipolar international order as it was understood in the US and the EU (Watson 2007; Fidler, Sevastopulo 2007).

In 2008, in an attempt to reconcile Russian and European visions of regional (and global) security the then-President Medvedev proposed that the EU and Russia discuss the possibility of moving towards a common European security architecture. This initiative's rationale was to start a dialogue about the common security framework, which could possibly take into consideration Russian concerns about the expansion of NATO and the EU closer to the Russian borders and mutual concerns about strategic stability issues. On the Asia Pacific front where Russia, like China, was dissatisfied with the remaining system of American security alliances with Japan, South Korea, Thailand and the Philippines, the same logic directed Russian proposal of the inclusive security architecture advanced within a framework of the East Asian Summit (EAS) in 2010. The EAS represented an international forum uniting ASEAN member states and their eight key dialogue partners - the PRC, Japan, Republic of Korea, India, Australia, New Zealand, Russia, and the USA. Both proposals did not see any significant progress since then. However, at that time still operational connections with the EU and the economic dynamism of neighboring Asia made a number of Russian scholars and officials contemplate about Russian Euro-Pacific strategy (Nikonov 2010; Trenin 2013; Koldunova 2015). In their minds, such strategy could have helped Russia get additional impetus for its economic development benefiting from economic connections with Europe and the Asia Pacific simultaneously. This contemplation was not fully realized in practice, but made Russia become more attentive to the economic and political dynamics in its eastern front where in 2010 China surpassed Japan as the world number two economy and became Russia's number one trading partner replacing Germany.

At the turn of the first and second decades of this century Russia still tried to find a way to reconcile its vision of the world order with those of the West via a certain internationally visible compromise. Thus, the "Russian Foreign Policy Concept" of 2008, an official document indicating Russia's foreign policy priorities and Russian overall understanding of the international environment, stressed the importance of building a "collective leadership" in the world through strengthening G8 and its informal relations with its partners, BRIC, the SCO, and Russia-India-China dialogue mechanism. This kind of leadership, according to Russian political elite, was important in terms of building a more well-governed international development and equal representation of all civilizations in the global governance system (Kremlin 2008).

However, Vladimir Putin's reelection to his third term in 2012 and the growing contradictions between Russia and the EU over Ukraine's political and economic orientations resulted in a 2013-2013 full-scale crisis on Russia's eastern European front. In late 2013 the then-Ukrainian President Victor Yanukovich terminated the process of signing the association agreement with the EU. His actions provoked huge social unrest and mass protests of those segments of Ukrainian society who advocated Ukraine's movement towards European integration and away from economic and energy dependency on Russia. The removal of Yanukovich from power as a result of the mass protests, named Euromaidan in the early 2014, started a series of centrifugal developments in Ukraine and resulted in a split between the Russian-speaking Lugansk and Donetsk regions of this country and more pro-Western oriented regions. The same year a referendum in the then-Ukrainian Republic of Crimea ended up with the majority of votes for joining Russia. While the US and the EU regarded these developments as provocations by Russia against Ukraine's territorial integrity, Russian officials stressed the rising threat of instability closer to Russian frontiers due to provocative Western actions and Crimean aspirations to avoid the turmoil and ethno-linguistic discrimination.

The US and EU sanctions imposed on Russia after 2014 and Russian countersanctions terminated the majority of American and European contacts with Russia. In Russia itself they reactivated Russian nationalistic and Eurasianist discourse, evolving previously more in an economic direction, as basis for reintegration of selected post-Soviet states, namely Kazakhstan, Belarus, Armenia and Kyrgyzstan, which in 2015 joined the Eurasian Economic Union (EEU).

Despite French President Emmanuel Macron's claim in 2019 that Russia is a "deeply European state" (Novikov 2019) the similarly deep crisis of a wider Europe's project from Lisbon to Vladivostok, proclaimed during Mikhail Gorbachov's *perestroika*, became obvious. After the alleged poisoning of a Russian opposition activist Alexei Navalny during his air flight from a Siberian city of Tomsk to Moscow in August 2020, and his transfer to Germany from Russia, the German authorities conditioned the future of the Nord Stream 2 gas pipeline with the success of Navalny's case investigation in Russia. Nord Stream 2 is a project of a gas pipeline from Russia to Germany via exclusive economic zones and territorial waters of Denmark, Finland and Sweden, and is expected to reduce Russian gas export's dependency on the transit facilities of Ukraine. With rising discussion within the EU about the Nord Stream 2 Russia and Europe appeared to have less and less projects, which were able to keep two parties strategically close from an economic point of view.

Russian political and economic elite meanwhile started to realize that relatively smooth return to the normal relations with Europe of a pre-Crimean format was hardly possible. Official and expert discourse started to stress Russia's interest in G20, BRICS and other non-Western-centered frameworks, claiming G7 becoming increasingly irrelevant for tackling the most pressing global governance challenges. Thus, the argumentation proceeding from the point that the West entered the phase of decline while the emerging powers, including those in Eurasia, were on the rise became more visible and pronounced (Glaziev 2018).

The idea of Greater Eurasia became a discursively important alternative to cooperation with the West. It turned out to be most visible since President Putin's 2015 address to the Federal Assembly, where he specified that the Greater Eurasian partnership implied establishing a wide network of connections between regional organizations in Eurasia, including the EEU, the SCO and ASEAN (Kremlin 2015). With the 2015 Sino-Russian joint statement to align the EEU, and the infrastructure-focused Belt and Road Initiative, proposed by China in 2013 to its neighboring regions of Central Asia and Southeast Asia, the Greater Eurasia idea acquired one more, Sino-Russian, connotation (Kremlin 2019).

Thus, the end of the second decade of this century witnessed the start of not only political, but also normative, economic and financial decoupling of Russia from Europe. Economic sanctions and countersanctions made it more difficult not only to carry out regular trade and investment economic activities, but also complicated the process of keeping financial assets and purchasing real estate in Europe for certain segments of Russian political elite. The 2019-2020 COVID-19 pandemic added to that a reduction of people-to-people contacts. At the macroeconomic level, more trading and financial operations started to shift to Asia even though this process did not manifest itself immediately. Russian companies started to regard Hong Kong and Singapore as alternative financial centers to London. Striking a gas deal with China in 2014 and agreeing in 2016 with Turkey on the Turkish stream pipeline, an alternative to the South Stream to the EU via Bulgaria, Russian political leadership clearly sent a signal to its European counterparts that Russia had instruments for economic diversification.

Russian Perspectives on International Hegemonic Order and Alternatives

Andrei Tsygankov, a prominent scholar of Russian foreign policy, once singled out several groups of Russian foreign policy thinkers in chronological order of their dominance in the Russian foreign policy discourse. Integrationists were the most influential in the foreign policy decision making in the early 1990s. Balancers replaced them closer to the end of the previous century with the advent of Yevgeny Primakov to power. President Putin during his first term was regarded as a pragmatist and later on as a great-power normalizer shifting away from a cautious partnership with the West towards more assertive attempts to restore Russia's status as a great power (Tsygankov 2006).

Against the background of this quite straightforward picture, the debates in the Russian academia and expert community presented a much more nuanced and many-colored mosaic. An analytically important task for the past three decades has been the assessment of the evolution and forecast of the future of the world order. The focus of its assessments was on the rising complexity as well as interconnections at the global, regional, and transregional levels (Baranovsky 2019; Voskressenski and Koller 2019). These interconnections, however, became distorted by the Sino-American contradictions and increasing cleavages in the relations between Russia and the so-called "collective West" (meaning the USA and the EU). An important aspect complicating these processes even further concerned the transforming nature of the global leadership and hegemony. A predominant stream of thought in Russian academic literature emphasized that the era of hegemony in international relations was close to an end. Instead, the world witnessed the appearance of the so-called dominant power, which no longer could project its military capacity worldwide and constructively frame the international process in its own interests (Voskressenski 2010, 7). According to some public intellectuals, along with the end of the hegemony in the international relations, the liberal world order was over. The US no longer had an ability to create the international milieu, which was beneficial for other actors provided that they abided to a certain set of norms (Lukyanov et al. 2020). Equally, Europe did not manage to become "a prototype of a new world system" (Lukyanov 2020, 24).

Simonia and Torkunov characterized the processes of the first decades of this century as a decline of superpower leadership (Simonia and Torkunov, 2015). The general conclusion was that though the US retained capabilities in certain internationally important areas, US leadership faced an erosion along many lines, including economy, innovations, and financial governance in the international system. Donald Trump's presidency just articulated this erosion in a more profound way than the previous American presidencies. Based on this fact, one of the assessments in the Russian academic community was that 'the West has overestimated its abilities' (Lukin 2020, 42). Moreover, the COVID-19 pandemic did not reinforce the USA and other world democracies, the chief providers of the hegemonic order established in the 1990s (Trenin, Rumer and Weiss, 2020).

What kind of world order was coming instead? Opinions varied from very general statements about the polycentric system, which would combine the elements of cooperation and confrontation (Dynkin and Ivanova 2012), to the predictions that the constellation of the international regions might well become the prototype of this polycentric world (Panov 2006). Russian version of neorealist thinking emphasized the specific features of Russia, which could qualify it as a great power, including those related to the deeply rooted tradition to think and act globally (Shakleina 2012). Another rationale for Russia's specific position in the emerging new order was that Russia was very apt for the post-hegemonic *realpolitik,* though it lacked proper internal resources for it (Lukyanov et al. 2020).

The West and China and their correlation in Russian foreign policy remained a leitmotif of many analytical considerations. Some of them regarded the Sino-Russian relations, especially their version after 2014, as a new alliance in the making. This kind of assessments originated from the Sino-Russian agreement to align the EEU and the BRI project and from the high hopes that Chinese investments might finally help Russia to develop its Siberian and the Far Eastern landmass. The sanctions, trade and technological limitations which Trump administration started to impose on China, reinforced the argumentation about China and Russia as complementary states (Karaganov 2018). Milder versions of this argument included the ideas of Sino-Russian power sharing in Central Asia or referred to Russia's abilities to retain its political independence from China despite the economically weaker position (Trenin 2015). Others emphasized the growing similarities in Chinese and Russian political elites' perceptions of the West and understanding the tighter relations corresponded to the national interests of both states (Voskressenski 2020).

Finally, one more significant line of reflections on Russia's status in the world and its relations with its environ referred to the Eurasianist, or to better call it, neo-Eurasianist thinking. Back in 2001, the head of the Carnegie's Moscow Centre Dmitry Trenin titled his book "The End of Eurasia" using the term Eurasia as a synonym to Russia. His core argument was that after the collapse of the Soviet Union, Russia kept itself geographically united despite the possibility of further disintegration. However, it ceased to have the quality of "the center of gravity on the continent" (Trenin 2001, 13). It took a little bit more than a decade to divert this trend both politically and intellectually. By the mid of the second decade of this century quite a different discourse became more visible. It emphasized the necessity of Russia's own integration project and revitalization of Russia as a regional integrator (Larin 2016). A broader dimension of this project manifested itself in the idea of Greater Eurasia, a partnership of various regional organizations and blocks. The analytical rationale behind this idea, however, transformed over time. In 2016, advocates of Greater Eurasia pointed out its constructive connotation and even stressed its potential of cooperation between Europe and Eurasia (Karaganov 2016). Just several years later a much sharper rhetoric revealed itself. Thus, Sergey Karaganov argued that a new Cold War was developing between Greater America and Greater Eurasia with Russia and China at its core (Karaganov 2018).

Russia as a Regional Integrator and Beyond

Russian post-bipolar fluctuations between its attempts to become more integrated with Europe and more visible in the Asia Pacific generated a serious debate among both policy makers and scholars. The peculiarity of Russian position in the world became especially pronounced in the virtual debate between the then-American President Barack Obama and Russian President Vladimir Putin. On March 25, 2014, several days after the Crimean referendum, reacting to the question whether he regarded Russia as the main American adversary, Obama called Russia just a "regional power" with weakening capabilities (Borger 2014). In 2016, in his interview with the German newspaper *Bild* President Putin seriously doubted the regional power status of Russia, questioning the regions Russia belonged to as a regional power, implying its vast geographical extension with interconnections to all neighboring areas. (RBC 2016).

Judging by the formal parameters, it was true that Russia was not at the top of the list of world economic powerhouses. Equally, it was not in the bottom of this list as well. In 2019, it occupied the eleventh position among countries with the largest gross domestic product (1 637,89 billion USD) (Statista.com 2020). It ranked number nine in the group of countries with the biggest population (145,9 mill.) (Worldometers.info 2020). In the 2019 version of the UN Human Development Report Russia occupied 49th place as a country with very high human development, and the report fixated the positive dynamics of this development over the past decade (UNDP 2019, 300, 304). In 2020, the World Intellectual Property Organization ranked Russia as number six in the group of upper-middle income economies (Cornell University, INSEAD, and WIPO 2020, xxii). Geographically, Russia remained the largest country on earth while its maritime boundaries stretched for more than 38 thousand kilometers providing Russia with access to vast maritime domains belonging to several oceans (the Arctic, the Atlantic and the Pacific).

In the meantime, the necessity to retain its relative economic competitiveness and security of its borders resulted in the general understanding that Russia needed to revive itself, domestically paying more attention to its huge underdeveloped areas of Siberia and the Far East and regionally as an economic center of gravity (Larin 2016; Sumsky, Kanaev, Koldunova 2012). With the emergence of the EEU in 2015, Russia's immediate sphere of functional interconnections with the neighbors received one more contour and, thus, resulted in a set of complementary security and economic relations. They included the Common State with Belarus (created in 1996), economic integration process with Belarus, Armenia, Kazakhstan, and Kyrgyzstan under the EEU framework, the security dialogue with Kazakhstan, Uzbekistan, Kyrgyzstan and Tajikistan in the framework of the SCO, and security cooperation under the CSTO umbrella with Armenia, Belarus, Kazakhstan, Kyrgyzstan, and Tajikistan. These processes indicated that Russia, despite its difficulties and internal disruptions, retained an ability to organize at least part of the Eurasian landmass. More importantly, this organization acquired new forms, which did not contradict the identity, policy orientations, or economic visions of the post-Soviet states.

The flexibility of Russia-led organization of Eurasia did not resemble the Soviet-type system of any kind, though it relied on the background of shared past and socio-cultural orientations. Equally, it opened broad opportunities for the rising competition with such major players as the EU, China, and Turkey in the areas of shared neighborhood (Simao and Piet 2016). These actors saw the post-Soviet area as a natural bridgehead for the projection of their power and interests, while many post-Soviet states started to exploit the newly emerged opportunities of the multi-vector diplomacy.

Interestingly, if in the European front Russia faced a direct conflict with the EU over the areas of shared neighborhood, in Central Asia the cooperation under the SCO framework let Russia and China work out the practical instruments of co-existence and condominium (Rolland 2019). While Russia functioned as a relevant security provider for Central Asian states, China proposed them new economic opportunities. With the eruption of 2020 conflict between Armenia (backed up by Russia) and Azerbaijan (backed up by Turkey) the same features of emerging condominium became visible in Russia-Turkey relations. At the same time, the strategy of building more equal relations with the West through practices of conflict resolution in Ukraine and Syria so far did not bring any significant results.

Other areas of Russian active, though functionally different, presence included the Arctic and the Middle East. While the former became a concentration of new and even innovative economic activities of Russia, with Chinese involvement the latter played a role of testing ground for the new type of Russian military technology. The areas of Russian relative competitive advantages also included space exploration and certain types of other technologies exemplified by the energy, IT, and cyber security sphere.

During the past decade, Russia alongside with its BRICS partners also generated a number of global governance innovations. Russian approach to BRICS during this period was focused on the idea of its gradual transformation into a center of new political clout in the world. According to this approach, BRICS should become a key international forum to discuss a broad spectrum of issues, including interaction at the regional, trans-regional and global levels. The evolution of BRICS along this line was actually taking place since the global financial turmoil of 2008 started to fade while BRICS economic dynamic became less congruent.

Russia has a specific position within BRICS. For a number of reasons, it could not qualify as an emerging power, as all other BRICS members. It is a permanent member of the UN Security Council, a member of other UN institutions, and a constant proponent of the UN system and International Law. This make Russia stand more like the status quo power in terms of the global governance system if one understands it as a system centered on the universal international institutions.

At the same time, Russia has a mixed record of dealing with the Western-centered global governance frameworks such as G7, which Russia used to be a member of until the Ukrainian crisis in 2014. Russian membership in G7/8 in 1998-2014 did not precondition Russian tighter integration into Euro-Atlantic community. As a result, Russian political elite started to contest the purposes and forms of Russian interaction with Western-dominated global governance structures (Shevtsova 2010). In 2015, when Russia was already not a part of G7 Russian President Putin stressed that Russia did not have any further relations with this international structure (BBC, 2015). Since 2014, the presidential speeches have been constantly stressing the existence of other global governance structures such as G20 and BRICS, which play a far more important role in the international affairs than G7.

Thus, Russia perceived BRICS not as counterweight to the conventional institutes as the UN and the system of its institutions but rather as a mechanism, which could help to blur the dominance of the West in global governance and diminish the role of G7 and the Western-dominated financial institutions. The latter did not only prevent Russia from securing there an equal and full-fledged position but also became instruments of sanctions against Russia. At the same time, BRICS also served as an element of the global-regional system of institutions Russia was trying to build up in the world. This system included BRICS at the global level, and the EEU and SCO at the regional level. Thus, one can conclude that the formal institutional and informal processes let Russia to reestablish (or better say - to reconfigure) a certain, though limited and qualitatively different as compared to the bipolar period, sphere of influence. The means of its governance included military, economic, energy and financial control.

In certain spheres and areas Russia's advancement became much less possible. Russia faced serious ideological contradictions with Europe while in the Asia-Pacific front a new geopolitical construct of the Indo-Pacific, with its leading American version, reminded Russian political elite about American security alliances in the region. Paradoxically, but without any kind of iron wall Russia started to move apart from Europe politically and currently economically. The natural resources factor became one more stumbling block in Russia-EU relations. With EU's intent to diversify and better control the sources of its energy import, this previously well-established instrument of mitigating political divergences might become increasingly less relevant. The full decoupling could not happen immediately; its traits are not that visible yet but the process has already started.

With all these considerations in mind, however, it is still likely that Russia will be able to retain its segmented competitiveness in the particular spheres like military-strategic, space, IT, regional integration, which might be well taken by certain international actors as an alternative to the Western-dominated or China-dominated systems.

Conclusion

Russia's drift away from the West and improbability of its tight structural linking to the Asia-Pacific or Indo-Pacific any time soon reinforces the world's shift towards the situation of multiple hegemonies or multiple leaders of different kind and different capabilities.

It is short-sided to label Russia either as a revisionist or as a traditionalist power. There is much evidence that depending on the situation, it can play different international roles. Thus, one can consider it as a maintainer of the existing international order in the form of the UN system and international law. It would be equally true to state that Russia is an advocate of searching for alternative global governance institutions, which could mitigate its dissatisfaction with the West and for this reason G20 and BRICS are considered to be more important than G7, labelled as an outdated global governance institution.

Soviet legacy of technological and strategic arms development makes it a likely candidate to occupy the niche of alternative / third force in case certain countries/ regions of the world will find the dilemma of choosing between the USA and China too pressing.

In the coming decades Russia may not expand its influence exponentially, but it can definitely retain its partial hegemonic status in several sectors, including military-strategic technology, space exploration, natural resources, and finally its own huge landmass which remains in many respects the world's last frontier. In terms of new international order of multiple hegemonies Russia's cooperative or antagonistic position vis-à-vis other hegemons in the international systems will also contribute to the overall constellation of powers as well as the efficiency or disfunction of the global governance institutions. Paradoxically, the past decade has indicated that Russia could much more easily come to compromise in its relations with "emerging" powers (like China or Turkey) rather than with the EU, the object of its long-lasting aspirations.

From the geopolitical and geoeconomic points of view, throughout the past three decades Russia did not stay still in the international politics. It has managed to create a new system of institutional, economic, political and security interdependence in the northern part of Eurasia. Equally, for certain parts of the world be it Eastern Europe, Caucasus, Central Asia, the Middle East, Arctic or Northeast Asia, Russian presence remains and will remain structurally important.

References

Baranovsky, Vladimir. 2019. "Novyi miroporiadok: preodolenie starogo ili ego transformatsiia?" [New World Order: the overcoming the old one or its transformation?]. *Mirovaia ekonomika i mezhdunarodnye otnosheniia [World Economy and International Relations]* 63(5): 7-23.

BBC. 2015. "Putin: u Rossii net otnosheniy s 'klubom po interesam' G7." [Putin: Russia does not have any relations with the 'chat room' G7]", http://www.bbc.com/russian/international/2015/06/150610_putin_g7_no_relations (accessed November 19, 2020).

Borger, Julian. 2014. "Barack Obama: Russia is a regional power showing weakness over Ukraine." *The Guardian*, March 25, available from https://www.theguardian.com/world/2014/mar/25/barack-obama-russia-regional-power-ukraine-weakness (accessed November 19, 2020).

Cornell University, INSEAD, and WIPO. 2020. "The Global Innovation Index 2020: Who Will Finance Innovation?"

Dynkin, Alexander, and Natalia Ivanova, eds. 2012. *Russian in a Polycentric World.* Moscow: VES MIR Publishers.

Feklyunina, Valentina. 2018. *"International Norms and Identity." Routledge Handbook of Russian Foreign Policy*, edited by Andrei P. Tsygankov, 5-21. Abington: Routledge.

Fidler, Stephen, and Dimitri Sevastopulo. 2007. "Putin rails against the US foreign policy." *Financial Times,* February 10, available from https://www.ft.com/content/b4eef8e6-b91d-11db-a5bc-0000779e2340 (accessed November 19, 2020).

Glaziev, Sergei. 2018. *Ryvok v budushchee. Rossiia v novykh tekhnologicheskom i mirokhoziaistvennom ukladakh [A breakthrough to the future. Russia in new technological and economic modes]*. Moscow: Knizhnyi mir.

Hill, Fiona, and Cliford Gaddy. 2003. *The Siberian Curse: How Communist Planners Left Russia Out in the Cold.* Washington, D.C.: The Brookings Institution.

Karaganov, Sergei, Dmitry Suslov, Yevgeny Primakov, Igor Makarov, and Larisa Popovish. 2020. *Protecting Peace, Earth, and Freedom of Choice for All Countries. New Ideas for Russia's Foreign Policy*. Moscow: Higher School of Economics Publishing House.

Karaganov, Sergei. 2016. "From East to West, or Greater Eurasia." *Russia in Global Affairs*, October 25, available from https://eng.globalaffairs.ru/articles/from-east-to-west-or-greater-eurasia/ (accessed November 19, 2020).

Karaganov, Sergei. 2018. "The New Cold War and the Emerging Greater Eurasia." *Journal of Eurasian Studies* 9: 85-93.

Karmazin, Ales, and Nik Hynek. 2020. "Russian, US and Chinese Revisionism:

Bridging Domestic and Great Power Politics." *Europe-Asia Studies* 72(6): 955-975.

Koldunova, Ekaterina. 2015. "Russia as a Euro-Pacific Power: dilemmas of Russian Foreign policy decision-making." *International Relations* 29(3): 378-394.

Kremlin. 2008. "The Foreign Policy Concept of the Russian Federation 2008." *Web Site of the President of Russia*, July 12, available from http://kremlin.ru/acts/news/785 (accessed November 19, 2020).

Kremlin. 2015. "Poslanie Prezidenta Federal'nomu Sobraniiu [Presidential Address to the Federal Assembly]." *Web Site of the President of Russia*, December 3, available from http://kremlin.ru/events/president/news/50864 (accessed November 19, 2020).

Kremlin. 2020. "Vladimir Putin's Interview to *Rénmín Rìbào* newspaper." *Web Site of the President of Russia*, April 25, available from http://kremlin.ru/events/president/news/60344 (accessed November 19, 2020).

Larin, Victor. 2016. "Pochemu ATR - ne al'ternativa Bol'shoi Evrazii [Why Asia Pacific is not an alternative to the Greater Eurasia]." *Valdai Discussion Club*, December 8, available from http://ru.valdaiclub.com/a/highlights/pochemu-atr-ne-alternativa-bolshoy-evrazii/ (accessed November 19, 2020).

Lo, Bobo. 2015. *Russia and the New World Disorder*. London: Chatham House; Washington, D.C.: Brookings Institution Press.

Lukin, Alexander. 2020. "*Russia and the Changing World Order: In Search of Multipolarity.*" In *Russian in a Changing World,* edited by Lukin, Alexander, Glenn Diesen, 39-70. Basingstoke: Palgrave Macmillan.

Lukyanov, Fyodor, Dmitry Trenin, Andrei Kortunov, Victor Murakhosvskiy, Andrei Sushentsov, Dmitry Suslov, Nikolai Silayev, Ivan Safranchuk, and Sergei Markedonov. 2020. "Rossiia v novom desiatiletii: tseli, ugrozy, poputchiki [Russia in the new decade: aims, threats, followers]." *Mezhdunarodnaia analitika [Journal of International Analytics*] 11(2): 11-27.

Morozov, Viatcheslav. 2015. *Russia's Postcolonial Identity: A Subaltern Empire in a Eurocentric World.* Basingstoke: Palgrave Macmillan.

NATO. 2014. "About NRC" available from https://www.nato.int/nrc-website/en/about/index.html (accessed November 19, 2020).

Neumann, Iver. 2008. "Russia as a Great Power, 1815-2007." *Journal of International Relations and Development* 11(2): 128-154.

Nikonov, Vyacheslav. 2010. "Tikhookeanskaia strategiia Rossii [Russia's Pacific Strategy]." *Strategiia Rossii [Russia's Strategy]*, August 8, available from http://sr.fondedin.ru/new/fullnews_arch_to.php?subaction=showfull&id=1283252871&archive=1283252977&start_from=&ucat=14& (accessed November 19, 2020).

Panov, Alexander. 2006. "Interv'iu s novym rektorom Diplomaticheskoi akademii MID Rossii doktorom politicheskikh nauk, Chrezvychainym i Polnomochnym Poslom Rossiiskoi Federatsii A.N. Panovym [Interview with new rector of Diplomatic Academy of Russia, Doctor of Political Sciences, Ambassador Extraordinary and Plenipotentiary A.N. Panov]." *Mezhdunarodnye protsessy [International Trends],* 4 (3), available from http://intertrends.ru/old/twelfth/009.htm (accessed November 19, 2020).

Portyakov, Vladimir. 2013. "Videnie mnogopoliarnosti v Rossii i Kitae i mezhdunarodnye vyzovy [Russian and Chinese Perceptions of Multipolarity and the International Challenges]." *Comparative Politics Russia* 1(11): 86-97.

Primakov, Yevgeny. 2011. *Mysli vslukh [Thinking out loud].* Moscow: Rossiiskaia gazeta.

Putin, Vladimir. 2007. "Vystuplenie i diskussiia na Miunkhenskoi konferentsii po voprosam politiki bezopasnosti [Speech and Discussion at the Munich Conference on Politics and Security]." *Web Site of the President of Russia,* February 10, available from http://kremlin.ru/events/president/transcripts/24034 (accessed November 19, 2020).

Putin, Vladimir. 2012. "Rossiia i meniaiushchiisia mir [Russia and the Changing World]." *Rossiiskaia gazeta*, Feb 27, available from https://rg.ru/2012/02/27/putin-politika.html (accessed November 19, 2020).

RBC. 2016. "Putin otvetil na slova Obamy o Rossii kak o regional'noi derzhave [Putin Replied to Obama's words about Russia' regional power status]" January 12, https://www.rbc.ru/rbcfreenews/5694b0169a794738aaadc9ea (accessed November 19, 2020).

Novikov, Sergei. 2019. "Makron po-russki napisal o evropeiskoi Rossii [Macron has written in Russian about European Russia]", *Rossiiskaia gazeta,* August 20, available from https://rg.ru/2019/08/20/makron-po-russki-napisal-o-evropejskoj-rossii.html (accessed November 19, 2020).

Rolland, Nadége. 2019. "A China-Russia Condominium over Eurasia." *Survival* 61(1):7-22.

Sakwa, Richard. 2017. *Russia against the Rest: The Post-Cold War Crisis of World Order*. Cambridge: Cambridge University Press.

Shakleina, Tatiana. 2012. *Rossiia i SShA v mirovoi politike [Russia and the United States in World Politics]*. Moscow: Aspect Press.

Shevtsova, Lilia. 2010. *Lonely Power: Why Russia Has Failed to Become the West and the West is Weary of Russia.* Washington, D.C.: Carnegie Endowment for International Peace.

Simao, Licinia, Remi Piet, eds. 2016. *Security in Shared Neighborhoods: Foreign Policy of Russia, Turkey, and the EU*. Basingstoke: Palgrave.

Simonia Nodari, Anatoly Torkunov. 2015. "Novyi mirovoi poriadok: ot bipoliarnosti k mnogopoliusnosti [New World Order: from bipolarity to multipolarity]." *Polis. Politicheskie issledovaniia* 3: 27-37.

Statista.com. 2020. "The 20 countries with the largest gross domestic product (GDP) in 2019 (in billion U.S. dollars)." Available from https://www.statista.com/statistics/268173/countries-with-the-largest-gross-domestic-product-gdp/ (accessed November 19, 2020).

Sumsky Victor, Evgeny Kanaev, and Ekaterina Koldunova. 2012. *Russia's Interests in the Context of Asia-Pacific Region Security and Development*. Moscow: Prospect.

Suny, Ronald Grigor. 2007. "Living in the Hood: Russia, Empire, and old and new neighbors." In *Russian Foreign Policy in the Twenty-First Century and the Shadow of the Past*, edited by Legvold, Robert, 35-76. New York: Columbia University Press.

Suslov, Mikhail, and Mark Bassin. 2016. *Eurasia 2.0: Russian Geopolitics in the Age of New Media*. New York: Lexington Book.

Trenin, Dmitri. 2001. *The End of Eurasia: Russia on the border between Geopolitics and Globalization.* Washington, D.C.: Carnegie Endowment for International Peace.

Trenin, Dmitri. 2013. "Russia, a Euro-Pacific Nation." *Carnegie Moscow Center*, October 14, available from https://carnegie.ru/commentary/53293 (accessed November 19, 2020).

Trenin, Dmitri. 2015. "Ot Bol'shoi Evropy k Bol'shoi Azii? Kitaisko-rossiiskaia Antanta [From Greater Europe to Greater Eurasia? Sino-Russian Antante]." *Carnegie Moscow Center*, May 13, available from https://carnegie.ru/2015/05/13/ru-pub-60066 (accessed November 19, 2020).

Trenin, Dmitry, Eugine Rumer, and Andrew S. Weiss. 2020. "Steady State: Russian Foreign Policy After Coronavirus." *Carnegie Moscow Center*, July 08, available from https://carnegie.ru/2020/07/08/steady-state-russian-foreign-policy-after-coronavirus-pub-81890 (accessed November 19, 2020).

Tsygankov, Andrei. 2006. "New Challenges for Putin's Foreign Policy." *Orbis* 50(1):153-165.

Tsygankov, Andrei. 2012. *Russia and the West from Alexander to Putin: Honor in International Relations*. Cambridge: Cambridge University Press.

UNDP. 2019. "Human Development Report: Beyond income, beyond averages, beyond today: Inequalities in human develop", available from http://hdr.undp.org/sites/default/files/hdr2019.pdf (accessed November 19, 2020).

Urnov, Mark. 2014. " 'Greatpowerness' as the key element of Russian self consciousness under erosion." *Communist and Post-Communist Studies* 47(3): 305-322.

Voskressenski, Alexei D. 2020. "*China's Relations with Russia*" in *China and the World*, edited by David Shambaugh, 233-250. Oxford: Oxford University Press.

Voskressenski, Alexei D. ed. 2010. *'Bol'shaia Vostochnaia Aziia': mirovaia politika I regional'nye transformatsii [Greater Eastern Asia: World Politics and Regional Transformations)].* Moscow: MGIMO.

Voskressenski, Alexei, and Boglarka Koller. eds. 2019. *The Regional World Order: Transregionalism, Regional Integration, and Regional Projects across Europe and Asia.* New York, London: Rowman & Littlefield / Lexington Books.

Watson, Rob. 2007. "Putin's speech: Back to cold war?" *BBC,* Feb 10, available from http://news.bbc.co.uk/2/hi/europe/6350847.stm (accessed November 19, 2020).

Worldometeres.info. 2020. "Countries in the world by population (2020)". available from https://www.worldometers.info/world-population/population-by-country/ (accessed November 19, 2020).

Ziegler, Charles. 2012. "Contrasting U.S., Chinese and Russian Perspectives of Sovereignty." *Comparative Politics (Russia)* 3 (1(7)): 14-22.

7

India and Global Hegemonic Order

Ravi Dutt Bajpai and Swati Parashar

요약

인도는 다패적 국제질서에서 두 개의 최대 강국인 미국 및 중국과 파트너십을 구축하려고 노력해 왔다. 다패 시대의 성공 열쇠는 단일 국가가 다른 강대국을 무시하며 특정한 정치 문화 및 거버넌스 모델이나 개인적 선호도에 따른 이상과 정책을 강요하는 것을 허용하지 않는 데 있다. 이 장은 세 부분으로 구성되어 있는데, 인도의 패권적 야망과 국제관계에서 반패권 저항의 계보를 추적한다. 첫째, 인도의 독립 후 네루의 외교정책이 보여줬던 규범적 강국이자 패권 질서에 대한 도전자로서 인도의 도덕적 접근방식을 설명한다. 하지만 1962년 중국과의 전쟁에 따른 군사적 실패는 인도의 국제적 영향력을 인도아대륙(印度亞大陸)으로 축소시켰다. 둘째, 남아시아를 안보의 중요한 영역으로 인식한 지역 패권국으로 인도의 역할을 주목한다. '아시아의 세기'라고 불리는 21세기는 인도가 진화하는 패권 구상에서 핵심적인 역할을 할 수 있게 했다.

셋째, 21세기에 강력한 글로벌 행위자 중 하나로 인도의 부상을 추적하고 다패 세계에서 인도의 역할에 대해 논의한다. 과거의 실수와 복잡한 동맹 역사에도 불구하고 세계 최대의 민주주의국가인 인도는 기존의 세계정치의 패권 구조에 의미 있는 변화를 가져오기 위해 다른 국가와 다자간 연합체를 형성할 수 있는 최적의 위치에 있다.

Introduction

The introduction to this volume states in unequivocal terms that the global order is undergoing a massive transformation and, apparently, there is no single actor that can claim to be the final authority in setting and enforcing the rules of engagement for the conduct of world politics. Accordingly, the idea of hegemony in international relations is in flux both, as an abstract concept and as an actual practice. This chapter does not propose a particular definition or subscribe to a specific theoretical perspective in its understanding of hegemony; instead, it views hegemony as a combination of material, normative, and institutional power that allows the hegemon to have the capacity to shape the exchanges among other actors (Casier 2020, 52). There is no specific hierarchy or specific proportionate representation of each type of power, and they are interrelated within a complex and dynamic system. As a system, hegemony is not owned by a specific state, a specific ideology or a specific set of institutions, and an existing hegemon can always be challenged using a different configuration of the three types of power.

The prevailing wisdom that the accumulation of material power would inevitably bestow the requisite normative and institutional power to an actor, for it to emerge as a hegemonic power in world politics, is not tenable anymore. In the current world order, both the constituents of power and the conduct of power relations have changed, and no single actor holds an absolute monopoly over military, economic, cultural and discursive power to behave like an unchallenged leviathan. Indeed, certain actors like India have managed to defy the prevalent hegemonic order at different times; during the bipolar world of the Cold War, the unipolar world of American supremacy in the post-Cold War period and, the contemporary multipolar world, by staking bigger claims in the global order.

The end of the Second World War also accelerated decolonization, leading to the rise of several new states; Asia witnessed the emergence of the ancient civilizations of China and India as two modern nation-states. India, the first country to achieve independence from the British Empire through non-violent struggle, emerged as an exemplar for other colonized societies. India's eminence among the society of nations stemmed from the exceptional leadership of Mahatma Gandhi in guiding a materially fragile and fragmented society to emerge as a unified nation thorough his non-violent struggle (Bhagavan 2019). India's international prestige was enhanced by Gandhi's successor and first Prime Minister Jawaharlal Nehru who shaped Indian foreign policy on the ideas of non-violence, anti-colonial nationalism, and nonalignment.

As a postcolonial and impoverished nation at the time of its independence, India could offer little material assistance to other nations. However, by adopting a bold foreign policy approach and advocating an alternative world order beyond great power competition, India acquired an exceptional moral power in the international community. India's self-perception as being the inheritor of an ancient civilization, its geographical size and demographic diversity, the idealism of its national movement and its anti-colonial solidarity with colonized societies in Asia and Africa allowed it to emerge as a normative counterpoise to the hegemonic order imposed by the Americans and the Soviets.

India always imagined itself as a major actor in international affairs, even before its independence; its future prime minister Nehru (1946, 56) argued that India "will either count for a great deal or not count at all. No middle position attracted me." Accordingly, Nehru believed that India, "along with the United States, Europe, China, Russia, and Japan, would be part of the six-power constellation shaping international affairs in the future" (Mohan 2019, 53). It should come as no surprise that such beliefs enthused independent India to embrace an internationalist approach, adopt nonalignment policy, and assume a counter-hegemonic position on international crises during the 1950s.

India did not enjoy international eminence for too long, and its defeat in the 1962 war with China brought an abrupt end to its ambitions and significantly reduced its international profile. Given that the global order is always in flux, the role of different actors is always determined by the constellation of different forces, India's global status and the scope for intervention in global events also changed according to the prevailing world situation. This chapter aims to trace the genealogy of postcolonial India's hegemonic ambitions and its counter hegemonic resistance in international relations. It is organized into three sections; the first section examines the advent of India's Nehruvian foreign policy and its distinct moral approach which enabled India to emerge as a normative power and also as a challenger to the prevalent hegemonic order. The military debacle in the 1962 war with China not only halted India's burgeoning international influence, but also curtailed India's sphere of influence down to the Indian subcontinent. In the second section, we explore India's perception of South Asia as a critical sphere of security and India's role of a regional hegemon in this region. The twenty-first century, referred to as the 'Asian Century', has allowed India to emerge as one of the key players in the evolving hegemonic configuration. The third section traces India's emergence as one of the powerful global actors in the twenty-first century and how India is negotiating its role in the world of multiple hegemonies. We conclude with our reflections on India's place in the multilateral system to challenge the existing global hegemonic structure undergoing rapid changes.

Nehru's India: The 'Hegemonic' in India's Counter-Hegemonic Discourse

Perfunctorily, Indian independence struggle may appear to be no different from other nations engaged in similar struggles to get rid of colonial occupation. However, it was the nature of India's political struggle which, led by Gandhi on the principles of non-violence and peaceful non-cooperation, had brought it universal acclaim. Nehru, India's first prime minister and foreign minister, saw great power competition in the bipolar world as the genesis of war and violence; accordingly, he presented the idea of nonalignment as a core constituent and one of the primary purposes of Indian foreign policy. Nonalignment was not merely a lofty ideal for its foreign policy; instead, it was an affirmation of India's independent status. As for independence, Nehru (1983, 241) asserted that it "consists fundamentally and basically of foreign relations. That is the test of independence. All else is local autonomy."

Nehru imagined that India had the historic opportunity and responsibility to offer an alternative vision of global order beyond the bipolar world; however, he also realized that Chinese partnership was vital for such a counter-hegemonic alliance to offer a credible alternative. Indeed, on many occasions, it would appear that Nehru's desire for Chinese cooperation became the primary concern for Indian foreign policy. Given its foreign policy's core constituents and the Nehruvian vision of internationalism, India pursued a proactive role and often took contrarian position to the major powers in several of the international events between 1947-1960. However, it would be interesting to examine if India's counter-hegemonic stand against the prevalent hegemonic orders of the bipolar world was in itself hegemonic.

A violent partition marred India's advent as an independent nation-state on 15 August 1947; it also endured an armed conflict with the Pakistani invaders in Jammu and Kashmir. On the British Governor-General Mountbatten's advice, Nehru brought the Kashmir issue to the United Nations, despite stiff opposition from within his own government. In October 1949, the Chinese Communist Party won the civil war and established the People's Republic of China (PRC) under Mao Zedong's leadership. Remarkably, within a year the Chinese military took over the Himalayan Buddhist kingdom of Tibet, erasing the buffer zone and effectively forcing India to share a long and unsettled border with China. Despite its close cultural and religious links with Tibet, India refused any help to the Tibetans; moreover, it also rejected the American proposals for help to the Tibetan against the Chinese occupation.

To the newly established PRC, Tibet presented the biggest challenge to its national integration; however, it appeared that Mao had been deeply concerned about Korea's situation and ordered his troops to enter the Korean War in October 1950. Mao's decision was a major surprise, given the precarious situation of his regime. Remarkably, despite its own fragility, India then decided to take up the role of an intermediary in the Korean crisis (Frankel 2019, 142). Indian diplomatic efforts drew from Nehru's idea of a sphere of peace in the extended neighbourhood to preclude or at least contain the expansion of the Cold War in this region (Singh 2019, 27). By all accounts, India was eminently qualified to play the role of the mediator; it was a vital member of the Commonwealth and arguably the nominal leader of the group of Arab-Asian nations. Moreover, the PRC was neither a UN member, nor did it have diplomatic relations with the United States; the Chinese relied on the Indian ambassador in Beijing to communicate with the Americans. On the other hand, even the Americans thought that "Nehru and India had more credibility in Asia and the nonaligned world" (Madan 2020, 39).

India's earnest efforts to dispense its responsibilities of an active yet neutral mediator came under a cloud from all the different actors including the US, Soviet Russia, the PRC, and South Korea (Frankel 2019; Madan 2020). In a highly polarized world facing an extremely volatile situation, India was often perceived as a proxy of China or as a sanctimonious actor, propounding high ideals without offering any pragmatic solutions or material resources towards a feasible resolution of the conflict. Though it may not be possible to trace the entire history of exchanges during the Korean crisis, it would be apposite to claim that in the span of three years, 1950-1953, instead of being a silent spectator or a camp follower of either the Americans or the Soviets, India undertook several diplomatic initiatives both at the United Nations and beyond (Barnes 2013). Given that India took the ideals of nonalignment rather seriously, while the United States was looking for pliant allies, the Indo-US relations also suffered. The Americans believed that "India was not an ally and it followed an independent China policy that they believed was primarily designed to avoid provoking Beijing" (Madan 2020, 39).

The South Korean President, Syngman Rhee, considered the Indian Prime Minister untrustworthy and believed that 'the Indians are pro-communist, pro-Russian and anti-American' (Rhee cited in Glennon 1987, 1470). India always claimed to have pursued nonalignment, however, its diplomatic efforts were perceived as soft on China, aimed at winning Chinese trust and friendship, instead of following neutrality (Frankel 2019,142). Curiously, while the Americans disbelieved Indian neutrality, the Soviets and the Chinese accused India of following American policies. In 1952, when India made a proposal to the UN on the repatriation of the prisoners of war, the Soviet foreign minister accused it of peddling the US policy, while Chinese Premier Zhou Enlai termed the initiative, 'dishonourable methods to endorse the American proposals' (Frankel, 2019, 173).

In fact, upon taking the chairmanship of the Neutral Nations Repatriation Commission (NNRC), India too realized that it was in a 'thankless position' as 'both sides accused India of partisanship' (Gopal 1979, 171). Evidently, India always believed in its self-righteousness, imagining its diplomatic efforts to find a peaceful solution by precluding the major power competition in the Korean crisis. However, the Indian approach was seen as either biased or an effort to impose the Indian version of nonalignment onto the other actors. It would appear that in his advocacy of nonalignment, "Nehru assumed that the disputants would be interested in Indian neutral activity even at the price of damaging their own interests" (Vertzberger 2019, 98). Clearly, while India assumed it was working on mounting a counter-hegemonic challenge to the two major hegemonic blocs, in the end, its own diplomatic initiatives were seen as hegemonic by others.

Apart from the Korean crisis, India also sought to play an active role in resolving the Formosa (Taiwan) crisis. At the end of the Chinese civil war, the defeated Chinese Nationalist or Kuomintang army fled to the island of Formosa, and claimed to run the Republic of China

(ROC); the PRC had vowed to recover the island and overthrow the renegade regime. The Formosa (Taiwan) crisis reached a flashpoint in September 1954, when the Chinese forces used heavy artillery to attack Taiwan, and the United States moved in to reinforce Taiwan's defence. The situation turned ominous as China shot down some of the US reconnaissance and aerial missions and took prisoners (Singh 2019, 147). In January 1955, the Americans issued threats of nuclear attacks on China to preserve Taiwan's independence. It appeared that the crisis might spiral out of control as the PRC seemed intent on attacking Taiwan while the United States seemed determined to defend it at any costs.

It was one such instance when neither the United Nations nor any other country could come up with a constructive proposal that would be mutually acceptable to both sides to deescalate the crisis. India was aware of the gravity of the situation. Nehru described it as 'two great countries with high ideas of their own prestige and 'face' and with a good deal of passion at logger-heads' (Nehru 2001, 158-159). Therefore, instead of offering any dramatic solution, India tried to establish 'some kind of a modus vivendi between the two protagonists' (Singh 2019, 158). Once again, Nehru's idea on nonalignment, coupled with his vision of preventing the spread of the Cold War in the extended neighbourhood, guided Indian diplomatic initiatives (Singh 2019, 184).

Though India's self-perception of its grandeur was not shared by other protagonists, for the PRC, India was a useful ally to influence the United States. Mao apparently told Khrushchev that, 'the PRC hoped to use India to pressure the UK to get the United States to yield' (Kulacki 2020, 327). Similarly, the United States desired the Indian officials to accompany the UN secretary-general Dag Hammarskjold to Beijing to negotiate the release of the US personnel captured by the Chinese (Madan 2020, 67). India's role as an honest broker was once again suspected by both the PRC and the United States to the extent that even Nehru was "worried about the effect of the US seeing Indian policymakers as stronger advocates of [the] Chinese position than [the] Chinese themselves" (Madan 2020, 70). Nehru's concerns were not misplaced as India was dependent on the US for economic and technical aid; it even received food grains. It seemed that several prominent American politicians had expressed concerns over extending US aid to a country which was considered as pro-China and by implication pro-Communist (Singh 2019, 181).

India took major diplomatic initiatives to find a peaceful solution to another Asian crisis in Indo-China; it was an arena where great power rivalry had assumed cataclysmic proportions. India did not want French or American interventions in Indo-China as Nehru argued that "Indochina is an Asian country and a proximate area" and India sought an 'area of peace' and wanted its neighbours to adhere "to a policy of nonalignment and non-commitment to world tensions and wars" (Nehru 1999, 442). To prevent the spread of war in its neighbourhood, India refused the 'transit and refuelling facilities for seventy-two American planes carrying French troops to Indochina' (Singh 2019, 119). However, India's lead in keeping the Americans out of Indo-China was contested by the American allies, Pakistan and Ceylon (Sri Lanka). They insisted that "if they could say 'hands off Asia' to the colonial powers, they could say the same thing to the Soviet Union" (Frankel 2019, 202-203).

The United States, highly suspicious of Indian neutrality, had excluded India from the 1954 Geneva conference organized to find a solution to the Indo-China crisis (Madan 2020, 206). However, India managed to play a vital role in the de-escalation of the Indo-China crisis by negotiating "an armistice in Vietnam and national elections in the three states of Indo-China—Vietnam, Laos, and Cambodia" (Frankel 2019, 206). India's approach to the Indo-China crisis came to sharp criticism from other Asian states like South Korea who claimed that "Nehru's 'neutralism' and 'coexistence' policy is to lull the anti-Communist people" (Kraus 2017, 262).

Indeed, by adopting nonalignment as the guiding principle of its foreign policy, India decided to create an area of peace in its extended neighbourhood to exclude or minimize the possibility of great power rivalry from taking roots. Nehru believed that India's vision of a nonaligned, peaceful and secure Asia and the world could not be realized without active support from China. In its perception, India was keen to forge a counter-hegemonic alliance with China to contest the two major hegemonic orders; however, it appeared India itself behaved like a hegemon while contesting the other hegemonic orders.

To realize his vision of forming a peace area and preclude great power rivalry from playing out in the extended neighbourhood, Nehru endeavoured to institutionalize the China-India alliance through the *Panchsheel* agreement and the Afro-Asian Conference in Bandung in 1955. Nehru's mission of socializing China and introducing it to the Conference at Bandung, the precursor to the Non-Alignment Movement, was seen as perpetuating Indian hegemony over the conference, and faced stiff opposition from other countries especially from Pakistan and Sri Lanka (Dutt 1977, 99). In October-November 1962, India and China fought a war over territorial disputes and India suffered a humiliating defeat, essentially placing China as the preeminent power in Asia, as well as within the group of Afro-Asian nations and in the Non-Aligned Movement. India's international standing dwindled, its focus shifted to its immediate security needs and its immediate neighbourhood in the Indian subcontinent.

Post-Nehru India: A Hegemon in Its Own Backyard

Indeed, while Nehru made earnest efforts to socialize China and facilitate its inclusion in international institutions, he overlooked the Chinese resolve to emerge as the dominant power in the region and China's rigid stand on India's territorial disputes. More than the military defeat and loss of international status, India, the putative leader of the non-aligned countries, learnt other valuable lessons in the 1962 China-India war. Except for Egypt and Yugoslavia, there was no moral support from any of the countries from this group (Gopal 1984, 223). India learnt a bitter lesson of statecraft and the nature of international relations as Nehru tragically conceded, "This world is cruel. We had thought in terms of carrying the banner of peace everywhere, and we were betrayed. China has betrayed us; the world has betrayed us" (Nehru 2016, 198). As India faced an existential crisis, it was only the United States that Nehru could turn to for immediate military assistance and logistic support, when all other countries had turned their backs.

The Indian request for American military aid during the 1962 war is often signalled as the end of its nonalignment. In reality, while India continued to assert nonalignment as its foreign policy narrative, its foreign policy behaviour reflected a more realist orientation. Two other events in the 1960s made a massive impact on the Indian foreign policy approach. China conducted nuclear tests in 1964, triggering a wave of panic in India and several Indian leaders insisted that their government give up the policy of nonalignment and acquire nuclear weapons (Ganguly & Pardesi 2009, 8). In 1965, expecting to overwhelm an enfeebled India after the 1962 military debacle, Pakistan launched surprise attacks, simultaneously China amassed massive troops in certain sections along the Sino-Indian border; while "the war ended in a stalemate, it administered India yet another lesson in realpolitik" (Nayar 2013, 315).

Evidently, after an extended period of wielding great normative power, suddenly India found itself hemmed in its own backyard, facing serious security challenges. Apart from the debacle in the 1962 war, the Chinese nuclear tests and Pakistan's opportunistic belligerence, India had to endure a new hostile alliance, the 'all-weather friendship' of China and Pakistan. During the 1962 war with China, the Soviets had sided with the Chinese, while in 1965, Pakistan initiated the war on the strength of the American military equipment. Indeed, it was a lesson for India that it could not count on the support of either of the two superpowers in a limited regional war. In the 1962 war with China, the American help for India was tied to the specific crisis; there was no formal agreement and the US government had made it clear that any future assistance would "depend upon the situation at that time" (Singh 2019, 207). The Americans shifted their focus to Vietnam and lost interest in the Indian subcontinent after the 1965 Indo-Pak war, leaving it to the Soviets to broker a deal between India and Pakistan (Ganguly 2013, 333).

With the rise of Indira Gandhi as the new Prime Minister, it seemed that India had finally discarded its diffident foreign policy and accepted "the importance of defense preparedness and increasingly overcame its reservations about the use of force in international politics" (Ganguly & Pardesi 2009, 9). Unlike her father, Nehru, Indira Gandhi took an instrumentalist approach to foreign policy and acknowledged the primacy of power in international relations. In her address to the UN in 1968 she explained that "economic and military power continue to dominate politics .... those who have attempted to eschew the use of force have had to pay the price of restraint" (Gandhi 1971, 444). Accordingly, India decided to reorganize its foreign policy goals and national interests, the focus shifted from creating a peace area in the extended neighborhood to protect security interests in the Indian subcontinent. India actively sought to leverage 'the balance of power purely for instrumental purposes' in order to "buttress India's material capabilities or improve its immediate regional environment" (Singh 2019, 207). Most importantly, unlike Nehru's strategic restraint, Indira Gandhi was inclined "to employ coercive means to solve disputes or to pursue geopolitical ends in South Asia" (Singh 2019, 199).

India under Indira Gandhi had realized that to achieve/restore its great power status it was imperative that it imposes its dominance over the immediate neighbourhood and deny external powers from exercising any influence in South Asia (Ogden 2011, 7). India considered the Chinese nuclear capability as one of the gravest challenges to its security; however, India also realized that it lacked adequate material resources or the requisite technical expertise to develop its own capability. To address this stark power asymmetry vis-à-vis China, India requested "the major powers to extend a nuclear umbrella over states without nuclear weapons of their own"; however, India's proposal was rejected (Ganguly 2013, 315). Moreover, since its first nuclear tests in 1964, China gradually expanded its missile program and even developed a thermonuclear bomb by 1967 (Pardesi 2014, 340). The Chinese capabilities suddenly jolted the major powers to the possibility of a 'nuclear spread' in Asia. Thereby they came up with a new international nuclear regime of the Non-Proliferation Treaty (NPT) in 1968, which precluded any new members from joining the exclusive club of the states with nuclear weapons. Even in a weakened situation, India defied the major power system and refused to sign the NPT (Nayar 2013, 315).

India continued with its nuclear program leading to the Peaceful Nuclear Explosion (PNE) in May 1974, which brought widespread international opprobrium. India's fragile economic situation prevented it from conducting further nuclear tests in the face of widespread global diplomatic disapprobation and significant economic and technological sanctions (Ganguly & Pardesi 2009, 10). Admittedly, one unintended but extremely significant outcome of the Indian nuclear tests was to bring the China-Pakistan nuclear cooperation out in the open (Pardesi 2014, 341). It is indeed remarkable that while India's refusal to sign the NPT and its peaceful nuclear explosion was portrayed as being irresponsible or a sign of recalcitrance, on the contrary India believed that its stand against the NPT represented a challenge to the prevalent hegemonic order of the international nuclear regime (Ogden 2011, 7).

The Sino-Soviet relations suffered a total breakdown in the middle of 1960s, and the Soviets were aware of the thawing of China-US relations. Therefore, in order to deal with the changing balance of power equation and to maintain its influence over Asia, the Soviets decided to seek closer relations with India. It was indeed a propitious moment for India to enter an informal security treaty with the Soviets as early as 1969 (Singh 2019, 213). In 1970, millions for refugees started to pour into India from East Pakistan (now Bangladesh) as the country descended into a civil war, once the West Pakistani forces decided to punish the ethnically different Bengalis' insubordination. In one of her most astute moves, before starting an open military confrontation with the Pakistani military, Indira Gandhi ensured Soviet support through the Indo-Soviet treaty which not only neutralized the relative military advantage of the Pakistan-China-US nexus, but more importantly, thwarted any Chinese adventurism, thus allowing India the "freedom of action to escalate its involvement in the crisis in the ensuing months" (Singh 2019, 270).

Indeed, given a free hand and clear tactical goals, the Indian army and the indigenous Bengali rebel movement, the Mukti Bahini (Liberation Force), overwhelmed the Pakistani army and led to the creation of the new nation-state of Bangladesh (Sáez 2011, 331). The creation of Bangladesh is considered India's declaration of its "hegemonic role in South Asia" (Devotta 2003, 367). India's decisive military action in Bangladesh is interpreted as its emergence as a dominant regional power, with accusations of displaying hegemonic tendencies. Other Indian military interventions followed, although these were not unilateral interventions and India deployed its military only with the host countries' consent. In 1987, India dispatched its military as Peacekeeping Forces to Sri Lanka to resolve the civil war between the Sri Lankan state and the Tamil separatist group, the LTTE; and in 1988, India rushed its military to prevent an imminent coup in the Maldives (Bhasin 2008). As part of non-military interventions, India enforced a road blockade on landlocked Nepal twice, in 1989 and as late as 2015 (Singh 2016). In the post-1971 period India's pursued a dominant role, perceived by its neighbours as hegemonic, "India sees itself as the hegemonic power in the region and does not like extra-regional countries meddling in the region ... they view the Indian Ocean as an Indian lake" (Devotta 2003, 367).

As per the above discussion, one may deduce that India is indeed an unchallenged hegemon in the Indian subcontinent, because of its size, capabilities and a history of multiple interventions in the region. The Soviet invasion of Afghanistan in December 1979 compelled the Americans to suddenly revive their association with South Asia and once again fall back on Pakistan's assistance to combat the Soviets (Ganguly & Pardesi 2009, 11). Between 1979-1989, Pakistan enjoyed unprecedented US largesse and pursued a clandestine nuclear weapons program. The end of Afghanistan campaign also saw the end of the Cold War and the disintegration of the USSR. However, since 1989, despite its relative superiority in size, population, military and industrial and scientific capabilities, India has endured an unending asymmetric 'war of a thousand cuts' by Pakistan, suffering enormous military and civilian casualties in different acts of terrorism, leading to internal turmoil in the country (Nayar 2013, 316).

India had relied on the Soviets during the Afghanistan war as Pakistan received massive American financial and military aid to maintain the strategic balance. However, with the USSR's dissolution, India was forced to find a different approach to its foreign policy. In the post-Cold War unipolar world, India successfully conducted nuclear tests including a thermonuclear device in 1998. Its national security advisor stated that "[t]hese tests have established that India has a proven capability for a weaponized nuclear programme" (Chacko 2011, 204). Then Indian Prime Minister A. B. Vajpayee wrote to the American President, Bill Clinton, justifying the nuclear tests as a response to the "deteriorating security environment, specially the nuclear environment, faced by India for some years past and, without explicitly naming them, cited China and Pakistan as nuclear threats to India" (Chacko 2011, 204). Pakistan followed suit and quickly set off its own nuclear tests, and both the neighbors from the Indian subcontinent found themselves facing stiff sanctions from the wider world. However, the sanctions did not affect India much and soon enough its was back as a respectable nuclear armed member in the society of nations. But, what did India's arrival on the nuclear map of the world mean for its hegemonic ambitions?

India in the 'Asian Century': Polycentric Order of 'Multiple Hegemonies'

On 11 May 1998, when India conducted its first nuclear tests, the Chinese response was relatively restrained. Two days later, India conducted its second set of tests and justified them as a necessary counter to the 'China threat'. On this occasion, Beijing reacted quite strongly, criticizing the Indian tests as "outrageous contempt for the common will of the international community for the comprehensive ban on nuclear tests and a hard blow on the international effort to prevent nuclear weapons proliferation" (Yaun 2001, 979). Most observers believed that the Indian nuclear tests would damage its bilateral relations with China. On the contrary, India's nuclear test provided the impetus to an overall improvement in their bilateral relations (Wang 2011, 459).

The first two decades of the 21st century have witnessed the rapid rise of the two major Asian states, China and India. The considerable pace and scope of their strategic and economic power projections have enthused the current century to be dubbed as the 'Asian Century'. India's economic growth, coupled with a large pool of its skilled workforce in high technology, has brought the country immense respect in the international community, including the United States. Last few years have witnessed the Indo-US relations evolve from being 'estranged democracies' to 'engaged democracies' (Boucher 2001). In less than a decade of Indian nuclear tests of 1998, Indo-US relations set a new benchmark in their growing amity, when in 2006, both the countries adopted the US-India Civil Nuclear Agreement. This agreement allows a non-signatory of the NPT regime to gain access to nuclear material and technology (Wood 2006). In 2008, the elite Nuclear Supplier Group (NSG) members held a meeting to approve the special waiver for India to engage with civilian nuclear trade despite not signing the NPT, with China, initially opposing the special privilege for India (Rajagopalan 2019, 87). Indeed, the United States did all the heavy lifting and bargaining with the Chinese side to bring them around, drop their objections and let this waiver pass (Garver & Wang 2010, 248-249).

One would assume that given the remarkable turnaround in the US-India relations and the constant support of the US, it would engender an enduring strategic convergence between the two countries. In 2011, the Obama administration issued a set of policies to expand and intensify the United States' role in the Asia-Pacific region popularly known as 'rebalancing', also referred to as the 'pivot to Asia'. This reorientation of American foreign policy conferred exceptional prominence to India, naming it as a strategic partner while other states were placed as existing alliances. Rebalancing is considered a US strategy to ally with the Asia-Pacific states to counterbalance China's growing strategic profile. Given the chaotic history of China-India relations, the US administration expected India to be an enthusiastic participant in this initiative (Ollapally 2014). However, India was reluctant to join this new American initiative despite several diplomatic nudges from the United States. Apparently, India was facing the same dilemma of "preserving its longstanding desire for strategic autonomy versus 'bandwagoning' with the United States" (Olapally 2016, 4). Moreover, despite recognizing the strategic advantages of joining the US pivot, somehow India seemed more concerned about not provoking China (Mohan 2013, 23).

Admittedly, while China remains a significant factor in India's association with the US, the concern for Chinese sensitivities has not made India a follower of the Chinese camp. In 2013, amid grand celebrations, Chinese President Xi Jinping first announced the Silk Road Economic Belt followed by the Maritime Silk Road (Jacob 2017, 1). The two projects were amalgamated into a single grand vision called the Belt and Road Initiative (BRI), an enormous project connecting sixty-five countries through land roads and maritime routes (Chakma 2019, 183). India has been steadfast in refusing to join the BRI initiative and claimed that the project violated its sovereignty in its current form. A part of BRI is called the China Pakistan Economic Corridor (CPEC), comprising of a network of roads, energy and other infrastructure projects throughout Pakistan and in one part it "passes through Pakistan-Occupied Kashmir thus impinging on Indian sovereignty and core interests" (Jacob 2017, 4).

Apart from the most critical issue related to Indian sovereignty and territorial integrity, India is quite anxious about China's incursion into its sphere of influence. The BRI is spreading Chinese financial and logistical control over a number of "smaller South Asian countries and the Indian Ocean littoral states. India has traditionally viewed the South Asian region and the Indian Ocean as its back yard" (Chakma 2019, 184). India views the BRI project as a campaign to promote Chinese hegemonic control in India's near neighbourhood.

To address China's encirclement policy in the Indian Ocean region, India had to re-evaluate its strategic preferences and, given the strategic and military imbalance with China, reach out to other like-minded allies. India was not particularly enamoured with America's rebalancing initiative. However, with the spread of the BRI project, it has developed a much greater appreciation for the idea of Indo-Pacific, a spin-off from the earlier 'pivot to Asia' campaign. India's embracing of the idea of Indo-Pacific is mostly driven by its concerns with China's growing influence in the Indian Ocean (Olapally 2016, 2). The idea of the Indo-Pacific region was first promulgated by the U.S. National Security Strategy, which defined it as a region "which stretches from the west coast of India to the western shores of the United States, and represents the most populous and economically dynamic part of the world" (The White House 2017, 45-46). The idea was put into actual practice with the "the quadrilateral security dialogue (colloquially, the quad)—involving the United States, Australia, Japan, and India—reconvened for the first time in a decade in Manila in November 2017" (Pant and Rej 2018,

47).

Narendra Modi's advent as the Indian Prime Minister has witnessed a concerted effort by India to actively seek partnership with Indian oceans littorals. In March 2015, Modi visited "the Seychelles (the first ministerial visit in 34 years), Sri Lanka (the first in 28) and finally to Mauritius" (Roy-Chaudhury & de Estrada 2018, 185). In his address to the Shangri-La Dialogue in June 2018, Prime Minister Modi "repeatedly invoked the principle of the equality of all nations, 'large and small', a not-too-subtle reference to China's relations with its smaller neighbours" (Modi cited in Rajagopalan 2019, 76). In his address to a conference in Colombo, the Indian Foreign Secretary, S Jaishankar, defined the Indian ocean region as "the world's only English-speaking ocean region," cleverly implying that considering a language-based identity, "China is not a natural part of the Indian Ocean" (Roy-Chaudhury & de Estrada 2018, 186).

It can be deduced from the previous discussion that, given the fluidity of the international situation, a world with no single hegemon, India is still trying to come to terms with the prevalent intricacies within the power dynamics. India had sought to forge partnerships and cooperative framework with both the dominant powers, the US and China; yet it has not firmed on any specific approach to deal with the non-unipolar world order where multiple actors tend to hold power over the different sphere and over different times.

Conclusion

As we have demonstrated in the previous sections, India's national identity as a counter-hegemonic force and an ardent supporter of other oppressed nations was on full display in the international arena right from its independence. Even as a poor, third world, postcolonial state, India endeavored to imagine a world order based on equality, sovereignty, self-respect and self-reliance for all the other states (Bajpai and Parashar 2020). India played a significant role in imagining and institutionalising the third alternative to the Capitalist West and the Communist East to contest the immanent hegemony of the Cold War-driven bipolar world order. Indian efforts to foster Asian solidarity, third world solidarity and the Non-Aligned Movement led to overestimated self-perceptions and on several occasions, diplomatic zealousness which were interpreted as hegemonic by its allies and neighbors. The emerging world order recognizes India as a major player in the international system, and definitely one of the future global powers along with China. This raises expectations about the role that India could potentially play to counter the existing hegemonic system, but can it be the lone actor?

The transformation from being a putative or potential power to a practising power in the global order happens once the emergent power is willing to assume additional responsibilities that come with being major stakeholders in the global system. In other words, it is a transformation from being a mere 'rule-taker' to a robust 'rule-maker'. The power of assuming the role of 'rule-maker' in the global system is how the existing hegemony is challenged. The current period of uncertainty means that the world is witnessing a "shift from a US. dominated world to networks and coalitions in a multipolar world" (Sidhu, Mehta and Jones 2013, 12). However, for any prospective hegemon, despite its "strong fundamentals— GDP (gross domestic product), population size, etc.—will not be able to punch their weight unless they also learn to operate in networks and coalitions in a multipolar world" (Sidhu, Mehta and Jones 2013, 12).

The emergence of a multilateral group would be very different from the existing American led liberal hegemonic order where the US takes the patron's role, sets the rules and gets special privileges in the bargain. As a collective of states, this arrangement would not allow a singular leviathan to override other group members or even the rest of the global society. This potential group would not be able to impose arbitrary ideas and subjective ideals from the position of domestic political culture and governance model or the personal preferences of individual leaders. At the beginning alone, such an unusual grouping would face several daunting tasks, but none would be more prominent than the dislocation of the prevalent 'common sense' with an alternative narrative and the task to share the responsibilities and material liabilities towards the upkeep of global governance among the leaders of the group. We conclude that despite its past mistakes and complex histories of alliances, as the world's largest democracy, India is best placed and prepared to forge such a multilateral collective with other states in order to bring a meaningful change in the existing hegemonic structure of global politics, and the conduct of international relations.

References

Bajpai, Ravi Dutt, and Swati Parashar. 2020. "India in the 'Asian Century': Thinking like a hegemon?" In *Hegemony and World Order: Reimagining Power in Global Politics*, edited by Tom Casier, Piotr Dutkiewicz and Jan Aart Scholte, 208-223. London, New York: Routledge.

Bhagavan, Manu. 2019. *India and the cold war.* Chapel Hill, NC: University of North Carolina Press.

Bhasin, Madhavi. 2008. "India's Role in South Asia-Perceived Hegemony or Reluctant Leadership?" *Indian Foreign Affairs Journal* 3 (4): 1-25.

Boucher, Richard. 2001. "New Directions in US-India Relations." *US Department of State Press Statement* 19.

Casier, Tom. 2020. "Unravelling power and hegemony: Why shifting power relations do not equal a change of international order." In *Hegemony and world order : reimagining power in global politics*, edited by Tom Casier, Piotr Dutkiewicz and Jan Aart Scholte, 48-64. London; New York: Routledge, Taylor & Francis Group.

Chacko, Priya. 2011. "The Search for a Scientific Temper: Nuclear Technology and the Ambivalence of India's Postcolonial Modernity." *Review of International Studies* 37 (1): 185-208..

Chakma, Bhumitra. 2019. "The BRI and India's Neighbourhood." *Strategic Analysis* 43 (3): 183-186.

Devotta, Neil. 2003. "Is India over-extended? When domestic disorder precludes regional intervention." *Contemporary South Asia* 12 (3): 365-380.

Dutt, Subimal. 1977. *With Nehru in the Foreign Office.* Calcutta: Minerva Associates (Publications) Pvt Ltd.

Frankel, Francine. 2019. *When Nehru Looked East: Origins of India-US Suspicion and India-China Rivalry*. New York: Oxford University Press.

Gandhi, Indira 1971. *Selected Speeches of Indira Gandhi, January 1966-August 1969.* New Delhi: Ministry of Information and

Broadcasting.

Ganguly, Sumit. 2013. "The Indo-Pakistan Conflict." In *Routledge handbook of Indian politics*, edited by Atul Kohli and Prerena Singh, 331-338. London; New York: Routledge.

Ganguly, Sumit, and ManjeetS Pardesi. 2009. "Explaining Sixty Years of India's Foreign Policy." *India Review* 8 (1): 4.

Garver, John W., and Fei-Ling Wang. 2010. "China's Anti-encirclement Struggle." *Asian Security* 6 (3): 238-261.

Glennon, John P. 1987. *Foreign Relations of the United States, 1952-1954: East Asia and the Pacific*. Vol. 12. Washington DC: US Government Printing Office.

Gopal, Sarvepalli. 1979. *Jawaharlal Nehru: A Biography Vol II*. Bombay: Oxford University Press.

---. 1984. *Jawaharlal Nehru: A Biography Vol III*. Bombay: Oxford University Press.

Jacob, Jabin T. 2017. *What Does India Think of China's' belt and Road' Initiative?*: Institute of Chinese Studies.

Kraus, Charles. 2017. "'The Danger is Two-Fold': Decolonisation and Cold War in Anti-Communist Asia, 1955-7." *The International History Review* 39 (2): 256-273.

Kulacki, Gregory. 2020. "Nuclear Weapons in the Taiwan Strait Part I." *Journal for Peace and Nuclear Disarmament* 3 (2): 310-341.

Madan, Tanvi. 2020. *Fateful Triangle: How China Shaped US-India Relations During the Cold War*. Washington DC: Brookings Institution Press.

Mohan, C. Raja. 2013a. "Changing global order." In *Crux of Asia: China, India, and the emerging global order*, edited by Ashley J.Tellis and Sean Mirski, 53-61. Washington DC: Carnegie Endowment for International Peace.

---. 2013b. "India: Between "Strategic Autonomy" and "Geopolitical Opportunity"." *Asia Policy* (15): 21-25.

Nayar, Baldev Raj. 2013. "India and the World: The vicissitudes of mutual adjustment." In *Routledge handbook of Indian politics*, edited by Atul Kohli and Prerena Singh, 311-319. London; New York: Routledge.

Nehru, Jawaharlal. 1946. *The Discovery of India*. Book. London : Meridian Books limited.

---. 1983. *Jawaharlal Nehru Speeches. Volume 1 September 1946- May 1949*. New Delhi: Ministry of Information and Broadcasting.

---. 1999. *Selected Works of Jawaharlal Nehru, Second Series. Volume 25*. New Delhi: Jawaharlal Nehru Memorial Fund.

---. 2001. *Selected Works of Jawaharlal Nehru, Second Series. Volume 28*. New Delhi: Jawaharlal Nehru Memorial Fund.

---. 2016. *Jawaharlal Nehru Speeches. Volume 5 March 1963 - May 1964*. New Delhi: Ministry of Information and Broadcasting.

Ogden, Chris 2011. "International 'aspirations' of a rising power." In *Handbook of India's International Relations* edited by David Scott, 3-13. London; New York: Routledge.

Ollapally, Deepa M. 2014. "India's Evolving National Identity Contestation: What Reactions to the 'Pivot'Tell Us." The Asan Forum, January.

Ollapally, Deepa M. 2016. "Understanding Indian policy dilemmas in the Indo-Pacific through an India-US-China maritime triangle lens." *Maritime Affairs: Journal of the National Maritime Foundation of India* 12 (1): 1-12.

Pant, Harsh V., and Abhijnan Rej. 2018. "Is India Ready for the Indo-Pacific?" *The Washington Quarterly* 41 (2): 47-61.

Pardesi, Manjeet S. 2014. "China's Nuclear Forces and Their Significance to India." *The Nonproliferation Review* 21 (3-4): 337-354.

Rajagopalan, Rajesh. 2019. "Did India Lose China?" *The Washington Quarterly* 42 (1): 71-87.

Roy-Chaudhury, Rahul, and Kate Sullivan de Estrada. 2018. "India, the Indo-Pacific and the Quad." *Survival* 60 (3): 181-194.

Sáez, Lawrence 2011. "India in Asia: Geostrategic and economic considerations." In *Handbook of India's International Relations* edited by David Scott, 320-330. London; New York: Routledge.

Sidhu, Waheguru Pal Singh, Pratap Bhanu Mehta, and Bruce Jones. 2013. "A Hesitant Rule Shaper?" In *Shaping the Emerging World: India and the Multilateral Order*, edited by Waheguru Pal Singh Sidhu, Pratap Bhanu Mehta and Bruce Jones, 3-21. Washington DC: Brookings Institution Press.

Singh, Bawa. 2016. "India's Neighbourhood Policy: Geopolitical Fault Line of Its Nepal Policy in the Post-2015 Constitution." *Journal of International and Area Studies* 23 (1): 59-75.

Singh, Zorawar Daulet. 2019. *Power and diplomacy : India's foreign policies during the Cold War*. First edition. ed. Bibliographies.*Oxford; New York*: Oxford University Press.

Vertzberger, Yaacov. 2019. *Misperceptions in Foreign Policymaking : The Sino-Indian Conflict 1959-1962*. Online.*A Westview replica edition*. London, New York: Routledge. 1984.

Vincent Wei-cheng, Wang. 2011. ""Chindia" or Rivalry? Rising China, Rising India, and Contending Perspectives on India-China Relations." *Asian Perspective* 35 (3): 437-469.

Wood, B. 2006. "Strengthening compliance with UN arms embargoes-key challenges for monitoring and verification. Verifying non-proliferation and disarmament agreements today." *DDA Occasional Papers No*: 53-73.

Yuan, Jingdong. 2001. "India's rise after Pokhran II: Chinese analyses and assessments." *Asian Survey* 41 (6): 978-1001.

III

패권의 어제와 내일

Multiple Hegemonies

8

100년간의 위기?: 영국과 미국의 유일 패권 쟁취 과정이 21세기 미·중 패권 경쟁에 주는 함의*

손기영

I. 들어가며

21세기의 세 번째 10년을 맞아 미국은 아직 세계 최강국이지만 유일 패권국의 지위는 상실했다는 의견이 지배적이다. 미국이 냉전 이후 누려왔던 유일 패권을 잃었다는 것은 미국의 상대적 쇠퇴임과 동시에 21세기 국제질서의 근본적 변화를 예고한다. 지중해와 흑해 연안에 인접한 거의 모든 지역을 다스린 로마제국의 붕괴가 의미하는 것은 봉건제도와 가톨릭교회의 세력 확대로 대표되는 중세의 시작이었다. 그런데 유일 패권이 종식되면 패권 경쟁이 시작되고 그 결과로 새로운

* 이 장은 『아세아연구』 63권 4호(2020년)에 실린 동명의 논문을 수정 게재한 것이다.

패권국이 등장하는 것일까?

미국이 주도한 자유시장경제와 민주주의 등의 제도를 지지하고 내재화해왔던 국가들과 시민들은 자신들도 모르게 미국의 유일 패권에 익숙해 있다. 전 세계의 많은 인구가 2차 세계대전 후 미국이 주도한 자본주의권이나, 냉전 이후 미국의 영향권에 흡수되어 살았으므로 당연한 일이다. 현재 진행 중인 패권 경쟁에 대한 논의도 패권이라는 개념의 친근함 때문에 발생한다.

그런데 유일 패권이라는 현상은 국제관계에서 흔한 현상이 아니다. 미국의 유일 패권도 양극체제였던 냉전과 새로운 21세기의 국제질서 사이에 끼인 길어야 30년 정도의 짧은 기간일 뿐이다(Layne 2012, 204). 그런데도 패권에 대해 친근함은 경로 의존성을 보이는데, 미국의 패권이 종식되어 패권 경쟁이 시작되고 새로운 패권국이 등장하거나 미국이 다시 패권을 회복할 것이라는 단선적 사고방식이 대표적이다.

이 연구는 유일 패권이라는 관점에서 현재 진행 중인 미 · 중 패권 경쟁에 대해 새로운 시각을 제시한다. 역사적 접근법을 이용해 전 세계적 유일 패권을 형성했던 두 개의 국가인 영국과 미국의 패권국화의 경로를 조사한다. 이런 관점에서 보면 로마제국이나 스페인제국도 유일 패권이 아니라 지역 패권이었다. 이 연구에서는 유일 패권국화의 경로가 21세기의 초반에 형성될 가능성이 크지 않으므로 유일 패권국의 부재로 대표되는 국제질서의 현상 유지가 적어도 수십 년간 지속될 것이라고 본다. 본문에서 자세히 설명하겠지만, 영국의 유일 패권 상실이 발생한 1890년부터 미국의 유일 패권이 형성된 1991년까지 약

100년의 유일 패권 부재기가 있었다. 다시 말해 '100년간의 위기'였다고 할 수 있다.

먼저 21세기 패권 경쟁의 향방에 대한 최근의 논의를 소개한 후, 국제관계 이론을 이용해 패권에 대한 개념을 정리하고, 유일 패권의 형성 조건을 분석한다. 이러한 논의를 바탕으로 영국과 미국의 유일 패권화 과정을 경제력, 군사력, 지도력(leadership) 관점에서 정리한다. 영국과 미국의 사례로 볼 때 새로운 유일 패권의 형성은 기존의 예측과는 달리 꽤 오랜 시간이 걸릴 가능성이 큼을 주장한다. 미·중 패권 경쟁이 시작되었지만, 패권의 향방이 결정되는 경로가 형성되지 않아 현재 보이는 국제질서의 소강상태가 상당 기간 지속될 것이다(Son 2016; Acharya 2017).

II. 미·중 패권 경쟁

21세기 들어 진행 중인 미·중 패권 경쟁에 관한 논의를 패권 경쟁 격화론, 미국 패권 지속론, 패권 종식론으로 나누어 소개한다.

1) 패권 경쟁 격화론

시진핑 주석은 2018년 12월 개혁·개방 40주년 연설에서 "중국은 영원히 패권을 추구하지 않는다"라고 선언했지만, 이 말을 그대로 믿는 사람들은 거의 없다. 많은 학자들은 중국의 부상에 따른 미·중

간 갈등이 전쟁도 불사할 정도의 대결 구도로 갈 것이라고 본다. 앨리슨(Allison 2015)은 '투키디데스의 함정(Thucydides's Trap)'을 주장하면서 역사적 사례를 바탕으로 미 · 중 전쟁의 가능성에 주목했다. 지난 500년 동안의 강대국 간 패권 경쟁 중 16개 사례에서 12개는 전쟁으로 끝났고, 4개의 사례에서만 전쟁을 피해갔다는 것이다. 하지만 이 접근법의 대표적인 약점은 16개의 사례를 조사하면서 패권전쟁의 시의성을 간과한 것이다. 전쟁 발생의 추이가 중요한데, 최근의 사례라고 할 수 있는 2차 세계대전 이후 3개의 사례에서 전쟁이 발발하지 않았다. 2차 세계대전 이후 핵무기의 개발, 대규모 전쟁에 대한 혐오, 자유시장경제의 확산은 냉전 기간 중 미국과 소련이 보여준 것처럼 분출하는 욕망과 위협에 대한 공포에도 불구하고 군사적 행동에 대한 극도의 자제로 귀결되었다.

물론 중국이 대만을 침공하는 경우 미국이 군사적 개입을 단행한다면 양국 간의 전쟁은 불가피하다. 시진핑 중국 국가주석이 2020년 10월 광둥성 차오저우의 인민해방군 상륙부대를 방문해 "전쟁 준비에 집중하라"라고 지시하자 중국의 무력 침공 가능성을 우려하는 관측이 높아졌다. 하지만, 이를 보도한 영국 BBC는 전문가들의 말을 종합해 한국전쟁 참전처럼 미국의 전쟁 의지를 고려한다면 중국이 대만을 침공할 가능성은 매우 낮다고 결론지었다.

강대국 간 전쟁이 어려운 상황에서 미국과 중국은 '무역 전쟁'을 포함해 경제 분야에서 치열한 경쟁을 벌이고 있다. 〈표 1〉은 수출과 수입을 합한 총무역량에서 1995년에 세계 무역의 3%를 차지했던 중국이 2018년에는 12.4%를 차지함으로써 세계 1위의 자리를 굳히고 있음을 보여준다(CSIS 2020). 미국은 11.5%, 독일은 7.7%로 뒤를 따르고 있다.

〈표 1〉 2018년 중국, 미국, 독일의 무역량

	수입량 (Millions $)	세계수입량에서 차지하는 비율	수출량 (Millions $)	세계수출량에서 차지하는 비율
중국	2,134,982	11.37	2,494,230	13.45
미국	2,611,432	13.92	1,665,302	8.98
독일	1,292,726	6.69	1,562,418	8.43

출처: CSIS (2020)

미국 경제지 포천(Fortune)이 전년도 매출을 기준으로 선정한 '2019년 글로벌 500대 기업'을 발표하면서 제목을 "중국 세상이다(It's China's World)"라고 달았다. 글로벌 500대 기업에서 대만(10개)을 포함한 중국 기업 수는 129개로 미국(121개)을 제치고 처음으로 1위를 차지했기 때문이다(Colvin 2020). 포천은 "비즈니스뿐만 아니라 세계 전체의 지형이 바뀌고 있다는 점을 보여준다"며 "중국은 미국보다 훨씬 빠르게 성장하면서 미국의 수퍼 파워를 장악하고자 한다"고 분석했다.

국제 금융 면에서도 중국은 미국과 치열한 경쟁을 시작했다. 미국과 일본의 영향력이 큰 국제통화기금(IMF)이나 아시아개발은행(ADB)에서 중국의 지분율이 기대만큼 상승하지 못하자 중국은 미국 주도의 금융 질서를 자국 중심으로 재편하려는 장기목표를 갖고 아시아인프라투자은행(Asian Infrastructure Investment Bank)을 2016년 창

립했다. 중국은 경제적 부상에 힘입어 기존의 국제제도를 하나씩 중국 중심적 체제로 만들기 위해 노력하고 있다.

코로나 사태로 미국의 경제성장력이 떨어지고 중국은 비교적 영향을 덜 받는 상황에서 미 · 중 경쟁은 격화되겠지만, 이 연구에서는 이런 상황은 패권 경쟁의 서막에 불과하다고 주장한다. 미국이 군사 패권을 보유한 상황에서 중국이 미래의 어느 시점에 경제 패권을 쟁취하더라도 유일 패권을 형성하는 데는 많은 시간이 걸리고 여러 가지 새로운 변수들이 작동할 수 있음을 영국과 미국의 사례로 분석할 것이다.

2) 미국 패권 지속론

미국 패권 지속론은 사실상 중국 패권 불가론이다. 중국이 패권 경쟁에서 취약성을 드러내며 미국이 잃었던 유일 패권을 회복할 것이라는 논리다. 중국 전문가 중에 샴보(Shambough 2013)는 중국의 취약성을 언급하면서, 중국이 진정한 강대국의 면모를 갖추기는 쉽지 않으리라 전망한다. 이미 샴보 이전에 많은 미국학자들은 중국의 역량에 회의적 시각을 던지면서 미국 지도력의 지속을 예상해 왔다. 냉전이 종식되자 크라우트해머(Krauthammer 1990/1)는 '단극(單極)의 순간(The Unipolar Moment)'이라는 논문에서 소련의 붕괴로 양극체제가 와해되고 미국의 독주체제가 오래 지속될 것이라고 보았다. 월포스(Wohlforth 1999, 2000)는 미국과 경쟁국 간의 군사력과 경제력의 현격한 차이로 인해 이 격차를 좁힐 경쟁국을 찾아볼 수 없다고 주장했다. 나이(Nye 2011/2, 45)는 "가장 큰 위험은 중국을 과대평가하는 것이고 중국이 자신을 과대평가하는 것이다"라고 경고했다. 특히, 많이 제기되는 문제가 공산당의 일당 독재체제로 인한 사회의 개방성, 역동성, 창의성의 제약이 국가 경쟁력의 훼손으로 이어져 중국의 계속된 성장이 불가능할 것이라는 예상이다(Marriot and Lacroix 2010).

다음 장에 제시할 이 연구의 분석법으로 보면, 미국의 경우 군사 패권이 남아있지만, 경제력과 지도력 면에서 패권적 지위를 내려놓음으로써 패권 지속론은 이미 전제부터 오류가 있다. 미국의 군사 패권은 향후 20~30년 정도 지속될 수 있지만, 경제력과 지도력이 수반되지 않는 상황에서 군사 패권만의 유지는 진정한 의미에서 패권이라고 할 수 없다.

3) 패권 종식론

어느 국가도 전통적 의미의 패권 쟁취는 어려울 것이라는 분석이 대두되고 있다. 미국의 패권이 이미 종식되거나, 패권 자체가 의미를 잃고 있다는 분석이다(Cooley and Nexon 2020; Reich and Lebow 2014). 패권국이 처하는 전략적 어려움은 이론적으로 간단한데, 경쟁국이 등장한 순간 패권국에 대해 균형 전략(balancing strategy)을 취할 수 있기 때문이다(Waltz 1979). 이론적으로 무정부 상태(anarchy)인 국제관계에서 성장 속도의 차이 때문에 새로운 강대국의 부상을 막을 수 없다(Layne 1993, 10). 이러한 성장 속도의 차이는 국제체제에서 권력의 재분배로 이어진다(Gilpin 1981, 13).

패권 종식론자 중에 한 극단에 있는 레인(Layne 2015, 5-6; 2012)은 미국이 중국과의 분쟁을 피하려면 중국의 부상을 인정하고 다음과 같은 조치를 취함으로써 동아시아에 대한 중국의 영향력을 수용해야 한다고 주장한다: 1) 대만과의 군사협력과 무기 거래의 중지, 2) 센카쿠 열도(중국명 댜오위다오)를 미 · 일 방위조약에서 제외하고 영토분쟁으로 인한 중일 분쟁에 불개입 선언, 3) 북한 문제를 중국과 한국에 넘겨주고, 한반도 통일 후 미군 철수를 서약, 4) 중국의 아시아인프라투자은행과 같은 조치를 반대하지 말고, 아시아의 경제발전과 정치안정을 위한 중국의 기여를 환영하면서, 중국의 경제력에 상응하는 국제통화기금과 세계은행의 중국 지분율 제고, 5) 중국의 인근 지역, 영해, 중국이 주권을 주장하는 지역에 대한 자극적인 항공 정찰을 중지, 6) 모든 국가 상선의 자유항행이 영향을 받지 않는 한, 미국은 남중국해에서 중국과 동남아시아 국가 간의 영토분쟁에서 한쪽 편을 드는 것을 자제, 7) 티베트, 인권, 통치시스템과 같은 중국의 내정에 대한 불간섭 정책 도입, 8) 중국과의 분쟁상황에서 합동공중해상전투(Air-Sea Battle)와 같은 위험한 군사 독트린 포기. 하지만, 패권에 대한 향수가 남은 미국이 당장 이상과 같은 중국에 대한 유화정책을 취할 가능성은 없어 보인다.

아차리아(Acharya 2017)는 미국의 유일 패권의 붕괴는 나폴레옹 전쟁 이후 오스트리아의 재상 메테르니히가 주도한 반동적 유럽협조체제(Concert of Europe)라는 다극 체제로 복귀되기보다는 국가행위자와 비국가행위자가 혼재하는 복잡한 양상을 보일 것이라고 주장한다. '다양한 근대성(multiple modernities)'이라는 논의의 연장선상에서 아차리아(Acharya 2017, 277)는 멀티플렉스 영화관에 가면 다양한 영화 중에서 선택할 수 있듯이, 지구라는 한 지붕 아래서 다양한 영화, 배우, 감독과 시나리오를 선택할 수 있는 조건이 만들어질 것이라고 보았다. 즉 한 국가나 이념이 패권을 가지던 시대는 지났다는 것이다. 하지만, 패권에 대한 희구는 강대국에 내재된 욕망처럼 보인다. 그러므로 비패권적(nonhegemonic) 협력은 일시적으로 가능해도 국제질서의 보편적 조직 원리는 아니다.

III. 유일 패권의 조건

패권을 개념을 설명할 때 먼저 거론되는 이론이 현실주의 계통의 패권안정이론(hegemonic stability theory)이다. 패권안정이론의 핵심 주장은 국제질서는 하나의 지배국가에 의해 형성되고, 역내 질서의 유지도 패권의 지속에 의해서만 가능하다는 것이다(Keohane 1980). 예를 들어 1930년대의 대공황을 맞아 미국은 시장의 불안정성을 해소할 수 있도록 다양한 공공재를 제공하는 안정자(stabilizer)로서의 역할을 했다. 킨들버거(Kindleberger 1973, 292)는 패권국은 안정자로서 "경제위기로 제값을 받을 수 없는 물품에 대해 열린 시장을 유지하고, 장기융자를 제공하며, 가격 인하를 단행하며," 아울러 환율을 조정하고 통화정책을 취하는 기능을 강조했다(Kindleberger 1981, 247). 길핀(Gilpin 1981, 29)도 공공재의 제공이라는 패권국의 기능에 주목했지만, 자국의 이익을 위해 국제 레짐(international regime)을 만들어 국제체제 속의 다른 국가들을 조정하거나 지배하는 역할도 강조했다.

자유주의 계통의 신제도주의자들은 국제협력을 가능하게 하는 패권의 순기능적 요소를 인정하지만, 패권의 종식 이후에도 국제협력이 가능한 국제 레짐에 대한 연구를 한층 강화했다. 코헤인(Keohane 1984, 50)은 패권의 붕괴 이후에도 국가들이 이익을 공유할 목적으로 국제 레짐을 형성할 수 있고, 이를 통해 비패권적 협력이 지속될 수 있다고 보았다. 현실주의자인 길핀(Gilpin 1981, 234)도 패권의 약화와 국제체제의 불균형 상태가 새로운 패권전쟁으로 이어지지 않을 수 있다고 보았기 때문에 일부 현실주의자와 자유주의자들 사이에 국제 레짐의 필요성에 대한 공감대가 형성된 것으로 보인다.

한편 마르크스주의 계통의 학자들은 패권을 폭력(force)으로 쟁취하는 것은 너무 비용이 많이 들고 패권국에 불리한 결과로 이어질 수 있어서 지배국과 피지배국 간의 "타협(compromise)과 동의(consensus)"라는 과정에 주목한다. 그람시(Antonio Gramsci)는 하부구조와 상부구조의 통합, 즉 객관적이라고 할 수 있는 물질적 요소와 윤리적이고 정치적인 사고가 통합을 이룰 때 패권이 형성된다고 보았다(Cox 1977, 387). 생산수단의 지배를 통한 권력이 타협과 동의를 통해 이념화되면서 수용되는 과정에 주목한 것이다. 마르크스주의자들은 제국(empire)과 패권을 구별하면서, 하나의 정치적 시스템으로 피지배국을 통치하는 제국과는 달리, 패권국은 정치적으로 독립적인 국가들을 위계적 질서와 시장의 작용을 통해 조정한다고 보았다(Wallerstein 1974, 15-16).

패권은 국제정치학에서 다양한 이론적 배경에서 논의되었지만, 이 연구의 핵심 키워드는 유일 패권의 형성 여부이다. 냉전과 같이 전 세계가 블록으로 나누어진 상황에서 미국은 자본주의 세력권에서는 단일 패권을 행사했다고 할 수 있지만, 동서 간의 분단으로 전 세계적 유일 패권을 보유하지 못했다. 미국은 냉전이 종식되면서 유일 패권을 쟁취한 것이고, 그것도 2010년대 후반에 상실하게 된다. 그러므로 현재 패권 경쟁의 초점은 미국이 전 세계적 유일 패권을 회복하느냐 아니면 중국과 같은 경쟁국이 쟁취하느냐의 여부이다.

유일 패권의 형성을 분석하기 위해 이 연구에서는 유일 패권을 가능하게 하는 세 개의 필요조건을 제시하고, 이것이 모두 충족되어야 유일 패권을 형성할 수 있다고 본다. 이 세 가지 조건은 최강의 군사력, 경제력, 지도력(leadership)이다. 군사력과 경제력이 주로 물질적 능력을 의미한다면, 지도력은 패권국이라는 이름에 걸맞은 목표 설정 능력과 조정 능력을 지칭한다. 군사력과 경제력은 수치로 보이는 잠재적 능력을 의미하는 것이고, 이러한 능력이 패권 경쟁국의 의지와 이를 수용하는 국가들의 결탁이 있을 때 패권이 형성되는 것이다. 군사력 및 경제력과 지도력의 상관관계는 좀 더 설명이 필요하다.

나이(Nye 2008, x)는 지도자를 하나의 집단이 공동의 목표를 도출하고 성취하는 데 결정적 역할을 하는 행위자로 규정했다. 이 목적을 위해서는 하드 파워와 소프트 파워를 적절히 조합한 스마트 파워가

효과적인 지도력을 위한 핵심 조건이다. 이러한 위계적 질서를 구축한 지도국이 있을 때 마르크스주의자들이 주장하는 타협과 동의를 통해 패권이 형성된다.

지도력이 중요한 이유는 경제력과 군사력만으로는 유일 패권국이 될 수 없기 때문이다. 미국이 20세기에 들어오면서 이미 세계 최강의 경제 대국이 되었지만, 지도력 면에서는 영국을 따라잡지 못했고, 그 이후 50년에 가까운 소련과의 대결에서 승리해 1991년이 되어서야 유일 패권국이 되었다. 또한 21세기 들어 중국이 부상하고 9.11 테러가 발생하는 등 미국의 유일 패권이 위협을 받았지만, '테러와의 전쟁'은 미국이 여전히 전 세계적 지도력과 조정 능력을 보유한 유일 패권국이였음을 보여주었다. 지도국이 되기 위해서는 경쟁국이 없거나 경쟁국을 성공적으로 억제하는 능력이 필요하다. 예를 들어 영국은 러시아의 남하를 어느 정도 억제하면서 전 세계적 영향력을 유지했고, 독일이 19세기 말부터 부상할 때 독일을 견제하기 위해 프랑스 및 러시아와 힘을 모아 3국 협상(Triple Entente)을 형성했다. 하지만 독일의 경제력과 군사력은 1차 세계대전 전까지 계속 확장되면서, 결국 세계대전이라는 패권전쟁이 불가피하게 되었다.

유일 패권은 국제정치에서 흔히 쓰이는 단극체제(unipolarity)와 유사한 개념이지만, 단극체제와 달리 군사력의 사용보다는 압도적 영향력 아래에서 안보와 경제 분야에서 공공재의 제공이나 국제협력에 초점을 둔 접근법이다. 길핀(Gilpin 1981, 145)은 유럽의 국제관계에서 세력균형론(balance of power)을 주장한 모겐소(Morgenthau

1973)나 월츠(Waltz 1979)와 달리 산업혁명 이후 영국이 세력균형을 위해 행사한 지도력에서 보인 패권적 영향력에 주목했다. 이런 점에서 길핀(Gilpin 1981)의 패권론은 정치, 군사적 영역을 자본주의 세계 경제의 종속 변수로 보는 마르크스주의자들의 입장과도 다르다고 할 수 있다(Wallerstein 1984). 이 연구에서 초점을 맞추는 부분은 패권 경쟁이 전쟁이나 전쟁과 비슷한 대결 상황에서 가속화될 수 있지만, 유일 패권이 형성되는 데는 과거 영국과 미국의 경우를 봤을 때 예상보다 시간이 오래 걸리고 새로운 경쟁국이 등장할 수도 있다는 것이다.

IV. 유일 패권 형성의 경로

전 세계적 수준의 경제력, 군사력, 지도력이라는 3가지 조건들이 한 국가에 집결되지 않고 경쟁국 간에 분점 되어 있을 때 패권 경쟁이 벌어진다. 주요 경쟁국 간의 경제력, 군사력, 지도력의 변화를 추적하면서 한 국가의 패권국화를 예상할 수는 있지만, 영국과 미국의 경우를 볼 때 전쟁이나 전쟁에 준하는 대결 상황에서 패권의 향방이 결정되었다. 즉, 나폴레옹전쟁처럼 대결이 전쟁으로 비화하고 경쟁국이 군사, 경제적으로 붕괴되거나, 냉전과 같은 대결 상황에서 경쟁국이 스스로 경쟁을 포기하며 변화해야 패권 경쟁이 종식되는 것이다. 그러므로 패권국의 등장을 위해서는 전쟁이나 전쟁에 상응하는 치열한 경쟁이 필요하고, 승리는 경쟁국의 경제, 군사, 지도력의 붕괴로 이어진다. 이런 점에서 유일 패권 형성은 경로 의존적인 측면이 강하다.

길핀(Gilpin 1981, 199-200)에 따르면 국제체제를 누가 통치할 것인가를 결정짓는 패권전쟁은 3가지 특징이 있다. 첫째, 패권국가와 도전국가 뿐만 아니라 국제체제의 거의 모든 국가가 이 분쟁에 말려든다. 펠로폰네소스전쟁은 기원전 431년에서 404년까지 아테네 주도의 델로스 동맹과 스파르타 주도의 펠로폰네소스 동맹 사이에 일어난 전쟁이다. 1차 세계대전은 영국, 프랑스, 러시아 간의 삼국 협상이라는 동맹과 독일, 오스트리아-헝가리 제국, 이탈리아가 결성한 삼국 동맹(Triple Alliance) 간의 전쟁이었다. 둘째, 패권전쟁은 대결 당사자의 사회, 정치, 경제 체제를 모두 파괴하는 것이 목적이므로 패전국은 종교적, 정치적, 사회적 변혁을 맞게 된다. 로마에 의한 카르타고의 초토화, 아랍에 의한 중동의 이슬람 개종, 미국에 의한 독일과 일본의 민주화가 좋은 예이다. 셋째, 패권전쟁은 기술과 자원이 허락하는 한 무제한적 수단이 동원되는 전면전이다.

경로 의존성에 근거해서 패권을 분석하는 이유는 패권도 인간 사회가 만든 하나의 비공식적 국제제도이기 때문이다. 보통 이성적 제도론자들(rational institutionalists)은 개별 국가들은 이익을 극대화하기 위해 이성적 판단에 따라 제도를 만드는데, 제도가 그들의 목표에 맞지 않을 때는 수정하는 것이 보통이라고 본다(Koremenos et al. 2001, 762). 하지만, 한번 만들어진 제도를 수정하기는 쉽지 않은데, 예를 들어 국제연합의 경우 이 국제기구의 성립 당시에 일본과 독일이 전범국가였으므로 이를 바탕으로 설계된 구조를 쉽게 고칠 수 없었다. 안전보장이사회는 전승국들인 5개국이 70년이 지났는데도 여전히 거부권을 행사하면서 이성적인 제도의 재설계보다는 권력에 의한 현상 유지를 지속하고 있는 경로 의존성을 보인다(Hanrieder 2015, 219).

국제제도로서의 패권도 이성적 판단보다는 권력정치의 산물이다. 앞서 언급한 것처럼, 군사, 경제, 지도력의 격차를 통해 발생한 영향력의 차이가 다양한 공식적, 비공식적 국제제도의 설계에 반영된다. 그리고 이성적 제도론자들이 주장하는 것처럼, 유일 패권이 종식되었는데도 패권 체제에서 설계된 국제제도가 직전 패권국의 잔존 영향력과 함께 몇십 년은 지속되는 경향이 있다. 영국의 경우 경쟁국의 부상으로 유일 패권은 이미 1890년경에 종식되었지만, 여전히 1차, 2차 세계대전까지 그 영향력이 남아있었다.

과거의 유일 패권 형성 과정에서 나타난 2개의 중요 경로는 다음과 같다. 첫째, 전쟁이다. 영국은 경쟁국인 프랑스를 나폴레옹전쟁에서 물리치고 해상 패권을 장악함으로써 전 세계적 패권국으로 성장했다. 둘째, 경쟁국의 몰락이다. 미국은 냉전의 한 축이었던 소련이 붕괴하면서 전 세계적 패권국이 된 것이다. 고르바초프 서기장의 개방, 개혁 정책이 소련의 붕괴로 이어지지 않았다면 미 · 소 간의 패권 경쟁은 다른 양상을 보였을 것이다. 이 장에서는 영국과 미국의 패권국화를 경제력, 군사력, 지도력이라는 조건에 따라 역사적 시각에서 분석해 본다.

1. 영국의 패권국화

역사상 처음으로 세계 패권을 쟁취한 국가는 영국이었다. 영국 이전에 합스부르크 제국이나 스페인이 '해가 지지 않는 제국(the empire on which the sun never sets)이라고 불렸지만, 아메리카 대륙에까지 식민지가 있었다는 의미였지, 명(明)과 같은 독자적 지역 강국의 존재를 고려하면 유일 패권을 쟁취했다고 볼 수 없다. 네덜란드의 패권 역시 상업과 금융이라는 면에서 전 세계적 네트워크를 형성했으나, 정치적 패권의 형성과는 거리가 있다. 하지만 영국의 패권은 경제력뿐만 아니라 영토와 군사력을 포함해 여러 분야에서 경쟁국과 비교해 우위를 점한 경우이다. 나폴레옹전쟁의 승리로 시작해, 아편전쟁에서 승리를 거두며 1차 대전의 시작까지 이어졌던 영국의 전성기를 영국에 의한 전 세계적 평화, 즉 팍스 브리태니커(Pax Britannica, 1815-1914)라고 부른다.

여기에서는 영국의 패권국화 과정을 군사력, 경제력, 지도력이라는 순서로 정리한다. 군사력을 경제력보다 먼저 서술하는 이유는 1860년대까지 영국 경제가 전 세계에서 패권적 지위를 차지하지 못했지만, 군사적 패권은 1815년의 나폴레옹전쟁의 승리, 1842년의 제1차 아편전쟁의 승리를 통해 먼저 확보되었기 때문이다.

1) 군사력

영국은 18세기까지만 해도 군사력에서 뛰어난 국가가 아니었다. 경제력 면에서도 유럽대륙에 있는 프랑스나 러시아 같은 강국들에 비해 약한 국가가 어떻게 군사력의 상대적 우위를 먼저 확보할 수 있었을까? 그 비결은 영국의 군비 조달을 가능하게 한 18세기의 '금융

혁명'이다(Kennedy 1987, 80).

해군력은 19세기와 20세기 초까지 국가의 군사력을 가늠하는 중요 잣대였다. 잉글랜드 왕국은 1690년 프랑스의 '태양왕' 루이 14세에 맞서 9년 전쟁(1688-1697)을 벌였는데, 1690년의 비치 헤드(Beachy Head) 해전에서 대패한 뒤 강력한 해군 육성의 필요성을 절감하게 되었다. 그래서 1694년 설립된 것이 영란은행이라고도 불리는 잉글랜드 은행(Bank of England)이다. 이 은행은 개인 주주들이 소유하는 사기업이었지만, 정부의 모든 대출을 관리할 독점권과 국채를 담보로 지폐를 발행할 권리를 포함해 상당한 특권을 누렸다. 잉글랜드 은행이 영국 정부의 돈줄이 되면서 영국의 해군력은 빠른 성장을 보인다.

영국은 18세기 말부터 해군력의 우위를 확보했지만, 해상 패권을 장악하는 수준은 아니었다. 그러나 나폴레옹전쟁 중 벌어진 1805년의 트라팔가르 해전에서 넬슨 제독의 지휘로 프랑스-스페인 연합함대를 격멸시킴으로써 향후 80년간 전 세계의 바다를 주름잡았다(Kennedy 1987, 154). 영국 해군력의 부상은 유럽대륙에서 분리된 섬나라로서 영국의 지정학적 위치, 영국의 상업, 금융, 산업생산력의 성장 추세와 연동되어 있다. 해상 패권에 필수적인 요건이 전 세계의 주요 전략지점을 항로를 통해 연결해 지배하는 것인데, 영국은 이미 19세기에 케이프타운, 몰타, 지브롤터, 수에즈 운하, 포클랜드섬, 아덴, 콜롬보, 싱가포르, 홍콩, 웨이하이, 피지, 핼리팩스 등을 해군 기지화했다(Kennedy 1976).

1815년 나폴레옹전쟁이 끝나면서 영국의 군사적 우위가 확립되었지만, 이것은 유럽에서의 대결이고, 전 세계적 군사 패권이 확립된 시점은 중국을 패퇴시킨 제1차 아편전쟁이라고 할 수 있다. 앞에서 언급한 것처럼 중국을 세력권 안에 넣음으로써 영국의 전 세계적 군사 패권이 완성되었다고 할 수 있다.

하지만 영국의 해상 패권도 1880년대 들어 프랑스를 포함한 경쟁국들의 해군력 증강으로 위협받게 된다. 영국의 폴 몰 가제트(*Pall Mall Gazette*)지의 편집장이었던 W. T. 스테드(Stead 1884)는 1884년에 발간된 일련의 칼럼("A Startling Revelation," "Who is Responsibility for the Navy," "The Responsibility for the Navy")에서 경쟁국의 해군력 증강으로 영국 해군뿐만 아니라 해군력에 의해 유지된 영국의 경제가 위협받고 있다고 폭로했다. 이후 영국은 해군력을 다시 확충했고 2차 세계대전으로 미국의 해군력이 증강될 때까지 세계 최강의 해군력을 보유했다(Crisher and Souva 2014, 615).

2) 경제력

영국은 18세기 중반에 시작된 산업혁명에 힘입어 낙후된 섬나라에서 유럽의 열강 중의 하나로 천천히 부상했지만, 19세기의 시작점에서 영국의 산업생산력은 〈표 2〉에서와 같이 프랑스 정도의 수준이었다. 하지만 나폴레옹전쟁에서 승리하고 전 세계의 해상권을 장악하면서 1830년에는 유럽의 경쟁국들에 비해 2배 정도의 산업생산력을 보였지만, 여전히 인구가 많은 중국의 3분의 1 수준이었다. 경쟁국들에 비해 빠른 경제 성장세를 보인 영국은 1850년부터 패권적 지위를 확보해 1860년에는 전 세계 철강 생산량의 53%를 차지하는 등 압도적 영향력을 행사한다(Kennedy 1987, 151). 이 과정에서 1차 아편전쟁(1840-1842) 승리를 통해 중국에서 홍콩을 할양받고 주요 항구를 개항시킴으로써 영국의 패권적 지위를 공고히 할 수 있었다.

〈표 2〉 주요국의 산업생산력 비교(%)

연도	영국	미국	독일	프랑스	중국
1750	1.9	0.1	2.9	4.0	32.8
1800	4.3	0.8	3.5	4.2	33.3
1830	9.5	2.4	3.5	5.2	29.8
1860	19.9	7.2	4.9	7.9	19.7
1880	22.9	14.7	8.5	7.8	12.5
1900	18.5	23.6	13.2	6.8	6.2
1938	14.0	11.3	9.0	5.2	

출처: Kennedy (1987, 149).

〈표 3〉은 19세기 말과 20세기 초 주요국의 무역이 세계의 무역 총량에서 차지하는 비율을 보여준다. 이 자료는 영국의 국가 무역량이 세계 무역 총량에서 차지하는 비율이 1870년에 24.0%로 경쟁국의 두 배 이상이 되면서 영국의 경제패권을 잘 설명하고 있다. 그 후 영국이 세계 무역에서 차지하는 비율은 미국과 독일의 부상과 함께 하락해 1890년에는 경제 패권을 상실했다. 1929년에는 무역량이 미국에 추월당하기도 한다.

〈표 3〉 19세기 말과 20세기 초 주요국의 무역이 세계 무역에서 차지하는 비율(%)

연도	영국	미국	독일	프랑스
1870	24.0	8.8	9.7	10.8
1880	19.6	8.8	10.3	11.4
1890	18.5	9.7	10.9	10.0
1900	17.5	10.2	11.9	8.5
1913	14.1	11.1	12.2	7.5
1929	13.3	13.9	9.3	6.4
1938	14.0	11.3	9.0	5.2

출처: Lake (1983, 525).

3) 지도력

나폴레옹전쟁의 종결과 함께 소집된 빈 회의(Congress of Vienna)는 19세기 동안 영국의 세계 패권이 성숙할 수 있는 기반을 조성했다(Gilpin 1981, 135). 하지만 20년간의 프랑스 혁명전쟁과 나폴레옹전쟁이 끝난 시점에서 영국이 군사력에서 최강국의 지위를 차지했지만, 경제력은 중국은 물론 유럽대륙의 국가들과 비교해도 압도적인 상황이 아니었다. 지도력 면에서 봐도 빈 회의를 주재한 것은 오스트리아의 재상 클레멘스 폰 메테르니히(Klemens von Metternich)이고 영국을 대표한 외무상인 캐슬레이 자작(Viscount Castlereagh)은 보조적 역할에 그쳤다. 패전국인 프랑스에 대한 보복 조치도 제한적으로 도입했는데, 메테르니히는 러시아와 프로이센을 견제하기 위해 프랑스가 필요했다. 이렇게 보면 메테르니히가 짠 유럽의 세력균형 구상을 영국이 착실하게 수행하게 된 것이다.

한편, 19세기 초반까지는 지도력 면에서 영국 패권의 특징을 보여주는 자유 무역 체제를 형성할 준비는 되어있지 않았다. 전쟁으로 인해 고율의 관세와 다른 무역 장벽들이 남아있는 상황에서 당시의 경향은 여전히 보호무역정책이었다. 빈 회의에서조차 프랑스의 재부상을 막기 위한 안보 체제, 국경선 조정, 왕조의 복구를 통한 힘의 균형에 초점을 맞추었지, 무역은 주된 의제가 아니었다(O'Brien and Pigman 1992, 94). 영국은 산업화가 가속화되면서 1823년 보호무역정책을 버리고 무역협정을 통한 무역자유화를 추진하게 되지만 보수적인 유럽 국가들의 반대로 무역자유화는 쉽게 진전되지 않았다. 독일의 한 경제학자는 1840년 "누구라도 산업화와 같은 분야에서 위대함의 정점에 이르면 사다리를 걷어찬다"라면서 영국의 자유 무역 체제를 경계했다(Kennedy 1976).

여러 가지 시도 끝에 현대 무역협정의 시초라는 영국과 프랑스의 '콥든-슈발리에 협정'(영불 통상조약)은 1860년이 되어서야 체결되었고, 자유 무역이 영국뿐만 아니라 다른 무역국에도 이익이 된다는 사실이 공유되기 시작했다. 보호무역정책이 다시 대두되기 시작한 1870년대 말까지 약 20년간 이 무역협정은 유럽으로 확산되어 "자유무역의 황금기"를 맞았다(Krasner 1976, 325).

이미 경제력과 군사력에서 우위를 차지한 영국이 전 세계적 자유시장경제를 구축하려고 노력하는 것은 국익이라는 측면에서 당연했다. 특히 성장기를 맞는 패권국은 일반적으로 낮은 관세, 무역의 증대, 지역주의의 배제를 기본으로 하는 열린 국제구조를 형성하려고 한다(Krasner 1976, 323). 군사력과 경제력에서 우위를 차지한 영국이 국제적 지도력을 발휘하면서 자유시장경제라는 새로운 공공재를 유럽에 확산시킨 것이다. 하지만 1870년 독일의 통일과 함께 보호무역주의의 부활은 영국이 주도한 자유 무역 질서에 큰 위협을 가져왔지만(O'Brien and Pigman 1992, 104), 영국의 '자유 무역 제국주의(free trade imperialism)'는 1890년대까지도 산업계와 국민의 지지를 받았다(Cain 1999). 이런 면에서 영국의 패권적 지도력은 군사 패권과 경제 패권에 힘입어 약 20년간 행사될 수 있었다.

2. 미국의 패권국화

미국의 패권국화 과정을 역사적으로 보면 1차 대전을 통해 세계 제1의 경제 강국으로 부상했고, 2차 세계대전을 맞아 최강의 군사력을 보유하게 되었다. 막강한 경제력과 군사력을 보유하면서 냉전 중 소련과 패권 경쟁을 벌였고, 냉전의 종식과 함께 유일 패권을 쟁취했다. 미국의 패권국화 과정을 경제력, 군사력, 지도력으로 나누어 조망해 본다.

1) 경제력

미국의 경제는 1890년대부터 생산성에서 이미 세계 1위였지만, 미국을 명실상부한 세계 1위의 경제 대국으로 만들어 준 사건은 1차 세계대전이다. 1914년에 시작된 전쟁이 3년차인 1916년에 들어갔을 때 이미 힘의 균형은 유럽에서 미국으로 기울었다. 1916년 미국의 국내총생산(GDP)은 인도를 포함한 영국 제국 전체의 GDP를 추월했다(Tooze 2014, 13). 경제 봉쇄에 직면한 독일은 공세를 접고 방어전에 돌입했고, 영국과 프랑스는 오랜 전쟁에 피폐해지면서 군수품, 식량, 석유의 공급을 미국에 의존했다. 그 결과 미국의 투자가들은 영국과 프랑스에 대해 2억 달러의 채권을 가지게 되었다(Tooze 2014, 38).

영국이 아메리카 대륙에서 미국의 도전을 전쟁 없이 일부 수용하는 가운데, 미국과 영국 간의 경제패권을 위한 경쟁은 1차 대전 이후에도 지속되었다. 특히, 국제 수송, 통신, 석유 자원을 두고 벌어진 양국 간의 경쟁은 결국 미국의 승리로 끝났다(Hugill 2009, 423). 미국과 영국은 1945년까지 다양한 영역에서 패권 경쟁을 벌였지만, 전쟁으로 이어지지 않은 이유 중의 하나는 양국 간의 종족, 언어, 정치 철학과 제도라는 측면에서의 유사성이 작용했다는 주장이 강하다(Rock 1989, 63).

미국은 1944년 뉴햄프셔주 브레튼 우즈에서 44개국이 참가한 가운데 열린 연합국 통화 금융 회의에서 브레튼 우즈 체제를 발족시켰다. 이를 계기로 영국의 파운드화를 대신해 달러화를 기축통화로 하는 금환본위제가 실시되고 미국의 금융패권이 확립되었다. 〈표 4〉는 미국의 무역량이 세계 무역 총량에서 차지하는 비율인데, 1948년에 미국의 수출이 세계의 총수출량에서 21.6%를 차지했음을 보여준다.

〈표 4〉 세계 무역 총량에서 차지하는 미국, 중국, 일본의 수출입 비율(%)

연도	미국 수출	중국수출	일본수출	미국수입	중국수입	일본수입
1948	21.6	0.9	0.4	13.0	0.6	1.1
1953	14.6	1.2	1.5	13.9	1.6	2.8
1963	14.3	1.3	3.5	11.4	0.9	4.1
1973	12.2	1.0	6.4	12.4	0.9	6.5
1983	11.2	1.2	8.0	14.3	1.1	6.7
1993	12.6	2.5	9.8	15.9	2.7	6.4
2003	9.8	5.9	6.4	16.9	5.4	5.0
2017	9.0	13.2	4.1	13.7	10.5	3.8

출처: WTO (2018, 122-3).

2) 군사력

영국의 군사 패권에 대한 미국의 도전은 사실상 남북전쟁(1861-5) 시기에 시작되었다. 1865년 남북전쟁이 끝났을 때 671척의 전함을 보유한 미국은 일시적으로 영국을 제치고 가장 많은 전함을 보유하게 되었다(Hugill 2009, 408). 물론 전쟁이 끝나자 해군에 관한 관심과 투자가 줄었고, 미국의 해군력은 1870년에는 영국과 프랑스에 뒤진 3위를 기록하다가 1900년대에는 독일과 러시아에도 뒤진 5위가 되었다(Crisher and Souva 2014, 616).

1차 세계대전까지만 해도 영국은 최강의 해군력을 보유했으나, 미국이 전간기(inter-war period)에 격차를 좁히면서 마침내 1941년 영국을 제치고 1위의 해군력을 보유하게 된다(Crisher and Souva 2014, 616). 미국 군사력의 부상과 함께 아메리카 대륙에서의 영국의 영향력은 점점 축소되었다. 영국이 미국과의 군사적 충돌을 피하면서 타협으로 일관한 것을 케네디(Kennedy 1983, 24)는 미국에 대한 영국의 유화정책(appeasement)이라고 불렀다. 20세기 초 독일의 부상에 따른 두 차례의 세계대전을 치르면서, 영국은 독일보다는 여러 면에서 비슷한 국가인 미국의 부상을 용인했다.

2차 세계대전 말인 1945년 최초의 핵실험과 일본의 히로시마와 나가사키에 원자폭탄을 투하함으로써 핵공격 능력까지 세계 최초로 보유한 미국은 최강의 군사력을 자랑했다. 미국의 군사력에 의한 영향력은 냉전 기간과 냉전 후 미국이 유지해 온 군사 동맹으로 인해 확대되었다. 냉전 기간 미국은 유럽, 아시아, 아메리카 대륙의 거의 50개국과 공식 동맹을 맺었다(Tertrais 2004, 136). 냉전 중 미소 간의 군비경쟁을 이기고 21세기 현재까지도 제1의 군사 대국의 위치를 양보하지 않고 있다.

21세기 중국과의 패권 경쟁이 가속화되는 시점을 맞아 일부 보수층은 동맹의 재조정을 추진하고 있다. 미국 케이토 연구소(Cato Institute)의 더그 밴도우 선임연구원은 몇몇 주요 동맹국들과의 관계가 '불필요하거나 비생산적'이라고 주장하면서 선별적 동맹 해체를 주장했다. 여기에 포함된 나라가 2차 세계대전의 적국이었던 독일, 이탈리아, 일본, 스페인, 중동의 왕조 및 독재국인 사우디아라비아, 터키, 이집트, 그리고 미 · 중 사이에서 전형적인 기회주의 외교를 보여주고 있는 필리핀이다.

3) 지도력

미국은 경제력과 군사력을 바탕에 두고 국제질서의 설계와 유지를 통해 패권적 영향력을 확대하고자 했다. 영국이 자유 무역을 통한 자유시장경제를 처음으로 전 세계에 파급시키려고 노력했다면, 자유시장경제를 세계 경제의 기본 질서로 만든 국가는 미국이다. 1944년 브레튼 우즈 회의 결과로 미국의 금융패권이 확립되었지만, 이 회의의 또 다른 주요 결정 사항이 1947년 체결된 관세와 무역에 관한 일반협정(GATT, General Agreement on Tariffs and Trade)이다. 냉전이 종식되면서 미국은 GATT 체제를 대체해 1995년 세계무역기구(WTO, World Trade Organization)를 출범시키는 데 주도적 역할을 했다. 이러한 국제기구를 통해 미국의 자유무역정책이 국제제도로 정착되었다.

미국의 패권국화 과정에서 영국과의 차이점은 식민지 경영으로 국부를 창출했던 영국과 달리 유럽 국가들의 식민정책을 비판한 먼로주의(Monroe Doctrine)에 근거한 대외전략이다. 19세기 말까지 먼로주의는 미국의 외교정책의 근간을 이루었지만, 해군력을 비롯한 군사력에서는 영국에 미치지 못해 선언적 성격이 강했다.

1945년 뉴욕에 본부를 둔 국제연합의 창설은 미국의 국제적 지도력을 제도화하는 과정이었다. 하지만, 미국의 부상이 유일 패권의 형성으로 이어지지는 않았다. 2차 세계대전의 종전 이후 전 세계는 미국과 소련에 의해 자본주의와 공산주의 경제권으로 사실상 양분되었다. 공산주의와의 대결에서 자본주의 국가들은 풍요와 자유를 갈망하는 인류에게 부응하며 세력권을 확대했다. 값싼 소비재, 대중 친화적인 기술력, 대중문화로 표상되는 '미국의 꿈(American Dream)'이 그것이다. 미국은 탈식민주의를 추진하면서 새로운 영토의 획득보다는 다국적 기업을 통한 침투(penetration)에 전념했다(Huntington 1973, 344). 할리우드가 보여주는 새로운 대중문화와 탈식민주의를 통한 민주주의의 세계적 확산은 미국의 세계적 지도력에 큰 영향을 주었다. 이러한 미국적 가치와 전파력은 소련과의 장기 경쟁에서 미국에 절대적으로 유리하게 작용했다.

미국은 경쟁국인 소련이 예상 밖에 갑자기 붕괴하면서 1991년 유일 패권국이 된다. 미국은 빌 클린턴 정부하에서 민주주의와 시장경제의 전 세계적 확대를 추진했고, 조지 W. 부시 대통령 시기에는 중국과 러시아의 협조를 얻으면서 '테러와의 전쟁'을 주도했다. 중국이 경제적으로 부상하고 있었지만, 미국의 국제적 지도력은 여전히 강했다.

미국의 여론조사 전문기관인 퓨(Pew) 연구소에 따르면 2017년 50만 명이 넘는 인구를 가진 167개 국가 중에 96개국이 민주주의국가로 분류되어 그 비율이 57%에 이르렀다(Desilver 2019). 반면 독재국가는 13%를 차지했고, 28%는 민주주의와 독재가 혼합된 양상을 보였다. 이것은 1977년 143개국 중 35개국(24%)이 민주주의국가였다는 것과 비교해 미국의 국제적 지도력의 괄목할 만한 성과이다.

하지만, 2017년 트럼프 대통령이 취임한 후 '미국 우선주의'를 내세우며 다자주의 국제질서의 무시와 일방주의의 선호, 국제기구의 무력화, 군사 동맹의 경시, 보호무역주의의 도입, 반이민 정책 등으로 국제적 지도력을 스스로 포기하는 상황이 되었다.

3. 요약

유일 패권의 확립을 경제력, 군사력, 지도력이라는 관점에서 보면 강대국의 흥망사를 흥미로운 관점에서 점검해 볼 수 있다. 이러한 분석은 네 가지 시사점을 제시한다. 첫째, 패권 경쟁 기간은 길지만, 유일 패권의 존속기간은 절대 길지 않다는 것이다. 영국의 유일 패권은 1860년대부터 길어야 1890년까지 30년도 정도 가능했다. 이미 1890년대가 되면 미국과 독일의 경제적, 군사적 부상이 확연하게 보여 패권 경쟁이 시작되었음을 보여준다. 미국의 유일 패권도 소련이 붕괴한 1991년부터 오바마 행정부까지인 2016년까지인 30년 가까운 기간이다. 중국이 경제력에서 위협하자, 트럼프 행정부는 '무역 전쟁'을 통해 중국을 압박하면서, 미국 지도력의 산물인 WTO를 포함한 국제기구들을 무력화시켰다.

둘째, 영국의 유일 패권과 미국의 유일 패권 사이에 약 100년의 패권 경쟁기가 있었다. 미국과 독일이 부상하면서 영국의 유일 패권이 1890년경 종식되었고, 독일이 1차, 2차 세계대전에서 패하고 미국과 소련이 패권 경쟁을 벌이다가 1991년 소련의 붕괴와 함께 미국이 유일 패권을 쟁취한 것이다. 그러므로 현재 진행 중인 미 · 중 패권 경쟁도 우위를 정하는 데는 예상외로 긴 시간이 걸릴 수 있다. 미국의 유일 패권이 종식되었지만, 경제력과 군사력에서 우위가 남은 상태에서 중국이 격차를 좁혀 미국을 능가하는 수준에 도달하기 위해서는 아직 많은 시간이 남았다. 또한 미국의 유일 패권화 과정처럼 독일이나 소련 같은 새로운 경쟁국이 나타날지도 모른다는 것을 시사한다.

셋째, 유일 패권의 조건인 경제력, 군사력, 지도력에서 영역별 패권 쟁취의 순서가 다를 수 있다는 것이다. 영국은 전쟁에서 이겨 군사 패권을 먼저 확립하고 경제 패권을 쟁취하면서 지도력을 확보해 유일 패권국이 된 경우이다. 이런 점에서 영국의 지도력은 경제력과 군사력에 부속된 성격이 강했다. 아마도 이것은 19세기 제국주의 국제질서에서 불가피한 것이었다고 볼 수 있다. 미국은 1차 대전을 통해 경제 패권을 먼저 확보한 다음 2차 세계대전을 통해 군사 패권을 획득한 후 냉전의 승리로 전 세계적 지도력 확보했다. 경제력과 군사력만으로는 유일 패권을 확보할 수 없어 소프트 파워와 같은 비물질적이며 문화적인 흡인력과 포용력이 필요했다. 소련이 한때 군사력과 지도력에서 미국에 필적하는 영향력을 발휘했지만, 나폴레옹전쟁과 같은 패권전쟁이 불가능한 상황에서 군사력으로 패권 경쟁을 마감할 수는 없었다. 이런 점에서 미국의 유일 패권은 군사력보다는 경제력에 바탕을 둔 미국이 전 세계적 지도력에서 소련을 제압한 경우이다. 공산주의가 매력을 잃고 체제의 모순이 축적되면서 공산주의국가가 스스로 해체되는 과정에서 냉전이 종식되었고 자연스럽게 공산주의권이 자본주의권으로 편입되는 현상이 발생했다.

이런 역사적 분석은 패권국이 부상할 때 군사 패권과 경제 패권은 어느 쪽을 먼저 가져도 상관이 없지만, 군사 패권과 경제 패권만으로는 유일 패권국이 될 수 없음을 보여준다. 영국의 유일 패권화 과정에서 경제력과 지도력은 거의 같은 시기에 확보되었지만, 미국의 경우 소련과 공산주의권의 초기 성공으로 인해 전 세계적 지도력은 냉전이 끝난 후에나 확보될 수 있었다.

넷째, 당사국은 물론 주변국들도 패권 경쟁의 장기화에 대비해야 할 필요성이 제기된다. 패권 경쟁이 언제, 어떤 형태로 종식될지 알 수 없으므로 패권 경쟁국인 미국이나 중국 중에서 일방을 선택해 전략적 유연성을 상실하는 것은 좋은 정책이 아니다. 냉전은 자본주의와 공산주의 블록의 형성을 가져왔지만, 21세기 국제질서에서 이와 유사한 세력권의 형성은 쉽지 않다. 이런 점에서 한국과 같은 중견국은 미국 및 중국과 좋은 관계를 유지하면서 대외 관계를 다변화해서 자강의 길로 가야 한다.

21세기의 두 번째 십 년에 미 · 중 간 패권 경쟁이 본격화되었지만, 군사력, 경제력, 지도력을 내포하는 유일 패권의 확보를 위해서는 앞으로 적어도 수십 년의 시간이 더 필요할 것이다. 2020년 현재에도 미국이 경제력과 군사력 면에서 가장 강한 국가이다. 하지만, 미국이 경제력와 지도력 면에서 패권적 지위를 상실하면서 패권 경쟁이 시작되었다. 싱가포르 정부가 지원하는 2020년 싱가포르 서밋의 주제 중의 하나가 '지도자 없이 나누어진 세계가 뉴노멀인가'였다(Lee 2020).

V. 21세기 패권의 향방

E. H. 카(Carr 1939)는 1차 대전으로 인한 영국의 패권 붕괴와 2차

세계대전의 승리로 인한 미국의 패권 쟁취 사이에 20년(1919-39)간의 혼란기가 있었고, 이것을 '20년간의 위기'라고 불렀다. 이 연구는 카와는 다른 타임라인을 설정했고 영국의 유일 패권과 미국의 유일 패권 사이에 '100년간의 위기'가 있었다고 보았다. 미국은 테러와의 전쟁과 아프가니스탄 및 이라크 전쟁으로 인해 유일 패권국으로서의 도전에 직면했고, 2010년 중국이 제2의 경제 대국이 되고 2014년에는 구매력 기준(PPP) 국내총생산으로 세계 1위의 강국이 되면서 사실상 유일 패권국의 지위를 내려놓았다. 중국뿐만 아니라 인도, 러시아 등이 부상하면서 세계는 본격적인 패권 경쟁의 시대로 들어갔다.

영국 패권의 쇠퇴는 두 차례의 세계대전과 미국과 같은 경쟁국의 부상으로 가속될 수밖에 없었지만, 미국은 테러와의 전쟁과 이라크 및 아프가니스탄 전쟁에도 불구하고 당장 쇠퇴의 길로 가고 있지는 않다. 이것이 중국이 직면한 최대 경쟁국 미국의 역량이고, 이것이 중국이 유일 패권국이 되는 데 문제가 되는 요인 중의 하나이다.

앞장에서 논의한 영국과 미국의 패권국화의 경로를 살펴보면, 전쟁이나 전쟁에 준하는 전면적 체제 대결이 발생했다. 패권 경쟁 격화론이나 미국 패권 지속론은 모두 미·중 경쟁의 격화로 인한 전면적 대결이나 전쟁의 가능성을 염두에 두고 있다. 패권 경쟁 격화론은 중국이 계속 성장해 미국에 위협이 됨으로써 전쟁을 포함해 패권 경쟁이 격화되리라는 논리이고, 미국 패권 지속론은 중국이 성장하다가 자체 모순이 발생하거나 역부족으로 경쟁을 포기하는 상황에서 미국이 다시 패권을 회복할 것이라는 가정을 깔고 있다.

하지만 21세기 초반의 상황에서 새로운 패권 국가의 성립이나 복귀가 불가능할 것으로 보인다. 패권의 쟁취 과정을 가속화시키는 전쟁이나 전쟁에 준하는 경쟁 상태가 필요하지만 이러한 상황이 당장 벌어질 가능성이 크지 않다. 이 부분은 더 많은 후속 연구가 필요하다.

패권 경쟁이 지속되는 상황에서 국제질서는 어떻게 변할까? 다극체제로의 복귀를 예고하는 분석도 많지만, 21세기 국제질서를 새롭게 분석하려는 시도도 나타나고 있다. 이 연구는 향후 국제질서가 어떻게 바뀔 것을 예상하는 연구와 연계되어 있지만, 여기에서는 21세기 국제질서의 변용을 깊게 논의할 수 없다. 하지만 이 연구가 국제질서의 변화에 주는 함의로 한 가지 지적할 수 있는 것은 패권의 분화 가능성이다. 냉전기의 미국과 소련을 보면 양국이 각각의 세력권에서 군사력, 경제력, 지도력에서 모두 우위를 차지했지만, 21세기에 모든 영역에서 우위를 보이는 국가가 언제 탄생할지는 미지수로 남아있다. 상당기간 미국의 군사적 우위, 중국의 상승하는 경제력, EU의 규범적 우위 등이 지속되면서, 다양한 국가와 국가연합이 경쟁하고 협력하는 시대가 될 가능성이 크다.

참고문헌

Acharya, Amitav. 2017. "After Liberal Hegemony: The Advent of a Multiplex World Order." *Ethics and International Affairs* 31(3): 271-285.

Allison, Graham. 2015. "The Thucydides Trap: Are the US and China Headed for War?" *The Atlantic*, September 24, available from https://www.theatlantic.com/international/archive/2015/09/united-states-china-war-thucydides-trap/406756.

Desilver, Drew. 2019. "Despite Global Concerns about Democracy, More Than Half of Countries are Democratic." May 14, Pew Research Center.

Carr, E. H. 1993. *The Twenty Years' Crisis 1919-1939*. London: MacMillan.

Center for Strategic and International Studies. 2020. "Is China the World's Top Trader?," available from https://chinapower.csis.org/trade-partner.

Cain, Peter. 1999. "British Free Trade, 1850-1914: Economics and Policy." *Refresh* 29 (Autumn).

Cooley, Alexander and Daniel Nexon. 2020. *Exit from Hegemony: The Unraveling of the American Global Order*. Oxford: Oxford University Press.

Cox, Robert W. 1977. "Labor and Hegemony." *International Organization* 31(3): 385-424.

Crisher, Brian Benjamin and Mark Souva. 2014. "Power at Sea: A Naval Power Dataset, 1865–2011." *International Interactions* 40(4): 602-629.

Gilpin, Robert, 1981. *War and Change in World Politics*. Cambridge: Cambridge University Press.

Hanrieder, Tine. 2015. "The Path-Dependent Design of International Organizations: Federalism in the World Health Organization." *European Journal of International Relations* 21(1): 215–239.

Hugill, Peter. 2009. "The American Challenge to British Hegemony, 1861-1947." *Geographical Review* 99(3): 403-425.

Huntington, Samuel. 1973. "Transnational Organizations in World Politics." *World Politics* 25(3): 333-368.

Kennedy, Paul. 1976. *The Rise and Fall of British Naval Mastery*. London: Allen Lane.

Kennedy, Paul. 1983. "The Tradition of Appeasement in British Foreign Policy, 1865-1939." *Strategy and Diplomacy, 1870-1945: Eight Studies*. London: Allen

& Unwin.

Kennedy, Paul. 1987. *The Rise and Fall of the Great Powers*. New York: Vintage Books.

Keohane, Robert O. 1980. "The Theory of Hegemonic Stability and Changes in International Economic Regimes, 1967-1977. In Ole Holsti et al., *Change in the International System*. Boulder: Westview Press.

Keohane, Robert O. 1984. *After Hegemony: Cooperation and Discord in the World Political Economy*. Princeton: Princeton University Press.

Kindleberger, Charles. 1973. *The World in Depression 1929-1939*. Berkeley: University of California Press.

Kindleberger, Charles. 1981. "Dominance and Leadership in the International Economy: Exploitation, Public Goods, and Free Rides." *International Studies Quarterly* 25(2): 242-54.

Koremenos, Barbara, Lipson Charles, and Snidal Duncan. 2001. "The Rational Design of International Institutions." *International Organization* 55(4): 761–799.

Krasner, Stephen. 1976. "State Power and the Structure of International Trade." *World Politics* 28(3): 317-347.

Krauthammer, Charles. 1990/1, "The Unipolar Moment." *Foreign Affairs* 70(1): 23-33.

Lake, David A. 1983. "International Economic Structures and American Foreign Economic Policy, 1887-1934." *World Politics* 35(4): 517-43.

Layne, Christopher. 1993. "The Unipolar Illusion: Why New Great Powers Will Arise." *International Security* 17(4): 5-51.

Layne, Christopher. 2012. "This Time It's Real: The End of Unipolarity and the Pax Americana." *International Studies Quarterly* 56(1): 203-213.

Layne, Christopher. 2015. "Avoiding a Sino-American Confrontation: Why the US Should Accommodate a Rising China." Atlantisch Perspectief No. 6, available from https://bush.tamu.edu/faculty/clayne/AP%204%202015%20Layne.pdf.

Lee, Yen Nee. 2020. "The U.S. Is Still A Dominant Power — But It's Not Clear If It Remains the Global Leader." *CNBC*, September 17.

Marriott, David, and Karl Lacroix. 2010. *Fault Lines on the Face of China: 50 Reasons Why China May Never Be Great*. Scotts Valley, California: GreatSpace.

Morgenthau, Hans. 1973. *Politics Among Nations: The Struggle for Power and Peace*. New York: Knopf.

Nye, Joseph. 2008. *The Powers to Lead*. Oxford: Oxford University Press.

Nye, Joseph. 2011/2. "Dialogue: Crisis of Confidence," *The Aspen Idea* (Winter).

O'Brien, Patrick and Geoffrey Allen Pigman. 1992. "Free Trade, British Hegemony and the International Economic Order in the Nineteenth Century." *Review of International Studies* 18(2): 89-113.

Reich, Simon, and Richard Ned Lebow. 2014. *Good-Bye Hegemony: Power and Influence in the Global System*. Princeton: Princeton University Press.

Rock, Stephen. 1989. *Why Peace Breaks Out: Great Power Rapprochement in Historical Perspective*. Chapel Hill: University of North Carolina Press.

Shambaugh, David. 2013. *China Goes Global: The Partial Power*. Oxford: Oxford University Press.

Son, Key-young. 2016. "Multihegemony, 'Sutured Regionness,' and the US-China-Japan Triangle," *Asian Perspective* 40(1): 79-103.

Stead, W. T. 1884. "A Startling Revelation." September 18, *The Pall Mall Gazette*, available at https://www.attackingthedevil.co.uk/pmg/revelation.php.

Tertrais, Bruno. 2004. "The Changing Nature of Military Alliances." *The Washington Quarterly* 27(2): 135-150.

Tooze, Adam. 2014. *The Deluge*. New York: Viking.

Wallerstein, Immanuel, 1974. *The Modern World-System: Capitalist Agriculture and the Origins of the European World-Economy in the Sixteenth Century*. New

York: Academic Press.

Wallerstein, Immanuel, 1984. *The Politics of the World-Economy*. Cambridge: Cambridge University Press.

Waltz, Kenneth. 1979. *Theory of International Politics*. Reading, Mass.: Addison-Wesley.

Wohlforth, William. 1999. "The Stability of a Unipolar World." *International Security* 24(1): 5-41.

Wohlforth, William. 2002. "U.S. Strategy in a Unipolar World." In John Ikenberry. ed. *America Unrivaled: The Future of the Balance of Power*. Ithaca, NY: Cornell University Press.

World Trade Organization. 2018. *World Trade Statistical Review 2018*, available from https://www.wto.org/english/res_e/statis_e/wts2018_e/wts2018_e.pdf.

9

근대(1876~1910) 한국을 둘러싼 국제질서 패권의 변화

송규진

1. 머리말

국제질서는 지역 단위이든 세계적 규모이든 일정 기간 국제적 문제가 운용되고 국제관계가 유지되는 특정한 패턴이라고 규정할 수 있다. 표면적으로 무엇을 내세우든지와 관계없이 이러한 국제질서를 주도해 나가는 것은 실질적으로 패권국가이며 이들의 정치 · 경제적 위상에 따라 국제질서의 장악력이 결정된다(Bull 2002; Rosenau 1992). 패권은 강대한 국력을 지닌 국가가 압도적인 국력을 앞세워 주변 국가에게 무분별한 간섭을 일삼아 자국의 영향력을 확대하려는 정치 성향을 일컫는 개념이다.

전근대 한국을 둘러싼 국제질서를 주도했던 것은 중국이었다.[1] 중국을 중심으로 한 전근대 국제질서를 일반적으로 조공체제라고 한다. 조공체제는 책봉을 전제로 맺어진 교류형식이기 때문에 조공국이 중국으로부터 책봉을 받는 것이 중요했다. 조공체제는 일방적인 상하복속관계가 아니라 조공국의 정권이 취약할 때 중국의 지원으로 정권을 보장받을 수 있어 쌍방의 합의로 이루어진 것으로 볼 수 있다. 그럼에도 이 시기에는 한국을 둘러싼 국제질서의 패권 국가는 중국이며 이러한 상황이 장기간 유지된 것을 부인할 수 없다.

세계자본주의 체제의 거대한 도전에 직면하여 중국을 중심으로 한 조공체제가 약화되면서 한국을 둘러싼 국제질서는 기본적으로 근대조약체제로 전환되었다. 서구 제국주의 국가들은 중국과 조공 관계에 놓여 있던 국가들을 세계자본주의 체제로 편입시키고자 했는데 한국도 이런 상황을 피할 수 없었다. 특히 서구의 제국들이 동아시아의 패권을 장악하고자 하면서 한반도를 둘러싼 국제질서에도 새로운 변화가 생길 수밖에 없었다. 영국, 미국, 러시아가 영향력을 강화하는 상황에서 일본은 서구 제국주의 국가들과의 관계에서는 굴종을 감수하면서도 명치유신 이후의 부국강병정책을 통해 한국을 둘러싼 국제질서의 패권을 장악하기 위해 여러 가지 계략을 꾸몄다.

강화도조약 체결 이후에는 기존 조공체제와는 달리 한국을 둘러싼 국제질서를 주도하려는 패권 지향 국가가 등장하면서 패권을 장악한 국가를 시기별로 구분할 수 있다. 필자는 이를 중국패권 시기, 중국패권 붕괴 이후 과도적 시기, 러일 간의 패권경쟁 시기, 일본패권 시기로

---

1) 이 시기의 청은 중국으로, 조선 · 대한제국은 한국으로 명명하고자 한다. 다만 조약이나 전쟁 등의 명칭은 그대로 표기할 것이다.

구분하여 각 시기의 특징을 밝히고자 한다.

2. 중국패권 시기(1876~1894)

일본은 한국에 대한 중국의 영향력을 약화시키고자 강화도조약을 체결하면서 '자주국'임을 명시하는 조항을 넣었다. 일본의 의도를 간파한 중국은 서구 열강을 끌어들여 일본을 견제하고자 했다(原田環,1997; 정용화 2004). 한국은 한일관계를 전통적인 조공체제에 준하는 교린관계의 연장으로 취급하려 했지만 일본은 이것을 근대조약체제의 수립으로 파악했다. 이후 일본은 서구 제국주의의 경제원칙을 답습하며 불평등한 조약을 통해 한국을 경제적으로 침탈하려 했고 결과적으로 한국은 큰 타격을 받았다. 한편 러시아에 대해 상당히 위협을 느끼고 있던 일본은 강화도조약 체결 이후 수신사로 파견된 김기수에게 러시아의 군사적 위협과 그것에 대비할 필요성을 설명했다(모리야마 시게노리 1994, 19).

1882년 이후 한국은 미국을 비롯하여 영국, 프랑스, 독일, 러시아 등 서구와 연이어 불평등한 근대조약을 체결했다. 중국을 세계의 중심으로 인식했던 한국인들에게 이러한 변화는 세계의 중심이 흔들리는 혼란이었고 세계의 일들이 일상생활에 영향을 미치게 되었다(김동노 2009, 32). 1882년 5월 한국과 미국은 「조미수호통상조약」을 체결했고 이 조약을 바탕으로 한국은 봉쇄 위주의 대외정책을 버리고 세계체제의 일원으로 국제사회에 들어섰다(최덕수 편 2010, 63~74). 미국의 대한교섭의 방법은 종전에 중국이 취했던 대한교섭방법(종속관계)과 크게 달랐다. 미국은 주한 미국공사의 지위를 주일공사 및 주중공사의 지위와 대등 또는 그 이상의 '특명전권공사'의 지위로 강화했다. 이는 한국을 독립국가로 인정하면서 한국에 대한 중국의 간섭을 배제하겠다는 외교정책의 의지들 드러내는 것으로도 볼 수 있다. 한국과 미국간의 통상조약이 체결되자 서구열강들은 잇달아 한국과의 수교를 서둘렀다. 특히 관심을 기울인 것은 영국이었다. 영국은 「조미수호통상조약」이 체결된 1882년 6월 「조영수호통상조약」을 체결했으나 자국의 이익을 극대화하고자 곧바로 개정을 추진했다. 중국의 李鴻章이 추천하여 한국의 외교고문이 되었던 묄렌도르프가 배석한 자리에서 한국측과 담판을 거듭한 파크스는 1883년 11월에 개정된 「조영수호통상조약」 체결을 성사시켰다(최덕수 편 2010, 74~78).

강화도조약으로 근대조약체제에 편입된 뒤 한국은 일본의 경제침투를 완화하기 위해 중국과의 통상문제를 조속히 처리하고자 했다(秋月望 1991, 105). 당시 통상문제를 협의하기 위해 어윤중을 중국에 파견하면서 고종은 경비부담이 컸던 변경지역 개시 및 조공사 · 조칙사에 대해 개선책을 마련하려고 했다. 그런데 대부분의 한국 관료들은 이것이 조공체제를 변화시키는 것이라며 반대했다(송규진 2013, 202~204). 이러한 고종의 입장을 '만국공법적 세계체제를 인식하고 중국과 대등한 관계로 전환시키려는 시도'로 평가한 연구가 있지만(구선희 1999, 61~62), 임오군란 이후 청일전쟁까지 고종이 취한 중국 의존적 태도로 볼 때 논리적으로 설득력이 부족하다. 당시 일본은 조공책봉이라는 것은 단지 형식적인 것이라고 판단하여 중국의 간섭이 간접적인 것에 머물 것이라고 보았으나 중국은 직접적인 압력을 행사했다(모리야마 시게노리 1994, 20). 중국은 한국의 통상제의에 대해 중국을 경시하는 대담한 요구로 보았으며 특히 상주사절을 한국으로 파견해 달라는 제의는 한국과 중국의 조공체제를 위반하는 것으로 판단했다.

임오군란이 발생하자 고종은 톈진에 파견되어 있던 영선사 김윤식에게 이 사실을 통보하고 중국에 원조를 요청하도록 지시했다. 한국의 중국군 파병 요청에 따라 중국은 한국에 군대를 파견했다. 결국 임오군란은 중국군에 의해 진압되었다. 고종은 정치적 안정을 도모하고 민심을 수습하기 위해 향후 한국의 정치개혁 방안을 강구하고 이것을 중국 파견 사신으로 임명된 진주정사 조영하, 부사 김홍집, 종사관 이조연 등을 통해 李鴻章에게 전달하여 이에 대한 의견을 구했다. 중국은 임오군란을 기화로 한국에서의 종주권을 법적으로 보장받고자 했는데 그러한 중국의 의도는 제국주의적 방식이 아닌 전근대적 조공체제를 근본적으로 유지하는 방식을 통해서 현실화되었다(송규진 2013, 203~204).

한국과 「조청상민수륙무역장정」(이하 '장정')을 체결하는 과정에서 李鴻章은 '장정'에 대해 "중국의 기본 행정 법전을 살펴보는 한편 만국공법을 상세히 고찰했다"면서 '장정'은 '조약'과는 다르며 비록 옛 제도를 바꾸고 사정을 고려하긴 했지만 "조공국과 교섭하는 체통을 어기지는 않았다"고 생각했다. 조공국의 의미에 대해서는 만국공법 체제하의 '속국'이라고 해석하는 견해가 많지만 만국공법을 참조하면서 기본적으로 조공체제를 유지하려 했던 중국의 의도를 반영했다고 평가할 수 있다. 한국 대표 어윤중은 장정 내용에 대해 중국 대표 周馥과 馬建忠과 논의했다. 이때 어윤중도 '장정'의 기본적인 내용이 중국과의 조공체제에 입각하여 구성되었다는 것을 알고 있었다. 그는 조공체제를 인정하면서도 "일본 혹은 서구열강이 채용할까 두렵다"는 이유로 '장정'의 내용을 수정할 것을 요청했다. 특히 그는 치외법권문제와 양국 연안에서의 어업채취문제, 서울개항문제, 내지통상문제, 관세문제 등에 대해 의문을 제기했다(송규진 2013, 204).

중국은 '조약'이란 양국이 비준한 후에 시행되는 것이지만 한중간의 '장정'은 중국이 특별히 허락하여 쌍방이 서로 맺은 것으로, 명칭이 '조약'과 '장정'으로 다르듯이 실제 내용도 같지 않아 한국이 중국과 맺은 '장정'과 한국이 다른 나라와 체결하는 '조약'은 서로 다르다고 주장했다. '장정'이 타국에 원용될 것을 염려하여 수정을 요청하는 것은 한국이 중국과 동등하게 교제하려는 것으로 단지 일본을 두려워하고 중국을 두려워하지 않는 것이라고 불편한 기색을 드러내면서 타국이 '장정'을 원용할 것이 염려된다면 '속방' 조항을 넣으라고 요구했다. 임오군란 이후 군대를 한국에 주둔시킨 중국의 정치적, 군사적 압력이 가해진 상황에서 한국은 결국 중국의 요구를 수용하여 1882년 9월 중국과 「조청상민수륙무역장정」을 체결했다(송규진 2013, 204~205).

여기에서 중국과 한국이 조공체제에 속해 있다는 것을 다시 의논할 필요가 없다고 명확하게 규정한 대목을 주목해야 한다. '장정'을 통해 중국이 만국공법 체제하의 근대적 종속관계로 개편하려 했다는 주장에 앞서 이 대목에 집중하여 좀 더 많은 검토를 해야 할 것이다. '장정'을 체결할 때 김윤식과 어윤중의 '속방' 조항에 대한 인식이 중국이 한중관계를 '근대적 종속관계'로 개편하려고 한다는 것을 깨닫지 못한 한계가 있었다고(구선희 1999, 87) 평가하기보다는 고종을 중심으로 한 당시의 집권층이 한국의 개혁방안을 제대로 이끌어가지 못했을 뿐만 아니라 조공체제도 극복하고자 노력하지 않았던 점을 비판적으로 봐야 할 것이다. 조공체제의 상징물인 使行도 청일전쟁 이전까지 계속되었다는 점을 경시할 수 없다. 1884년 중국과 프랑스가 전쟁을 벌인 뒤 베트남에서도 사행이 중지되었기 때문에 당시 동아시아에서 중국과 사행이 유지된 나라는 한국뿐이었다(김정기 1993, 42). 기존 연구에서는 고종이 중국으로부터 독립하기 위해 여러 가지로 노력했다고 주장하지만 계속되는 고종의 중국 의존적 태도는 조공체제하에 있던 현실을 방증하는 것이다. 1883년에도 李鴻章은 군대의 반수를 철군시키고자 했으나 고종의 청원으로 그대로 주둔시키기로 결정했다(임계순 1984, 66).

서구열강은 한국에 대한 중국의 종주권을 부정적으로 인식했지만 자국의 이익에 반하지 않으면 암묵적으로 한국과 중국의 특수한 관계를 인정했다. 한국이 우호적으로 인식했던 미국 역시 중국이 주장하는 한국에 대한 종주권을 부정적으로 인식했지만 적극적으로 저지하고자 하지는 않았다. 「조영수호통상조약」 체결을 통해 근대조약체제가 완성되었다는 평가도 있지만 주중공사로 하여금 주한공사를 겸직하게 하고 서울에는 외교총영사를, 제물포에는 영사를 두어 한국의 외교를 중국에 종속시킴으로써 중국의 종주권을 외교적으로 지원했다(최문형 1984, 5~14). 영국의 이러한 태도는 상당히 모순적인 것이었다. 근대조약체제라는 입장에서는 중국의 한국에 대한 종주권을 인정하지 않았지만 조공체제라는 입장에서 중국의 한국에 대한 우월성을 인정한 것이기 때문이다.

이와 같이 한국이 근대조약체제에 편입되었는데도 전근대적인 조공체제를 유지함으로써 중국은 한국을 둘러싼 국제질서의 패권을 차지할 수 있었다. 중국의 패권 수호를 저지하기 위해 이른바 '급진개화파'가 일으킨 사건이 갑신정변이다. 일본은 중국 패권을 약화할 좋은 기회라고 판단하여 처음에는 1개 중대의 병력을 지원함으로써 '급진개화파'를 지원하고자 했다. 그러나 중국이 즉각적으로 대규모 병력을 동원하여 갑신정변을 진압하자 일본은 중국과의 충돌을 피하고자 「한성조약」을 체결하면서 중국과의 외교문제를 마무리했다. 그럼에도 중국은 한국에 대한 종주권 강화정책을 통해 일본 세력을 약화시켰는데 일본은 내부적으로 군비확장에 전념하면서 한국문제에 직접 개입하는 것을 회피했다(모리야마 시게노리 1994, 21). 갑신정변 직후 정세가 변하자 열강 간의 세력균형을 이용해 중국을 견제하려는 정책의 일환으로 한국이 러시아 세력을 끌어들이기 위해 '한러밀약'을 단행했다는 것이 현재 한국학계의 일반적인 통설이다(구선희 1999, 101~102). 그러나 이에 대해서는 아직까지 구체적 내용은 물론 그것의 실재조차 분명하게 확인된 것이 없다. 이는 1884년 7월 「조러수호통상조약」이 전격적으로 체결된 이후 양국 사이의 빈번한 접촉을 우려의 눈으로 바라본 주변국의 풍문에 불과할 가능성이 많다. 실제로 한국에 파견되어 있었던 陳樹棠은 고종이 밀서를 보낸 일에 관계가 있는 것 같지 않다고 李鴻章에게 보고했다. 이와 같은 풍문을 학계에서 정설처럼 받아들인 것은 당시 한국내 열강의 세력균형을 이용해 중국으로부터 독립하려고 했던 인물로 고종을 평가하려는 의도와 관련이 깊다.

당시 한국을 둘러싼 국제질서는 복잡한 양상을 띠고 있었다. 묄렌도르프를 통해 독일과 러시아가 한국에서 영향력을 행사하려고 하면서 중국을 지원하는 영국과 일본을 지원하는 미국은 러시아의 남하를 저지하려 했다는 점에서 입장이 같았다. 이러한 사정으로 「톈진조약」 이후 일본은 일시적으로 중국의 대한종주권을 묵인하고 한국문제에 대해서는 소극적인 자세를 취하고 있었다(최문형 1984, 19~26). 그런데 당시 중국을 몰아내기 위해 협상을 벌일 만큼 한국은 러시아와 긴밀한 관계를 갖지 못했다. 중국군이 철수한 상황에서 국내외의 여러 가지 정치 상황이 급박하게 진행되자 고종은 불안감을 느끼고 중국황제에게 중국군을 한국에 파병하여 만민을 통솔할 수 있게 해 달라고 간청했다. 「톈진조약」으로 일본과 군대를 공동으로 철수한 직후 한국으로 군대를 다시 파병하는 것은 국제적으로 복잡한 문제를 내포하는 문제였다. 따라서 고종의 요청은 실현될 수 없었다. 오히려 고종에 대한 불신감만을 키워 중국이 한국에 대한 내정간섭을 적극적으로 단행한 계기로 작용했다(Song 2010, 103~107).

1886년 7월 고종을 비롯한 일부 한국정부 관료들이 러시아에 보호를 요청했다는 제2차 '한러밀약'의 경우도 그 근거가 명확하지 않다.

袁世凱의 전횡에 대해 한국정부에서 反袁世凱 정서가 있었던 것은 여러 사료를 통해 확인할 수 있다. 한국에서 袁世凱를 거부하는 움직임이 발생하자 袁世凱는 한국이 러시아로 접근한다고 보고하고 고종을 권좌에서 끌어내리려고 했을 가능성이 있다. 데니는 한러밀약은 가능성이 거의 없다고 생각했다. 데니는 한러밀약설에 대해 원세개가 '한국의 국왕이 쓴 적도 없는 문서를 국왕이 썼다고 인정하도록 조정에 압력을 가한 것'에 지나지 않는다고 주장했다(O.N 데니/신복룡·최수근 역주 1999, 42). 袁世凱의 고종 폐위안에 대해 李鴻章은 국왕의 반대세력이 미약할 뿐만 아니라 '한러밀약'이 명확한 증거가 없었기 때문에 조용히 수습하는 쪽으로 결정을 내렸다(송규진 2013, 206).

고종은 자신의 폐위음모설이 나오자 왕권의 위기감을 타개하기 위해 각국에 사절을 파견하고자 했다(林明德 1970, 159~172). 당시 중국은 한국과의 관계에서 작동하는 전통적인 조공체제를 빌미로 사절파견을 막으려고 의도가 있었지만 한국의 사절파견 대상국의 반발을 우려하여 노골적으로 반대할 수 없었다. 다만 袁世凱는 한국의 대외사절 파견이 한국과 중국사이의 조공체제를 위배하는 것이라는 논리로 이를 저지하고자 했다. 李鴻章은 한국의 외교 자주권을 극도로 제한하는 이른바 '삼단'의 준수를 요구하여 袁世凱에게 한국의 사절파견을 허용할 것을 지시했다(구선희 1999, 163). 그런데 미국은 '삼단'마저 받아들이지 않았고 사절대표 박정양은 이를 근거로 '삼단'을 이행하지 않았다. 그러자 중국은 '삼단'을 이행하지 않은 것을 문책하자 고종은 결국 박정양을 소환함으로써 중국의 요구를 받아들였다.

중국으로부터 독립하려는 의식을 가진 세력이 있었고 대다수 연구자들의 주장처럼 고종도 조공체제에서 벗어나려고 시도했다 하더라도 결과적으로 고종을 비롯한 집권세력이 조공체제를 극복하기는 대단히 어려운 현실이었다. 이는 한러밀약설에서 단적으로 드러난다. 고종이 러시아와 밀약을 체결하려는 생각을 가질 수는 있지만 그것이 실제로 이루어졌다는 명확한 증거도 없으며, 오히려 중국에 의존하여 자신의 왕권을 지키는 것에 급급했음을 입증하는 자료는 도처에서 발견되고 있다.

3. 청일전쟁 이후 과도적 시기(1894~1896)

왕권이 불안해질 경우 조공체제에 입각하여 중국에 원병을 요청하는 고종의 태도는 동학농민전쟁에서도 명확하게 드러났다. 1894년 4월 농민군이 전라도 각지의 지방관청을 습격하고 급속히 세력을 확대하자 한국정부는 중국군 파병요청문제를 다시 거론했다. 이때 공식회의에서 고종은 외국군파병 요청은 곤란하다는 입장을 표명했다. 그런데 이는 정치적인 몸짓에 지나지 않았다. 고종은 비밀리에 성기운을 파견하여 袁世凱에게 중국군 파병을 요청했다. 이에 대해 袁世凱는 한국에서 중국군을 파병하여 농민군 진압을 요청하는 것은 한국이 중국의 보호를 받으려는 것이고 내란을 스스로 끝낼 수 없어서 중국에 대해 진압을 요청하는 것이므로 물리칠 수 없다고 주장했다(송규진 2013, 209). 결국 중국군 파병은 일본군의 파병구실로 작용했고 청일전쟁이 발생하면서 한국을 중심으로 한 국제질서는 크게 변화되었다. 1894년 6월 중국이 군대를 파병하자 일본도 거류민 보호를 핑계로 한국에 자국이 군대를 파병했다. 외세가 한국에 파병하자 위기위식을 느낀 농민군은 정부군과 정전협정을 체결했다. 이는 외국군 주둔의 필요성이 사라졌음을 의미한다. 그럼에도 양국군은 한국에서 철수하지 않고 병력을 계속 증강했으며 일본은 한국의 내정개혁을 중국에 제안했다. 중국이 이를 거부하자 일본은 이를 전쟁의 구실로 활용했다(모리야마 시게노리 1994, 35).

1894년 7월에 일본군이 한국 왕궁을 침입하고 중국공관을 공략했다. 당시 袁世凱는 이미 중국으로 피신한 상황이었고 그를 대신하여 업무를 처리하던 唐紹儀도 8월에 귀국했다. 그리하여 중국과 한국의 공식적인 외교관계는 일시적으로 중단되었다(이영옥 2004, 220). 이는 조공체제가 사실상 중단되었음을 의미하는 것이다. 근대조약체제라는 상황에서도 조공체제를 끝까지 유지하고자 했던 중국의 태도는 청일전쟁의 발생 이후 기존의 한중관계를 지속할 기반을 상실했다. 唐紹儀는 한국에서 철수하면서 주한 영국대리총영사 가드너에게 중국인과 화물, 재산에 대한 보호를 위탁했다. 唐紹儀가 철수할 무렵 가드너는 한국에 중국공관의 봉쇄를 요청했다. 이는 일본인과 한국인에 의해 절도행위가 빈번하게 이루어졌기 때문이다. 한국은 이러한 가드너의 요청에 따라 관련자료를 작성한 뒤 영국공관에 전달했다. 그리하여 이후 중국인과 관련된 모든 교섭안건은 주한영국총영사의 소관이 되었다(권석봉 1984, 192~201).

한편 중국공관의 퇴거 이후 한국에 거주하는 중국인 문제의 처리를 위해 한국정부는 1894년 11월 保護淸商規則을 발포하여 중국인 거주지의 제한, 내륙진입의 금지, 거주지의 등록 절차 · 기한 및 거주이전 절차, 군수물자 취급금지, 중국인 來韓 제한, 범법 중국인 단속, 중국인 범죄 심판 문제 등을 규정했다. 이 가운데 재한 중국인에 대한 재판관할권을 전적으로 한국정부에 귀속시킨다는 방침을 가지고 논란이 발생했다. 1894년 11월 힐리어는 1883년 체결된 「조영수호통상조약」 제3관 제8조에 의거하여 청심권을 주장했으나 한국정부는 그가 중국관리가 아님을 지적하고 그의 주장을 배격했다. 그리하여 중국인들은 영국총영사의 보호를 받고 있었으나 保護淸商規則에 의거하여 통제를 받는 애매한 상황에 처하게 되었다(송규진 2013, 210).

1895년 4월 청일전쟁을 종결하기 위한 「시모노세키조약」에서 중국은 한국이 완전무결한 자주독립국임을 확인하고 자주독립을 해치는 한국의 중국에 대한 조공 등을 영원히 폐지한다는 것을 받아들였다(최덕수 편 2010, 323~349). 이는 실제로는 지금까지의 패권국이었던 중국이 물러나고 일본이 한국을 둘러싼 국제정세에서 중국을 대신해서 패권국으로 부상하는 것을 한국과 주변 국가로부터 공인받았다는 것을 의미한다. 그런데 「시모노세키조약」이 체결된 지 1주일 후, 러시아 · 독일 · 프랑스 공사가 본국의 훈령을 받아 일본 외무성에 일본의 랴오둥반도 점령이 중국의 수도인 베이징을 위협하고 한국의 독립을 위태롭게 하여 동북아 평화에 장애가 된다는 이유를 들어 랴오둥반도를 포기하라는 각서를 교부한 '삼국간섭'을 단행했다(최문형 2001,

145~165). 일본은 영국과 미국에 지원을 요청하여 삼국에 대항하고자 했으나 일본의 기대와는 달리 양국은 모두 중립적인 입장을 견지했다. 그러자 일본은 군사적으로 삼국에 대응할 수 없다고 판단하여 삼국의 요구대로 랴오둥반도를 중국에 반환하기로 결정했다. 이런 상황에서 1895년 5월 친일파인 조희연 군부대신의 해임문제로 김홍집 총리대신이 사퇴하고 박영효가 임시 총리대신을 맡다가 6월 2일 정동파인 박정양이 총리대신에 취임했다. 정동파는 미국과 러시아세력을 배경으로 한 새로운 정치집단을 의미하는데 1895년 6월 말경 만들어진 정동구락부라는 교류모임이 모태가 되었다. 당시 서울 정동은 미국, 러시아, 영국 등의 공사관과 영사관이 모인 한국의 외교 중심지였다. 정동에서 서양인 외교관과 선교사는 우호적인 한국인 관리와 어울렸다(왕현종 2003, 169). 제3차 김홍집내각은 표면적으로는 친일·친러의 연립내각인 것처럼 보였으나 김홍집이 명색만 총리대신이었을 뿐 실제로는 정동파가 정부의 권력을 장악하고 있었다(이광린 1981, 365-367).

당시 한국은 러시아공사 베베르가 왕실을 계속 보호할 것이라는 확약을 믿고 러시아를 적극적으로 끌어들이려 했다. 주한 미국공사 실도 「시모노세키조약」 이후 일본이 한국의 모든 교통 및 통신 수단을 독점하려 한다고 인식하고 일본의 간섭에서 벗어나려는 한국정부의 입장을 지지함으로써 고종을 안심시켰다(최문형 2001, 163). 일본정부는 내각회의를 열어 '장래의 대한방침은 가능한 한 간섭을 그만두는' 불간섭 정책으로 결정하고, 이에 따라 철도부설·전신가설을 비롯하여 한국 내정 문제에 대해 지나치게 간섭하지 않도록 주한 일본공사 이노우에 가오루에게 하달했다(강창일 1999, 21~22). 일본은 러시아와 일전을 벌이는 것을 최대한 지연시키는 전략을 펴면서 한국과 러시아와의 연결고리를 차단하려 했다. 그런데 친러파가 한국 국정을 이끌어갔음에도 러시아는 한국에 대한 적극적인 태도를 드러내지 않았다. 베베르공사만이 한국정부를 적극 지지했다. 고종은 군사교관 외에도 의사 · 엔지니어 및 러시아어 선생을 초대했으나, 러시아정부는 일본과의 마찰을 피하고자 했기 때문에 이러한 요청을 모두 거절했다(신승권 1999, 95).

이노우에 가오루 대신 새로 부임한 미우라 고로 일본공사는 친러파를 후원했던 한국의 왕비를 살해하기 위해 반왕비파 세력의 핵심인 대원군과 해산 위기에 직면한 훈련대를 이용했다. 이들이 '쿠데타'를 일으킨 것으로 위장하면서 경복궁으로 입성할 때 일본인 낭인들을 동원하여 왕비를 살해한 뒤 사건의 발생 원인을 왕비와 대원군의 갈등으로 몰아가려 했다(최문형 2001, 179~183). 그러나 궁궐에 머물고 있던 미국인 고문 다이와 러시아인 기사 세레디나-사바틴이 이 사건을 목격하고 미국, 러시아 공사에게 보고하자 일본은 더 이상 실상을 숨길 수 없었다. 한국주재 외교관은 이 사실을 세계 각국에 알렸고, 미국 · 영국 · 러시아 등 한국에 관심을 기울였던 열강은 미우라의 행위를 비난하면서, 일본군의 철수와 한국에 대한 불간섭을 촉구하는 성명을 발표했다(강창일 1999, 41). 국제사회의 비난에 직면한 일본은 당시 일본공사 미우라를 본국으로 소환하여 재판을 진행하는 몸짓을 취했다(강창일 2002, 132).

왕비가 살해된 이후 친일적인 제4차 김홍집내각이 수립되면서 왕의 안전과 질서 회복이 가해국 일본공사에게 위임될 정도로 일본은 일시적으로 한국에서 패권국가로서 급부상했다(최문형 2001, 187). 그런데 왕비살해 소식이 알려지자 유생을 중심으로 일본 침략세력을 토벌하여 국모의 원수를 갚자는 상소운동이 일어났다. 게다가 김홍집내각이 단발령을 공포하자 전국 각처에서 의병이 봉기했다. 의병은 일본상인이나 일본군, 친일내각의 이름으로 파견된 지방관리 등을 공격했다. 또한 일본군의 통신망을 차단하는 등의 교란작전도 병행하여 일본정부를 난처하게 만들었다. 이렇게 왕비살해와 단발령 등을 계기로 전국 도처에서 의병이 봉기하게 되자 자연히 서울지역은 군사적으로 공동화되었다. 일본군의 영향력 하에 있던 중앙의 주력부대(친위대) 중 상당수의 병력이 의병을 진압하기 위해 각 지방으로 분산되었기 때문이다. 이와 같이 청일전쟁 이후 조공체제가 무너지면서 일본이 패권을 장악하고자 시도했으나 삼국간섭이 발생하면서 일본의 의도가 좌절되었다. 일본이 왕비살해라는 야만적인 행위를 서슴지 않았음에도 한국을 중심으로 한 국제질서는 특정 국가가 패권을 잡을 수 없는 과도적 상황에 처해졌다.

4. '아관파천' 이후 러일 간의 패권 경쟁시기(1896~1905)

고종은 이범진, 이완용 등을 통해 러시아공사 스피에르와 사전에 협의한 뒤 왕세자와 함께 러시아공사관으로 도피하는 '아관파천'에 성공했다. 이후 고종은 보수적인 내각을 구성하고 김홍집을 비롯한 친일 성향으로 여겨지는 인사들에 대한 '포살'을 지시했다. 이에 따라 일본의 협박속에서도 나름대로 자주적 개혁을 추진하던 각료의 일부가 살해되고 일부는 일본으로 망명하는 상황이 발생했다(이광린 1981, 382~385). 러시아공사관으로 도피한 상황에서 고종은 한국 내각의 고문이나 군사교관 파견을 요청했으나 러시아가 이에 응하지 않음으로써 한국의 보호자 역할을 포기했다. 시베리아철도의 만주 통과를 결정한 러시아가 한국에서 더 이상 세력을 확장하는 것이 적절하지 않다고 판단하고 일본과 한국문제를 타협하고자 했기 때문이다(신승권 1999, 101). 러시아는 고종이 자국의 공사관에 피해있는 상황을 활용하여 영향력을 확대하기 위해 노력하면서도 한국 문제에 관심을 가진 영국이나 미국의 반발을 우려하여 내각 구성에 직접 개입하지는 않았다.

러시아가 한반도에서 패권을 장악하지 못하자 일본은 이 기회를 활용하여 러시아와 타협을 모색했다. 러시아공사 베베르와 일본공사 고무라 주타로가 양국의 입장을 조율하여 1896년 5월 14일 '베베르-고무라 각서'를 체결했다. 일본은 이 각서를 통해 한국에서 러시아의 영향력을 인정하는 대신 한국에 일본군을 주둔시킬 수 있는 권한을 확보했다. 이 각서를 바탕으로 러시아 황제 니콜라이 2세의 대관식에 참석한 야마가타 아리토모 특사와 러시아 외상 로바노프가 모스크바에서 의정서를 체결했다(최덕수 편 2010, 375~429). 야마가타 아리

토모의 구상은 북위 39도를 경계로 해서 한반도를 분할 점유하는 것이었다. 로바노프는 한국의 독립 승인 구실로 이를 거부했으나 이 의정서를 통해 일본은 러시아가 한국의 재정문제와 군대창설문제에서 한국정부에 단독 권고 또는 단독 원조를 할 수 없도록 함으로써 자국 영향력의 상실을 막았다. 그럼에도 러시아는 '한국의 보전 및 독립의 원칙'을 내세우며 한국정부를 통해 자신들의 영향력을 확대하려는 의도를 실현할 수 있었다. 한국은 독립국이기 때문에 고종이 군사교관과 행정고문의 고용을 독자적으로 결정할 수 있다는 것을 활용하여 고종이 자율적 의사에 따라 원조를 요청할 경우에는 일본과 사전 협의없이 응할 수 있었기 때문이다. 러시아와 일본 양국은 상호 견제 상태를 유지하면서 어느 한쪽이 패권을 장악한 것은 아니었으나 실제 내용면에서는 러시아의 한반도에 대한 영향력이 더 컸다고 평가할 수 있다(최문형 2001, 210~211). 니콜라스 2세의 대관식에 파견된 민영환도 로바노프에게 5개 항목을 요청하는데 사실상 군사 · 경제 동맹을 제안했다. 궁궐수비대 요청에 대해 로바노프는 국왕이 환궁한 뒤 도덕적 차원에서 안전 보장을 약속한다고 얼버무리면서 교관 파견과 고문 파견 요청에 대해서는 긍정적으로 답변했다(최문형 2001, 214-215).

한편 러시아의 외무부는 일본과의 군사적 충돌을 회피하기 위하여 한국을 일본에게 양보하려고 했으나 러시아 군부는 일본에 그와 같이 광범위한 정치적 영향력을 부여하는 것이 러시아 연해주 지방을 위협하는 전략적 기지를 일본에 제공하는 것이라며 반대했다. 결국 러시아 정부는 군부의 의견을 받아들여 만주를 한국과 교환하자는 일본의 제의를 거절했다(신승권 1999, 102). 1898년 4월 25일 도쿄에서 주일 러시아공사 로젠과 일본 외상 니시도쿠 지로가 만나 '로젠-니시 협정'을 체결했다(최덕수 편, 2010, 430~451). 이 협정을 통해 일본은 한국에 군사 교관과 재정 고문을 파견하여 영향력을 확대했던 러시아를 견제하려던 의도를 관철시켰다. 또한 한국에서 일본의 경제적 이해가 크다는 것을 러시아로부터 인정받았다. 러시아가 이처럼 한국 문제에 관해 일본에 일정한 양보를 한 이유는 자국의 만주 진출에 대한 일본의 반발을 무마하기 위해서였다(신승권 1999, 107).

러일 간의 패권경쟁이 이루어지던 상황에서 고종은 자신을 황제로 옹립하고 국호를 대한제국으로 바꾸자는 '칭제건원운동'을 반겼다. 1897년 10월에 대한제국이 수립되었다. 각국의 외교관들은 부정적인 입장을 가지고 있었으나 직접 반대할 수는 없었다. 다만 중국은 과거 중국 사신이 머물던 남별궁에 원구단을 건축하는 것을 용인하지 않으려 했다. 당시 한국은 중국과 근대조약을 체결하려고 했지만 중국은 이를 거부하면서 조공체제를 부활하고자 했기 때문이다. 따라서 중국은 고종의 황제 존호도 참칭이라고 인식했다. 그런데 1898년 3월에 주한 러시아공사는 중국이 근대조약 체결을 거부하는 것이 대한제국을 자신의 종속국으로 만들려는 의도가 있다고 비판하면서 근대조약 체결을 위한 사절 교환을 촉구했다. 각국의 주한 외국 공사들도 조공체제를 부활하고자 하는 중국을 비난했다. 1898년 6월 한국에 파견되어 있던 唐紹儀는 한국이 중국과 근대조약을 체결하려는 움직임을 러시아와 일본을 비롯한 열강들도 지지하고 있기 때문에 외교사절

파견을 더 이상 막을 수 없을 것이라고 보고했다. 결국 중국은 대한제국의 특사가 베이징에 와서 자국의 체면을 손상하기 전에 먼저 중국이 한국에 사신을 파견하고 조약 내용도 각국의 의심을 사지 않도록 각국의 조약을 참작하는 것이 타당하다고 판단했다. 이에 따라 중국은 근대조약을 체결하기 위해 徐壽朋을 흠차대신으로 임명하고 이 사실을 대한제국과 한국주재 각국 공사에 통보했다(은정태 2005, 32~33). 여러 열강의 대한제국에 대한 지지와 외교적 관계를 무시할 수 없었기 때문이다. 결국 1899년 9월 「한청통상조약」이 체결되었다. 이는 중국이 전통적인 조공체제를 완전히 포기하고 근대조약 체제에 입각하여 새로운 외교관계 수립을 인정한 것이다(송규진 2013, 213~215).

의화단사건이 발생하자 러시아는 만주의 철도보호라는 명목아래 만주에 군대를 집결시켰다. 그러자 고종은 외국 군대의 한반도 상륙을 우려하여 외국대표들을 소집하여 유사시 한국을 도와 줄 것을 호소했다. 그런데 러시아는 일본이 의화단사건을 이용하여 한반도를 군사적으로 점령할 것에 대해 염려했다. 러시아 외상 람스도르프는 주일 러시아공사 이즈볼스키를 통하여 만약 일본이 군대를 한국에 파견한다면, 러시아 군대를 한국에 파병하겠다고 일본정부에 통보했다. 또한 양국 군대가 출병했을 때 양국 군대 사이에 상호 점령하지 않는 중간지대를 설정할 것을 제의했다(신승권 1999, 109). 한반도를 중심으로 한 국제질서 패권을 일본에게 넘겨줄 수는 없다는 강한 의사표시이다. 1901년 1월 7일 이즈볼스키는 일본 외상 가토 다카아키에게 열강이 공동으로 보증하는 '한국 중립화안'을 제안했다. 일본은 러시아가 만주를 획득하기 위해 '한국 중립화안'을 제안한 것으로 판단했다. 따라서 러시아가 만주까지 중립화하지 않는 한 일본은 한국을 중립화하면 안된다고 지적했다. 만약 만주와 한국을 동시에 중립화할 수 없다면, 일본은 한국에서, 러시아는 만주에서 각 세력범위를 분할하자고 주장했다. 일본은 중립지대를 국경의 양측 각 50킬로미터 이내로 할 것을 러시아에 제안했으나 러시아가 반대하여 교섭이 결렬되었다(모리야마 시게노리 1994, 170~173).

고종은 1900년 6월에 평안북도 의주와 강계, 함경남도 북청, 함경북도 종성 등지를 두만강 남안 지역 6군으로 설정하고 진위대를 증설하고, 1901년 2월에는 간도에 거주하는 한국인을 보호하기 위해 회령에 변계경무서를 설치했다. 변계경무서는 순검들을 북간도 지역에 파견하여 각 마을을 순회하도록 했으며 한국인들의 소송을 접수하여 중국 지방관의 재판에 참여하기도 했다(은정태 2009, 156~159). 국경이 획정되지 않은 상태에서 1902년 5월 한국은 이범윤을 시찰사로 임명했다. 이범윤은 수행원을 수시로 간도지역에 파견하여 한국인들의 호적을 조사, 등록하고 1903년 5월에는 간도지역에 관서를 설치하고 병영을 주둔시킬 것을 정부에 요구했다. 고종은 이범윤을 간도시찰사에서 간도관리사로 승격시키고 이를 주한 중국공사 許台身에게 통보했다. 이범윤은 간도관리사로 승격되자 한국인 보호에 주력했다. 국내지역에서는 '충의대'를 모집하여 훈련시켰으며 간도지역에서는 '사포대'를 조직했다. '사포대'는 국경지역의 진위대와 경무서와 함께 간도지역을 공격하기도 했다(김춘선 2009, 189).

러시아는 한국과 중국이 국경분쟁을 벌이는 와중에 간도를 한국에 회복시켜주겠다고 제의하면서 마산포 조차를 조건으로 내걸었다. 한국이 이 제안을 거절하자 러시아는 한국과 간도를 공동으로 통치하자는 '韓露共治條約'을 제안하기도 했다. 그러자 간도에 거주하던 일부 한국인들은 러시아와 협의를 통해 간도 문제를 해결하자고 주장했다(은정태 2007, 103~106). 이런 분위기를 이용하여 이용익은 1903년 12월에 간도는 원래 한국의 영토로 러시아가 간도를 차지하려는 상황이므로 중국이 양보하는 것이 낫다고 주장했다. 그러나 許台身은 두만강을 경계로 한국과 중국의 국경선을 획정해야 한다는 입장을 굽히지 않았다(송규진 2013, 219). 러시아는 한국정부와 벌목 계약이란 명목으로 러시아군을 벌목공으로, 병기를 벌목장비로 가장하여 압록강을 건너 한반도로 진주시키고 한국정부에 용암포를 조차해줄 것을 요구했다. 일본은 영국의 지원 아래 한국정부에 대해 러시아가 용암포를 조차하면 일본의 권익을 옹호하기 위하여 정당한 조치를 취할 것이라고 경고하면서, 러시아를 견제하기 위해 오히려 의주의 개항을 요구했다(구대열 1999, 183). 1903년 7월에 한국정부는 러시아의 강요로 용암포를 조차하는 계약을 체결했으나, 일본을 비롯한 열강의 압력이 거세지자, 용암포를 조차하는 계약의 최종 인준을 거부했다. 러시아는 용암포 조차 계획이 정식 인준되지 못하여 극동정책에 차질이 생기자 가계약을 자의로 해석하여 용암포를 점령했다(이배용 1999, 126).

1904년 1월 6일에 러시아는 기존 주장을 되풀이하면서 중국과의 조약으로 러시아가 만주에서 획득한 권익을 일본이 방해하지 않을 것, 그리고 일본의 거류지 설치 금지를 요구하는 최종안을 일본에 통고했다. 1월 13일에 일본외상 고무라 주타로는 주일 러시아공사 로젠에게 만주와 그 연안이 일본의 이익 범위 밖이며, 한국과 그 연안이 러시아의 이익 범위 밖이라는 점을 상호 승인하자는 최종 수정안을 제시했다. 특히 러시아가 요구한 한국에서 군사적 시설의 설치금지, 39도 이북의 중립지대 설치, 만주 거류지 설치금지 등을 거부하고 2월 2일까지 러시아 정부의 회답을 요구했다. 러시아가 이에 응하지 않자 2월 6일에 일본은 국교단절을 통첩했다(구대열 1999, 194). 한국을 둘러싼 국제질서에 대한 패권 경쟁이 결국 러일전쟁으로 귀결된 것이다.

5. 러일전쟁 이후 일본패권 시기(1905~1910)

러일전쟁이 일어나기 직전에 고종은 왕실의 안위를 위해 서울과 인근 지역만이라도 중립지대로 보장받으려 했다. 고종은 벨기에 출신 고문인 델꼬뉴의 도움으로 중립선언을 작성, 밀사를 중국 芝罘에 파견하여 이곳에서 한국의 이해를 대변해주던 프랑스 영사를 통해 러시아 · 일본 등 관련국들에 한국의 중립 입장을 전달했다. 그러나 한국의 중립의지는 일본이 러일전쟁을 일으키자마자 한국을 점령함으로써 좌절되었다(구대열 1985,24~28). 일본은 전쟁이 벌어지기 전부터 한국의 군사적 점령을 획책하고 인천 · 부산 · 군산 · 마산 등지에 군수

물자를 수송하고 있었다. 러시아와 국교단절을 선언한 다음날 일본은 인천 앞바다에서 러시아 함정을 급습함으로써 전쟁을 도발했다. 2월 9일에는 지상군 2천 명을 선발대로 하여 대규모 병력을 인천을 거쳐 서울에 진주시켜 서울을 장악했다(尹炳奭 1996, 57~61).

2월 23일에 일본은 한국정부에 공수동맹을 전제로 한 「한일의정서」를 강요하여 한국에서 駐兵權 · 用兵權은 물론, 군략상 필요한 지점의 점령 · 收用權까지를 확보함으로써 대한제국의 중립선언을 무력화시켰다. 이후 일본은 이 조약문을 근거로 「대한방침」 · 「대한시설강령」과 「細目」 등 세부계획을 마련했고 1904년 5월말 일본 각료회의에서 이를 의결한 뒤 천황의 재가를 받아 확정 · 시행했다. 이후 일본은 한국정부에 한국과 러시아 양국 간에 체결된 일체의 조약과 협정의 폐기를 선언케 하고, 한국의 외교사절을 각국으로부터 철수할 것을 제의했다. 1904년 8월 22일에는 「한일의정서」 제1조에 규정된 '내정개선'을 구실 삼아 「한일 외국인고문 용빙에 관한 협정서」를 체결했다. 이 협정서에 따라 일본인 메가타 타네타로를 재정고문에, 미국인 스티븐스를 외교고문에 취임케 한 뒤, 자진 초청한다는 형식을 빌려 각 부에도 모두 이와 비슷한 방법으로 고문을 차례로 두게 하여 이른바 '고문정치체제'를 확립하면서 한국정부를 장악했다(윤병석 1999, 225-228)

일본은 러일전쟁에서 승리를 확신하게 된 1905년 4월에 전시 각료회의를 소집하여 한국을 '보호국'으로 만들 것을 결의하고 준비를 서둘렀다. 그러나 한국 '보호국'화를 위한 조약 체결을 강행하는 것이 간단한 문제는 아니었다. 왜냐하면 「한일의정서」와 「한일 외국인고문 용빙에 관한 협정서」 같은 조약은 제국주의 열강의 이해와 직접적인 관련이 적었으므로 군사적으로 한국을 협박하여 쉽게 체결할 수 있었지만 한국을 '보호국'화하려는 조약은 영국 · 미국 · 프랑스 · 독일 등 한국과 외교관계를 맺고 있던 열강의 승인을 받아야 가능한 것이다. 한국의 외교권을 박탈하는 내용을 담고 있는 조약이 체결되면 한국에 주재해 있던 각국의 공사관이 철수해야 할 형편이었다. 이에 따라 일본은 국제적 승인을 위한 공작에 착수했다(윤병석 1999, 229~230).

당시 열강들은 러시아가 완전히 패배하지 않은 상태에서 러일전쟁이 종결되기를 희망했다. 독일은 러시아의 국력이 소진되기를 원했지만, 러일전쟁으로 러시아 국내에서 혁명이 발생하는 것을 원하지 않았다. 프랑스는 러시아가 패배할 경우 유럽에서 세력균형이 무너질 것을 우려하면서 러시아가 빠른 시일 내에 러일전쟁에서 벗어나기를 희망했다. 영국도 러시아가 독일과의 국경에 관심을 집중시키기를 원한다는 점에서 동일한 입장이었다. 영국은 미국과 함께 전쟁의 장기화가 양국의 경제적 활동에 도움이 되지 않을 뿐 아니라 이 지역에서 일본의 세력이 지나치게 팽창되어 세력균형이 일본에게 유리하게 전개되면 자국의 권익이 침해될 상황이 조성될 것으로 우려했다. 물론 이들은 친일본적 관점에서 일본은 승리자이며 평화의 조건으로 모든 것을 요구할 수 있으며 또 한반도를 일본이 장악하는 것을 '정당하며 과도하지 않은' 것으로 보장받아야 한다고 보았다(구대열 1996, 77~84). 이런 상황에서 제2차 영일동맹이 체결되었다. 한반도와 관련해서 주목할 수 있는 것은 제1차 영일동맹과 달리 한국독립 조항을 폐기했다는 것이다. 제2차 영일동맹 서문에서 한국의 독립에 관한 언급이 삭제되었을 뿐 아니라 일본이 한국에서 정치 · 군사 · 경제적으로 특수이익을 가지며, 이러한 이익을 옹호 증진하기 위해 한국에 대해 지도 · 감리 및 보호조치를 취하는 데에 영국이 동의한 내용이 명시되었다. 이는 영국이 한반도를 둘러싼 국제질서에서 일본이 패권을 장악하는 것을 어느 정도 인정하는 상황이었고 재한 영국공사 조단과 일본공사 하야시 곤스케의 개인적 친분까지 겹쳐졌기 때문에 쉽게 합의할 수 있었다. 제2차 영일동맹이 공개된 후 한국정부가 한국 독립보장의 폐지와 한국관련 조항이 기존의 「조영수호통상조약」에 위반되는 것이므로 폐기할 것을 요망하자 조단은 이것은 「한일의정서」에서 한국 자신이 승인하여 조성된 상황을 인정한 것뿐이라고 답변했다(최문형 2004, 309~313).

강화 회담이 본격적으로 시작되기 직전인 1905년 7월 25일, 미국 육군장관 태프트는 필리핀으로 가는 도중 일본 요코하마에 입항했고, 이틀 뒤인 27일 오전 일본수상 가쓰라 다로를 방문하여 비밀 협약을 체결했다. 가쓰라는 '일본은 이전쟁의 당연한 결과로 한국문제를 완전히 해결하기 위해 단호한 조치를 취하는 것이 절대로 필요하다'고 주장했다. 태프트는 '한국이 일본의 동의없이 타국과 어떠한 약정을 체결하지 못하게 하는 정도의 종주권을 일본이 한국에 설정하는 것은 당연한 전과에 속하고 동북아의 평화에도 공헌하는 것'이 될 것이라고 동의를 표하며 대통령 루즈벨트에게 보고하여 승인받았다(윤병석 1999,

202). 이러한 사실을 몰랐던 고종은 미국에 지원을 요청했다. 이미 1904년 말에 주미 한국공사관 고문이자 콜롬비아 대학 총장인 니담을 통해 국무장관에게 밀서를 전달하고, 러시아와 일본 간의 강화회담이 루즈벨트 대통령의 중재로 미국 포츠머스에서 열리게 된다는 사실을 알고 난 뒤에는 미국정부가 현존 조약과 저촉되지 않는 범위내에서 한국의 독립유지에 노력해 줄 것을 요청했다. 고종은 한국의 독립을 보장받기 위해 이승만뿐만 아니라 미국인인 헐버트를 밀사로 선정했으나 별다른 성과를 거두지 못했다(서영희 1995, 357~358).

1905년 9월 5일 포츠머스조약이 조인되었다. 러시아는 이 조약으로 한반도에서 일본의 지위를 영국 · 미국과 비슷한 수준으로 인정하는 형식을 취했다. 영국과 미국은 러시아의 패전에도 불구하고 이 지역의 세력균형이 유지되고 있다고 평가한 반면, 러시아는 일본이 러시아 권익을 취득하는 것이 세력균형을 파괴하는 것이라고 인식했다. 일본이 취한 권익의 수준과 성격도 러시아의 안보에 직접적인 영향을 끼칠 수 있다고 우려했다. 전황이 불리하여 양보가 불가피하더라도 이를 회복해야 한다는 당위성을 내세웠다. 그럼에도 최종 조약안은 한반도에서 일본의 우월적인 정치적 · 군사적 · 경제적 권익의 인정, 일본이 이를 보호하기 위해 취하는 조치를 러시아가 방해 · 간섭하지 않을 것과 한국과 러시아의 국경지대에서 양국의 안보에 위협이 되는 군사행동을 자제할 것 등으로 조정되었다(구대열 1999, 216). 결국 러시아도 일본이 한국을 중심으로 한 국제질서의 패권국가임을 인정한 셈이었다.

일본정부는 각료회의에서 보호권 확립을 위한 대책을 세운 뒤 이토 히로부미를 한국에 파악하여 '을사늑약'을 체결함으로써 자신들의 요구를 관철시켰다. '을사조약' 체결 과정에서 고종은 이토 히로부미의 체결 요청을 거절하면서도 '정부대신과 협의하라'고 대신들에게 중대한 결정을 미룸으로써 전제군주제하의 황제로서 책임을 방기했다. 1905년 11월 체결된 '을사늑약'으로 일본은 '보호' 명목으로 한국의 외교권을 박탈하고 통감부를 설치했고 주한 일본영사관을 이사청으로 개편하여 지방업무를 담당하는 기구로 전환했다(강창석 2004). 1906년 이후의 일제의 한국에 대한 정책을 '식민정책'이었다고 특징짓고 이 시기의 역사적 성격을 일제의 식민지시대라고 보는 견해가 한국 역사학계의 지배적인 견해이나 필자는 이 시기를 일본패권 시기라고 명명하는 것이 더 적절한 표현이라고 생각한다.

6. 맺음말

최근 한국역사학계에서는 일국사를 중심으로 한 기존 역사연구에 대한 폐단을 반성하면서 관계사연구를 활발히 진행하고 있다. 관계사는 역사갈등을 해소하고 미래지향적 역사교육을 통해 평화와 번영의 기반을 마련하는 데도 일조할 수 있다. 근대 시기 국제관계사도 이런 점에서 중요하며 이미 많은 연구가 축적되어 있지만 여전히 연구할 부분이 많다. 서구열강이 동아시아까지 세력을 확장함으로써 한국을 둘러싼 국제질서가 조공체제에서 근대조약체제로 변화하게 되었다.

이 과정에서 중국은 한국에서 조공체제를 유지하려 했고, 일본은 한국을 근거지로 하여 대륙침략을 획책했다. 뿐만 아니라 러시아도 태평양으로 진출하기 위해 한국을 주목했고 영국은 러시아를 견제하기 위해 노력했다. 이에 따라 당시 한국의 전략상 중요성은 더욱 부각되었다. 그런데 조공체제에서 근대조약체제로 전환되는 과정은 단일하고 일방적인 것이 아니라 복잡하고 다면적인 것이었다. 따라서 한국을 둘러싼 국제질서의 패권을 둘러싸고 많은 변화가 있었다.

일본은 강화도조약을 체결하면서 중국의 영향력을 약화시키고자 했다. 중국은 일본의 의도를 간파하고 서구 열강을 끌어들여 일본을 견제하고자 했다. 또한 임오군란을 진압하기 위해 중국군이 진주하고 중국의 간섭이 노골화되었다. 이런 상황에서 중국은 1882년 「조청상민수륙무역장정」을 체결함으로써 조공체제를 제도적으로 유지할 수 있었다. 중국은 당시 한국을 독립국으로 인정하지 않았기 때문에 한국이 국제사회에 적극적으로 참여하는 데에 많은 제약을 가했다. 따라서 중국의 외압에서 벗어나는 것이 중요한 과제로 등장했다. 한국에는 중국의 간섭에서 벗어나고 내부개혁을 꾀했던 세력이 없지 않았으나 중국의 개입과 고종의 중국 의존적 정책 등으로 개혁시도는 실패했다. 고종도 서구와 협력하여 중국의 조공체제를 완화시키고자 하는 의도를 가지고 있었지만 자신의 권력 안정을 최우선 과제로 삼았고 정권이 위협받을 때는 중국군의 파병을 요청하는 반역사적 행위를 거듭했다.

청일전쟁 이후 「시모노세키조약」으로 조공체제가 전면 부인되었지만 '삼국간섭'으로 일본이 한국을 둘러싼 국제질서에서 패권을 장악하지 못하고 정세가 급변하는 과도적 시기를 맞이하게 되었다. 한국은 '삼국간섭을' 주도했던 러시아를 적극적으로 끌어들여 일본이 패권국가가 되는 것을 저지하려 했다. 그러자 일본은 친러세력의 중심이 왕비라고 판단하고 왕비를 살해하는 무리수를 두었다. 공포감에 빠진 고종이 일시적으로 일본의 협박에 굴하여 친일내각을 구성함으로써 일본의 의도가 관철되는 듯했으나 전국적으로 일어난 의병전쟁으로 한국은 큰 혼란을 겪게 되었다. 또한 왕비살해에 대한 국제사회의 비난에 직면하여 일본도 이를 주도한 공사 미우라를 소환할 수밖에 없었다.

고종은 이범진, 이완용 등을 통해 러시아공사 스피에르와 사전에 협의한 뒤 왕세자와 함께 러시아공사관으로 도피하는 '아관파천'을 단행했다. 러시아는 고종이 자국의 공사관에 피해 있는 상황을 활용하여 자국의 이익을 확대하기 위해 노력하면서도 한국 문제에 관심있는 영국이나 미국의 반발을 우려하여 내각 구성에 직접 개입하지는 않았다. 따라서 러시아의 단일 패권은 이루어지지 못했다. 그러자 일본은 표면적으로 러시아와 타협을 모색하면서도 한국을 둘러싼 국제질서의 패권을 장악하기 위한 기반을 마련하고자 했다. 이런 상황에서 중국도 한국과의 특수한 관계를 유지하려는 희망을 버리지 않았지만 한국에서 러시아와 일본이 실제적으로 영향력을 행사했던 상황에서는 실현될 수 없는 꿈에 지나지 않았다. 한국을 둘러싼 국제질서의 패권을 장악하기 위한 러시아와 일본의 경쟁은 러일전쟁에서 일본이 승리함으로써 종결되었다.

제국주의 시대는 국가 간의 분쟁을 전쟁으로 해결하는 군사력 중심의 체제였기 때문에 일본이 러일전쟁에서 승리한 이후 패권을 장악한 것이 당연한 결과로 볼 수 있다. 다만 패권을 장악하는 것이 한 지역을 강제적으로 병합하는 것과 같은 것은 아니다. 그럼에도 일본은 한국을 둘러싼 패권을 장악한 뒤 고종을 협박하여 대한제국의 외교권을 완전히 박탈하고 '을사늑약'을 체결했다. '을사늑약'이 한국인의 동의를 얻지 않고 체결되었음에도 국제사회가 이를 인정함으로써 한국은 큰 위기에 처하게 되었다. 일본은 한국을 둘러싼 국제질서의 패권국가로 인정받은 이후 한국인과 국제사회에 공언한 한국을 '보호'하겠다는 약속을 저버렸다. 이에 한국인들이 일본에 맞서 강력하게 저항했지만 일본은 많은 한국인을 살상하면서 불법적으로 한국을 강점했다.

참고문헌

O.N 데니. 신복룡 · 최수근 역주. 1999. 『청한론』. 집문당.

강창석. 2004. 『조선 통감부 연구』 2. 국학자료원.

강창일. 1999. 「삼국간섭과 을미왜변」, 한국사 41 : 열강의 이권침탈과 독립협회』, 국사편찬위원회.

강창일. 2002. 「근대일본의 조선침략과 대아시아주의-우익 낭인의 행동과 사상을 중심으로』. 역사비평사

구대열. 1985. 「대한제국 시대의 국제관계」, 『대한제국 연구』 Ⅲ, 한국문화연구원.

구대열. 1996. 『제국주의와 언론－배설, 대한매일신보 및 한·영·일 관계』, 이대

출판부)

구대열. 1999.「러일전쟁」,『한국사 42 : 대한제국』, 국사편찬위원회.

구선희. 1999.『한국근대 대청정책사 연구』, 혜안

권석봉. 1984.「청일전쟁 이후의 한청관계 연구」,『청일전쟁을 전후한 한국과 열강』, 한국정신문화연구원.

김동노. 2009.『근대와 식민지의 서곡』, 창비.

김원모. 1999.『한미수교사』, 철학과현실사.

김정기. 1993.「청의 조선정책(1876~1894)」,『1894년 농민전쟁연구3』, 역사비평사.

김춘선. 2009.「'간도협약' 체결 전후 북간도 지역 한인사회」,『근대 변경의 형성 변경민의 삶』, 동북아역사재단.

모리야마 시게노리. 김세민 옮김. 1994.『근대한일관계사연구 : 조선식민지화와 국제관계』, 현음사.

서영희. 1997.「러일전쟁기 대한제국 집권세력의 시국대응」,『역사와현실』 25.

서영희. 1999.「대한제국의 종말」,『한국사 42 : 대한제국』, 국사편찬위원회.

송규진. 2013. 근대시기 한중관계의 변화과정,『역사와 담론』 67.

신승권. 1999.「러·일의 한반도 분할 획책」,『한국사 41 : 열강의 이권침탈과 독립협회』, 국사편찬위원회.

왕현종. 2003.『한국 근대국가의 형성과 갑오개혁』, 역사비평사.

우에하라 카즈요시 외. 한철호 · 이규수 옮김. 2002.『동아시아 근현대사』, 옛오늘.

윤병석. 1991.「을사오조약의 신고찰」,『국사관논총』 23, 국사편찬위원회.

윤병석. 1996.「일제의 구한국강점과 무력 위협」,『한국사 시민강좌』 19, 일조각.

윤병석. 1999. 「국권의 제약」, 『한국사 42 : 대한제국』, 국사편찬위원회.

은정태. 2005. 「1899년 한 · 청통상조약 체결과 대한제국」, 『역사학보』 186.

은정태. 2009. 「대한제국기 간도 정책 추진의 조건과 내 · 외부의 갈등」, 『근대 변경의 형성과 변경민의 삶』, 동북아역사재단.

이광린. 1981. 『한국사강좌 5 : 근대편』. 일조각.

이배용. 1999. 「열강의 이권쟁탈상」, 『한국사. 41 : 열강의 이권침탈과 독립협회』, 국사편찬위원회.

이영옥. 2004. 「청조와 조선(대한제국)의 외교관계, 1895~1910), 『중국학보』 50.

임계순. 1984. 「한로조약과 청의 대응」, 『청일전쟁을 전후 한국과 열강』, 한국정신문화연구원.

정용화. 2004. 『문명의 정치사상 : 유길준과 근대한국』, 문학과 지성사

최덕수 편. 『조약으로 보는 한국근대사』, 열린책들.

최문형. 1984, 「열강의 대한정책과 한말의 정황」, 『청일전쟁을 전후한 한국과 열강』, 한국정신문화연구원.

최문형. 2001. 『한국을 둘러싼 제국주의 열강의 각축』, 지식산업사.

최문형. 2004. 『국제관계로 본 러일전쟁과 일본의 한국병합』, 지식산업사.

原田環. 1997. 『朝鮮の開國と近代化』, 溪水社.

林明德. 1970. 『袁世凱與朝鮮』, 中央研究院近代史研究所.

秋月望. 1991. 「朝中間の三貿易章程の締結經緯」, 『朝鮮學報』115, 朝鮮學會.

Bull, Hedley. 2002. *The Anarchical Society: A Study of Order in World Politics.* Columbia: Columbia University Press.

Larsen, Kirk W. 2008, *Tradition Treaties, and trade : Qing Imperialism and Choson Korea, 1850-1910.* Cambridge, Mass: Harvard University Press.

Rosenau, James N, 1992. *Governance without Government: Order and Change in World Politics*. Cambridge: Cambridge University Press.

Song, Kue-jin. 2010. "Transformation of the Dualistic International Order into the Modern Treaty System in the Sino-Korean Relationship." *International Journal of Korean History* 15(2): 97-126.

10

중국의 패권과 국가 - 주권 체제의 미래*

이용욱

I. 서론

세계는 인류역사상 처음으로 공멸의 위기에 처해있다. 근본적인 세계질서 재편이 없다면 국가를 비롯한 개별 정치 단위들의 흥망성쇠와 무관하게 전지구적인 생존을 담보할 수 없다. 국가 간 사활을 건 안보 딜레마, 지속가능한 경제발전, 지구의 생존을 위협하는 환경과 기후 문제가 임계점에 다다르고 있기 때문이다. 이는 지난 400년 가까이 존속되어온 기존의 국가–주권 시스템이 문제해결 능력에 있어 한계에 봉착하였다는 것을 의미한다(이용욱 2016). 다시 말해, 국가–주권 시스템은 그동안 국가 간 양자협정과 다자주의 국제기구 등을 활용하여 상기한 안보, 경제, 환경과 기후 문제들을 다루어왔는데 이러한

* 이 글의 초기 연구는 동아시아연구원의 지원을 받아 수행되었습니다.

문제해결 방식은 더 이상 전지구적 난제에 효과적인 대응을 할 수 없게 되었다.

중국은 세계질서를 재편하여 전지구적 문제들을 근본적으로 해결할 역량과 비전을 가지고 있는가? 21세기 벽두에 일어난 중국 부상의 세계사적 의미는 기존의 국가-주권 시스템을 뛰어넘는 대안적 세계질서의 운영과 작동원리를 중국이 제시하고 실행할 수 있는가에 달려있다. 따라서 중국 내부에서 논의되고 있는 세계질서 담론을 체계적으로 분석하는 것은 세계질서의 미래를 가늠하는 단초를 제공한다. 중국에서 논의되고 있는 세계질서 재편 담론은 대안적 세계질서 구축을 지향하고 있는가? 아니면, 단지 기존의 국가-주권 시스템에서 중국이 어떻게 패권국이 될 수 있고 획득된 패권을 어떻게 사용할 것인가에 머물러 있는가?

이 글은 위에 제기된 문제의식을 중심으로 최근 논의되고 있는 세계질서 재편에 있어 중국의 가능성과 한계를 논하고자 한다. 중국의 부상은 중국을 빼고는 국제정치를 논할 수 없다고 할 만큼 전지구적 파급력이 있다. 다시 말해, 중국은 안보, 경제, 환경을 포함한 국제정치 전영역에 막대한 영향력을 발휘하고 있다. 이러한 중국이 어떤 전략적 목표를 가지고 세계질서를 재편해 나갈 것인지는 초미의 관심이 아닐 수 없다. 특히, 중국이 미국 주도의 세계질서에 변화를 추구하며 도전할 것인지, 관련해서 중국이 미국과는 다른 리더십을 국제정치에서 추구할 것인지는 세계질서 재편 논쟁의 한가운데에 서 있다. 가령, 국제적으로 베스트셀러가 된 *When China Rules the World*의 저자인

Martin Jacques는 중국은 유럽, 미국의 팽창적 패권주의와는 달리 문화적 패권과 영향력을 추구할 것으로 내다보았다. 이와는 반대로, 미국 국무부 부장관을 지낸 Robert Kelly는 중국의 팽창적 패권주의에 주목하며, 동아시아에서 중국의 일극지배(Unilateral Dominance)를 예견하였다('Withdrawal of U.S. forces from Japan and Korea; U.S. naval retrenchment from East Asia as far back as Hawaii; RMB currency bloc in Southeast Asia and possibly Korea; China-centered regional trading zone').

중국의 전략적 선택에 관한 이러한 논쟁은 그 나름의 의미가 있겠으나, 전지구적으로 당면하고 있는 안보, 경제, 환경, 기후 위기의 심각성은 '누가 패권국이 되느냐'라는 질문을 훨씬 뛰어넘고 있다. 중동, 동유럽, 동중국해, 남중국해 등에서 강대국들이 치열한 안보경쟁을 벌이고 있고, 세계경제는 지난 20년 동안 부침을 계속하며 지속가능한 경제발전 모델을 아직 찾지 못하고 있다. 환경과 기후문제는 지구공멸의 가능성까지 내포하고 있다. 중국, 인도, 브라질 신흥국의 성장은 이러한 현상을 확대, 재생산하는데 일조하였다. 전지구적 공멸의 위기는 단순히 특정국가의 정책적 실패를 넘어서 국가들의 이기적 국익 추구를 규범화시키는 국가-주권 시스템의 한계를 명확하게 보였다고 할 수 있다(Ringmar 2012).

따라서, 중국 부상에 따른 세계질서 재편 논의의 핵심은 국가-주권 시스템의 변화와 개혁 가능성에 있다. 세계질서 재편에 있어 중국의 역할에 주목하는 이유도 바로 여기에 있다. 다시 말해, 중국이 이러한 시스템 변화의 요청에 대해 어떤 비전을 가지고, 어떤 리더십을 통해, 어떻게 비전을 정책적으로 연결할 것인지가 중국 부상 논쟁이 국제정치에 주는 가장 큰 함의라고 할 수 있다.

향후 10-20년 사이에 국가-주권 시스템이 종언을 고할 가능성은 낮다. 그렇다면, 핵심 이슈는 국가-주권 시스템의 바탕 위에서 그 운영과 작동원리의 변화가 될 것이다. 세계질서 운영과 작동원리의 개혁과 관련해서 중국이 고려할 수 있는 세 가지 시나리오를 상정해 보면 다음과 같다. 첫째, 지역을 기반으로 한 미국, 유럽, 중국의 세계분할 '삼두체제'이다. 두 번째 시나리오는 '세계질서 법제화 및 초국가 권위 확립'이다. EU가 이에 대한 근접한 예시가 될 수 있다. EU는 독일과 같은 핵심국가와 회원국들 간의 협의로 작동되는 초국가적 권위체제인데, 두 번째 시나리오는 이러한 EU 운영원리가 세계차원으로 확장되는 것을 말한다. 이는 국가와 초국가 권위체제가 견제와 균형을 이루는 다층적 권위체제에 기반한 운영원리이다. 이슈별 초국가 권위체제 확립을 핵심으로 하고 있다.

마지막으로, '세계정부론'을 들 수 있다. 기실, '세계정부론'은 최근 부활하였다. 제2차 세계대전이 끝나고 활발하게 논의되었다가 냉전 직후 사라졌던(1945~1950년) '세계정부론'이 최근 15년 사이에 다각도로 검토되며 새로운 대안질서로서 각광을 받고 있다(Cabrera 2010, 2015). 현재 '세계정부론'은 한 형태의 모델이 아닌 여러 층위에 걸쳐 논의되고 있다. 전 세계 정치, 경제 권력을 쥔 세계정부(Wendt 2003)로부터, 핵무기 등 대량살상무기 관리권만을 보유한 세계정부

(Campbell 2003), 미국과 같은 연합정부 성격의 세계정부(Deudney 2007; Rodrik 2000), 전 세계 시민정부를 표방하며 '글로벌 의회'(Global Parliamentary Assembly)를 중심으로 통치하는 세계정부(Held 2004; Nussbaum 2006) 등 '세계정부론'에 관한 다양한 경쟁 모델들이 제시되고 있다.

중국은 이 중 어떤 시나리오를 21세기에 추구할 것인가? 어떤 시나리오가 중국과 세계의 공동번영을 지속시키면서도 국가-주권 시스템에 내재한 문제들을 효과적으로 해결할 수 있을까? 중국이 이슈별 초국가 권위체제 확립을 미국, 유럽 등과 도모한다면 중국은 어떤 기여를 할 수 있고 어떤 형태의 리더십을 창출하여 추구할 것인가?

이 글의 핵심 주장은 다음 두 가지이다. 첫째, 중국이 국가-주권 시스템의 개혁을 추진할 수 있는 주체가 될 수 있는 가능성이 있다고 주장한다. 중국은 기존 세계질서의 지속불가능성에 대한 주요 원인이자 동시에 해결책이 될 수 있다. 둘째, 이러한 가능성에도 불구하고 중국은 국가-주권 시스템을 개혁할 비전이 현재로선 결여되어 있다. 이 글은 중국 내부에서 논의되고 있는 세계질서 재편에 대한 논쟁을 비판적으로 검토하여 다음과 같이 주장한다. 중국 내부의 다양한 정책담론들은 그 내용에 있어 중국이 당면하고 있는 국제정치 현실과 이를 타개할 정책 처방의 제시에 있어 분명한 차이가 존재하나, 국가-주권 시스템을 뛰어넘는 어떠한 비전도 제시하지 못하고 있다. 다시 말해, 중국의 정책담론들은 그 의도와 관계없이 서구 답습적인 패러다임에 갇혀있다고 볼 수 있다. 이대로라면, 중국의 부상은 한 국가의 성공을 의미할 뿐이다. 중국과 세계가 당면한 안보, 경제, 기후, 환경 문제에 대한 근본적인 해결의 돌파구, 즉 국가-주권 시스템의 변화를 기대할 수 없다. 중국 부상의 세계사적 유의미성은 중국이 앞으로 제시할 국가-주권 시스템을 포함한 세계질서 재편에 대해 구체적인 비전과 실행력에서 발견될 것이다.

이 글은 다음과 같이 진행한다. 2장에서는 왜 중국이 국가-주권 시스템을 개혁할 수 있는 주체가 될 수 있는지 논한다. 관련해서, 중국이 패권과 자기중심적 '국익 증진'을 위해 세계질서 재편을 추진하면 이는 중국의 발전과 번영에도 저해된다는 것을 비교역사 사례와 '국제정치에서 권력의 역설'이라는 이론적 논증을 통해 제시한다. 3장은 권력의 역설에 대한 경험적 분석이다. 중국이 군사, 경제적으로 부강해질수록 안보, 경제, 환경, 기후의 불안정과 위협에 노출되는 역설을 논의한다. 이는 국가-주권 시스템이 내재하고 있는 한계를 중국의 사례를 통해서 보이고자 함이며, 중국을 위해서도 중국이 국가-주권 시스템의 개혁에 나서야 하는 근거를 제공한다. 이 글의 핵심인 4장은 중국 내 세계질서 재편에 대한 다양한 논의를 구체적으로 분석한다. 중국 국력론 논쟁과 중도현실주의와 다원적 합리주의 논쟁을 중심으로 외교정책담론을 검토하여 국가-주권 시스템을 넘어서는 대안적 세계질서담론의 부재를 논증한다. 또한, 조화사회론, 중국몽 등 중국이 현재 제시하고 있는 대안 문명론에 대한 한계 역시 지적한다. 최근 중국이 야심 차게 추진하고 있는 '일대일로' 정책에 대한 비판적 분석도 동일한 맥락에서 수행한다. 마지막 장인 5장은 새로운 세계질서

구축에 있어 중국의 역할과 정책 방향성에 대해 논하며 마무리한다.

II. 왜 중국인가?

전술한대로, 베스트팔렌 국가-주권시스템은 안보, 경제, 환경과 기후에 걸쳐 문제해결의 효용에 있어 한계에 봉착하였다. 일각에서는 시스템의 문제라기보다는, 미국의 패권적 리더십과 같은 행위자의 문제, 또는 국제기구나 레짐의 불충분한 다자주의 기능 등을 문제의 원인으로 본다. 이에 따르면 중국이 패권국이 되어 국제기구를 효과적으로 활용하여 다자주의적 리더십을 발휘하거나 온정주의적 패권적 리더십(Paternalistic Hegemonic Leadership)을 행사한다면 전지구적인 위기가 해소될 수 있을 것이라는 전망을 내놓을 수 있겠다.

그러나 이 글은 중국이 패권국이 되어 국가-주권시스템에 바탕을 둔 패권을 다자주의를 통해서든, 혹은 온정주의적 리더십을 행사하든 전지구가 당면하고 있는 문제를 근본적으로 해결하기는 어려울 것으로 본다. 문제의 근본이 이기적 국가이익을 규범화 시키는 근대 국가-주권 시스템에 기인하고 있기 때문이다.

다시 말해, 중국이 패권국이 되어 어떠한 리더십을 발휘하더라도 전지구적으로 겪고 있는 안보딜레마, 경제발전과 성장의 지속성, 공멸적 환경과 기후 문제를 성공적으로 다룰 수 없다는 의미이다. 더욱이, 이기적 국가이익을 규범화시키는 근대 국가-주권 시스템의 지속은 중국의 번영과 안정에도 이롭지 않다는 것인데, 중국이 패권국이 되어 비교적 안정적 패권질서를 확립하였을 때조차도 중국에 득이 되지 않을 수 있기 때문이다. 이는 19세기 영국의 패권적 리더십, 20세기 미국의 패권적 리더십을 통해 비교역사적으로 논증될 수 있다. 또한 패권국의 흥망성쇠를 다룬 국제정치 연구에서 찾아볼 수 있는 '권력의 역설'(Paradox of Power)이라는 이론적 논의를 통해서도 확인할 수 있다.

먼저 비교사례연구를 보자. 19세기 영국이 패권적 리더십을 안정적으로 발휘했을 때에도 국제정세는 불안정에 노정되었다. 영국 주도로 안착된 자유무역 질서와 세계경제의 상호의존심화에도 불구하고 세계경제는 '근린궁핍정책'으로 귀결되었고, 국가 간 갈등을 해소하지 못하였다. 동일한 시기에 유럽국가들 사이에 일어난 경쟁적 해외식민지 건설 또한 국가 간 갈등을 유발하였고 증폭시켰다. 결국 영국의 패권적 리더십은 참혹하였던 제1차, 2차 세계대전을 막지 못하였다.

20세기 미국 패권시기의 불안정을 살펴보자. 제2차 세계대전 종전부터 1960년대 초까지의 짧았던 정치, 경제, 군사의 안정화 시기 이후 베트남 전쟁을 필두로 국지전, 내전, 중동 분쟁 등 안보 불안정은 가중되었다. 경제적으로는, 브레튼우드 체제가 1970년대 초에 붕괴되고 그 이후 대두된 신자유주의 세계경제 질서는 거듭된 금융, 통화 위기와 실물경제의 부진을 피하지 못하였다. 이에 따라 세계경제질서는 상시적 불안정 상태에 노출되었다. 2008년 미국발 글로벌 금융위기는 거의 10년 넘게 아직까지 글로벌 양적완화에 기대며 미제로 남아있다. 지구 온난화로 대표되는 기후, 환경, 생태계 문제에 대해서도 미국의 패권은 큰 도움이 되지 못하고 있다. 코비드-19의 거대한 혼란 역시 이러한 문제를 고스란히 반영한다.

패권국 혹은 강대국이 국제질서의 안정성을 해치며 결국 스스로 쇠락의 늪으로 빠지게 된다는 논의는 국제정치연구에서 그동안 활발하게 진행되어 왔다. 이에 관한 일군의 이론적 작업을 '국제정치에서 권력의 역설 연구'(Paradox of Power in World Politics)라고 통칭하였는데, 권력에 대한 도취(Power Curse)가 권력에의 환상(Power Illusion)으로 귀결되어 강대국의 쇠퇴를 가져온다고 논리이다. '권력에 대한 도취'가 '권력에의 환상'으로 이행되는 네 가지 인과 과정은 다음과 같다.

먼저, 강대국이 권력에 도취되어 복잡하게 변환하는 국제정치 시스템에 부적응하여(Failure to Adapting to Complex System) 쇠퇴하게 된다는 논의이다(Deutsch 1966; Jervis 1997). 다음은 국력낭비를 초래하는 과잉확장(overstretch)으로 인한 쇠퇴이다(Kennedy 1987, Gilpin 1981, Snyder 1991). 세 번째는 도덕적 해이(Moral Hazards)이다(Gilpin 1996, Mearsheimer 2001). 권력도취로 권력이면 무엇이든 이룰 수 있다는 오만이 자기관리의 실패와 국제협력의 중요성을 간과하게 하여 결국 쇠퇴하게 된다는 논리이다. 마지막으로 일방주의 정책의 자기파괴적 악순환이다(Vicious Cycle of Unilateralism)(Mearsheimer 2001, Gallarotti 2010). 강대국은 국가 간 협력보다는 자기 권력에 의지하여 일방주의 정책을 펼치게 되는데, 이와 같은 일방주의 정책은 시간이 지날수록 더 많은 힘과 자원을 소모 하게 하여 결국 강대국의 쇠퇴를 가져오게 한다는 논리이다.

중국의 경우도 권력의 역설이라는 함정에 노출되어 있다. 다시 말해, 중국이 물리적으로 강해질수록 안보불안, 경제의 불확실성, 환경과 기후의 대재난 가능성 등 중국의 안정과 번영에 대한 위협이 역설적으로 가중되고 있다는 의미이다(아래 3장에서 상세히 논의). 국가-주권 체제에서 중국은 20세기말 이래 상당한 성공을 거두었지만 안보, 경제, 환경/기후에서 계속된 불안정과 위협요인에 노출되고 있다. 가령, 중국이 가장 강점을 가지고 있다고 하는 자본력을 살펴보자. 최근까지 중국은 외환보유고가 4조 달러에 육박하며 글로벌 금융에 큰 영향력을 행사해 왔다. 그러나 중국 외환보유고 4조 달러 중 1.6조는 미국 국채이다(보수적 평가). 이는 중국이 달러트랩(Dollar Trap)에 노출되어 있다는 것을 의미한다. 달러화 가치폭락은 중국경제 추락으로 연결되기 때문이다. 따라서 사실상 중국이 채권자임에도 불구하고 미국보다 더 취약한 위치에 놓이게 될 수 있다. 2015년 중국발 금융위기, 즉 글로벌 헤지 펀드들의 공격으로 위안화 가치가 급락한 사례는 중국의 취약성을 여실히 보여준 한 사례이다.

종합하면, 국가-주권 시스템은 19세기적 패권경쟁을 유인하고 이는 상호파괴로 연결되는 악순환의 고리를 지속시키고 있다. 이에 관해 부잔과 로선(Buzan and Lawson 2015)의 주장은 귀담아 볼 만하다. 이들에 따르면, 19세기에 근대화와 함께 시작한 근대 국제관계는 근대화가 가져온 지식과 기술의 진보를 소유한 국가들과 그렇지 않은 국가들 사이에 지난 200여 년간 지배-복속-갈등의 고리를 지속시켰다. 최근 이러한 간극이 신흥국들의 대두와 함께 줄어들고 있는데, 이제 19세기를 넘어선 21세기형 새로운 국제관계를 설정할 때라고 설파하였다.

과연 '중국'이 국가-주권 시스템에 내재된 모순을 해결할 수 있을까? 왜 중국이 이 시점에서 시스템의 변혁을 추동할 세력인가? 국가-주권 시스템의 모순 극복 과정에서 중국이 스스로 해낼 수 있는 것과 다른 국가들과 공동으로만 가능한 것은 무엇인가?

중국은 현시점에서 국가-주권 시스템을 개혁해 낼 수 있는 가장 유력한 주체 중의 하나이다. 이는 다음의 두 가지 역사적 경험에 기인한다. 먼저, 근대 국가-주권 시스템은 중국이 창안하지 않았다. 유럽은 중국을 19세기 말에 국가-주권 시스템으로 편입시켰다. 이는 이 제도에 대한 중국의 역사적 애착이 크지 않을 수 있다는 것을 의미한다. 다음으로, 중국은 19세기 말 유럽발 국가-주권 시스템에 편입된 이후 왕조붕괴, 내전, 공산주의 체제 등장, 냉전, 탈냉전 등의 국내외 격변을 거치며 국가-주권 시스템에 적응해 왔고 이제는 G-2로 자리매김하였다. 따라서 중국은 국가-주권 시스템이 내재하고 있는 모순을 직접 경험하였고, 중국 공산당은 세계질서 재편에 있어 현상 유지만을 고집하지 않는 유력한 정치세력이다. 중국의 근대화 경험과 물질적, 지적 토대가 새로운 세계질서구축에 기여를 할 수 있는 개연성도 있다.

부연하자면, 19세기 말 유럽식 국제질서에 편입된 이래, 중국은 왕조의 붕괴, 공산주의 체제 등장 및 확립, 개방이후 중국식 사회주의 전환 등 국내 정치질서의 변화와 함께 국가-주권 시스템에 적응, 저항과 도전, 패권 창출 시도 등 수많은 크고 작은 변화를 거쳐 왔다. 적응의

예는 '왕조붕괴—조공 시스템 붕괴—1국가 1주권 인정'으로 점철된 중국의 근대국제관계의 시작이다. 저항과 도전은 중국의 비동맹주의, 제3세계 지도국으로 활동, 자본주의에 대항한 마오식 사회주의 대안과 국제화 시도를 들 수 있다. 최근의 중국은 패권 창출을 시도하고 있다고 볼 수 있다. 이에 대한 근거로는 중국의 G-2 활동, 미국과의 신형대국관계 확립, 군비확충(해군력 강화), 위안화 국제화, 신실크로드 구상, 아시아인프라투자은행(Asian Infrastructure Investment Bank)과 신개발은행(New Development Bank) 설립 등 대안적 국제경제시스템 제도화, 중국식 개발원조, 상하이협력기구와 중앙아시아 교두보 확보에서 등에서 확인될 수 있다(신성호 2014; Lee 2015). 이러한 활동 과정과 결과로서 중국은 점증하는 세계 안보, 경제, 환경과 기후 문제에서 자유롭지 않으며 문제의 원인이자 해결의 주체이다. 따라서 중국은 근대 국가-주권 시스템과 긴장관계를 늘 유지하여 왔다고 볼 수 있는데, 이는 중국이 역사적으로 기존 질서의 피해자이면서도 수혜자의 처지에 있었다는 것을 의미한다.

III. 중국과 국가-주권 시스템의 딜레마: 역사, 현재, 미래

앞서 언급한 것처럼 중국은 19세기 말 유럽식 국가-주권시스템에 편입된 이래 기존 질서의 피해자와 수혜자의 경험을 모두 가지게 되었다. 중국은 최근 G-2로 성장하였지만, 중국이 당면한 안보, 경제, 환경과 기후 문제는 사라지지 않았다. 오히려 중국은 더욱 큰 불안정과 위협요인에 직면하고 있다. 19세기의 영국과 20세기의 미국처럼, 중국 역시 국가-주권 시스템의 한계에서 오는 부정적 요인에 고전을 면치 못하고 있다. 중국이 세계질서 재편에 나서야만 하는 이유도 여기에 있다. 따라서 19세기적 세계질서를 넘어 새로운 세계질서를 구상해야 하는 것은 중국과 국제사회에 모두 요청된다. 본 장에서는 이러한 국가-주권 시스템의 모순들이 어떻게 중국에서 발현되고 있는지 경험적으로 살펴본다. 안보, 경제, 환경과 기후로 나누어 강대국 중국이 겪고 있는 딜레마와 불안정을 검토한다.

중국은 안보딜레마의 중심에 있다. 중국이 군사력을 강화할수록 미국 등의 역반응을 촉진하여 더 큰 안보 불안정을 초래하고 있는 형국이다(고봉준 2015). 먼저, 해양수송로 안정적 확보, 에너지, 수자원, 식량 등 새로운 전략자원 배분을 둘러싼 글로벌 경쟁, 즉 '지정학의 귀환'(Return of Geopolitics, Walter Mead, Foreign Affairs 2014)로 대변되는 안보딜레마 가중을 들 수 있다. 미국과 일본의 중국 견제에 중국은 러시아와 안보협력을 도모해야만 하는 안보 긴장관계의 악순환이다. IS를 위시로 한 비대칭적 테러리즘, 사이버안보 같은 새로운 비전통적 위협요인 관리, 동중국해, 남중국해 등 영토분쟁 심화, 군비지출 확산, 중국의 부상에 따른 과잉확장 가능성, 통제하기 어려운 극우민족주의 확산과 국내 사회통합 불안 등 안보 불안을 일으키는 영역이 확장되고 있는 형국이다.

무엇보다도, 미-중간 군사력 경쟁은 중국 안보에 있어 최고의 우려사항이다. 미국은 아태지역 '재균형'을 통해 미 해군력과 공군력의

60%를 아태지역에 배치할 계획을 수립하였다. 이에 대항하여 중국은 동중국해, 남중국해에 대한 해양패권의 확립을 위해 2013년 11월 동중국해에 방공식별권(ADIZ)을 설정하였다. 미국은 또한 핵무기 현대화 프로그램을 추진하고 있다. 오래된 핵탄두의 수명연장 작업, 12척의 새 원자력핵잠수함 건조, 100기의 신형 폭격기 배치, 400개의 지상발사미사일 배치 등 핵무기 공급 계획이 핵심이다. 이를 위해 미국은 향후 30년간 9천억에서 1.1조 달러의 예산을 투여할 예정이다(New York Times 2014, 9/21).

중국은 해군력과 공군력에 있어 무기의 질적, 양적 비교에서 미국에 압도적 열세를 면치 못하고 있다. 비대칭적 군사력의 열세 극복을 위해 중국은 중국 최초의 항공모함인 50,000톤급 랴오닝 항공모함의 취역 외에, 향후 10년 동안 항공모함을 수척 수준으로 증가시킬 계획을 가지고 있다. 공격 원자력 잠수함 확대, 중국이 개발한 스텔스 폭격기 확대(J-31, J-21), 스텔스 이외에도 정밀타격과 방공능력 강화 역시 서두르고 있다.

이러한 미-중 안보딜레마의 끝은 어디일까? 군사력 강화만이 중국이 취할 수 있는 유일한 선택일까? 이와 함께, 중국의 군사대국화는 일본의 '적극적 평화주의', 즉 일본의 군사대국화 노선을 견인하고 있다. 일본의 영향력을 동아시아에서 통제하기 위해 중국은 동아시아 역내에서 군사, 안보, 경제, 문화 전반에 걸쳐 중국의 영향력 확대를 꾀하고 있는데, 이 또한 일본의 부정적 역반응을 유도할 개연성이 크다. 새로운 악순환의 고리가 늘 상존한다.

경제에 있어서도 중국은 심각한 불안정성을 겪고 있다. 중국은 미국과의 통화와 금융 시스템 주도권 경쟁(2019년 미국의 대중국 환율조작국 지정 등)에 어려움을 겪고 있다. 이와 함께, 세계시장 주도권을 둘러싼 극심한 경쟁에 따른 국내 양극화 확대, 지속가능한 경제성장을 위한 동력확보에 비상이 걸려있고, 경제위기가 심화될 경우 국내정치 갈등 등의 정치적 불안정에도 노출되어 있다(표1, 표2 참조). 최근 중국은 여러 차례에 걸쳐 경제가 위기에 노출되는 것을 경험하고 있는데, 정책당국의 경제위기 대응능력은 의구심을 자아내고 있다. 2015년 초 제조업 실적하락에 따른 중국 증시하락에 대한 대응으로 중국 당국은 증시 부양을 위해 관 주도로 23조 원의 자금을 투입하였지만 기대효과는 미미하였다. 동년 8월에는 수출회복을 위해 4.5%에 달하는 위안화 평가절하를 중국 당국은 실시하였는데 이는 금융시장 불안정을 유발하였다. 2015년 후반기 이후부터 중국 당국은 이와는 반대인 역딜레마에 빠졌다. 다름 아닌, 중국 당국은 위안화 환율 방어를 위해 천문학적인 자금을 시장에 투입하여야만 했다. 2016년 3월, 4월 두 달 동안 외환보유고의 20%(1.2조 달러)가 위안화 환율안정을 위해 사용되었다.

2018년 1월 미국이 세이프가드(Safeguard)를 발동하여 중국산 태양관 패널과 세탁기에 초과 관세를 부과한 2년여 동안 진행된 미-중 무역 갈등 역시 중국의 경제적 취약성을 보여주었다. 미-중 무역 갈등은 2020년 1월 15일 협정에 정식 서명함으로서 일단 숨고르기에 들어갔는데 1차 협상 타결이 '정전(停戰)'인 것은 앞으로 재개될 2차 협상이

보다 근본적인 쟁점인 '중국제도 2025'를 비롯한 기술이전 문제, 산업 스파이 등 기술 패권을 다루게 될 것이기 때문이다. 2차 협상이 1차 협상보다 훨씬 더 험난한 여정을 거치게 될 것이라는 예상이 지배적이다. 1차 협정문은 총 8장으로 구성되었는데 그 내용은 1장 지적재산권, 2장 기술이전, 3장 식품 및 농산물 무역, 4장 금융 서비스, 5장 거시경제정책, 환율 문제, 6장 무역 확대, 7장 양자 평가와 분쟁 해결 장치, 8장 결언이다. 이는 미-중 무역 갈등이 앞으로 무역을 넘어 금융, 통화, 지적재산권 등 경제 전방위적으로 확산될 수 있음을 시사하고 있다(이승주 2019).

이 과정에서 중국은 상당한 경제적 손실을 입었다. 최근 발표된 미국 경제학 연구에 따르면, 2019년 9월까지 미-중 무역 갈등으로 미국은 GDP의 0.3% 손실을 입은 것으로 추정되지만, 중국은 1.9%라는 훨씬 더 큰 비용이 발생하는 것으로 나타났다. 이는 중국의 WTO 가입 효과로 추정되는 GDP 증가분 1.24~2.2%에 비견될 만한 큰 수치이다(정주영 2020). 이와 함께 중국은 미국 관세 부과에 '팃포탯(Tit for Tat)' 전략으로 맞대응하였는데 중국의 대미 수입이 미국의 대중 수입의 사분의 일 정도 수준으로 중국의 관세 맞대응이 일찍 한계에 이른 측면도 중국의 취약성을 보여주었다. 최근 예기치 못한 코비드-19 사태에 따른 전세계적인 경제위기는 향후 미-중 무역 분쟁이 미국과 중국 모두에게 더욱 큰 부담으로 작용할 것이며 세계경제의 불확실성은 더욱 커질 것이다.

〈표 1〉 Basic growth accounts, 1981–2030(annual average growth rates). China, People's Republic of

	Actual				Projections	
	1981-90	1991-2000	2001-07	1981-2007	2011-20	2021-30
GDP	8.34	9.09	11.15	9.35	6.09	4.98
GDP per labor	5.81	7.91	10.22	7.73	5.75	5.06
Labor input	2.53	1.18	0.93	1.61	0.34	-0.08
Education	0.70	1.19	0.83	0.91	0.65	0.15
Capital per labor	5.93	8.72	9.16	7.80	7.50	7.02
Total factor productivity	3.02	3.72	6.06	4.07	2.36	2.17

Source: Lee, Jong-Wha, and Kiseok Hong. "Economic growth in Asia: Determinants and prospects." Japan and the World Economy 24.2 (2012): 101–113.

〈표 2〉

Source: IMF, World Economic Outlook, April 2015

중국에 있어 환경과 기후 문제는 또 하나의 큰 도전이라고 해도 과언이 아니다. 중국은 기후, 공기, 물 등 심화되는 자유재 공급 부족에 시달리고 있고, 이는 지속가능한 경제성장 및 개발을 불가능하게 하고 있다. 베이징 등 대도시의 생태환경 오염에 따른 공동체로서의 기능 붕괴(Beyond Malthus 참조)는 연일 뉴스에 오르내리고 있다. 이에 중국은 2015년 1월 1일부터 신환경보호법을 시행하여 수자원 보호, 대기오염 확산방지, 기업의 오염방지 책임을 강화하고 있으나, 근본적인 국제적인 공조가 없다면 중국의 정책적 노력도 성과를 거두기 어려울 것이다. 환경과 기후 문제는 한 국가의 안보차원에서 뿐만 아니라 지역적, 지구적 차원에서 중층적이며 복합적인 접근을 통해서만 그 해결이 가능한 사안이기 때문이다. 국제공조의 성패가 중국에 의존하는 만큼이나, 중국의 정책도 국제사회의 도움이 없다면 소기의 성과를 거두기 어려운 복합적 상호의존성이 현실의 국제정치이다. 특히 기후변화 자체가 야기하는 도전은 전 지구적이며 지구 온난화의 위협은 그 폭과 정도에서 타의 추종을 불허할 것이라는 점에서 효과적인 국제공조는 시간을 다투는 일이 아닐 수 없다.

이러한 시급함으로 인해 미국과 중국은 일정 수준 이상의 협력을 이루어내고 있으나 문제의 크기에 비추어볼 때 협력의 수준은 아직 미흡하다. 중국은 신기후변화 대응체제 마련을 위해 지난 10년 동안 미국과 협력과 경쟁을 벌였다. 중국은 2011년 더반총회에서 교토체제 의무이행 기간 연장과 신기후체제 협상을 2015년 파리회의에서 마무리하기로 주요 회원국들과 큰 틀에서 합의하였다. 이에 대한 구체적 노력의 일환으로 중국은 2014년 11월 미-중 정상회담에서 더반 플랫폼을 실현할 대범하고 본질적인 감축을 목표로 하는 신기후체제 형성을 미국과 합의하였다. 이어서 중국은 온실가스 감축에 관한 진일보한 결론을 도출한 파리협정(Paris Agreement)이 최종 채택되는데 중요한 역할을 수행하였다. 2015년 12월 12일에 채택된 파리협정은 2020년 만료되는 교토의정서를 대체할 신기후체제인데, 선진국에만 온실가스 감축 의무를 지웠던 교토의정서와는 달리 195개 당사국 모두가 지켜야하는 첫 지구적 합의가 되었다. 또한, 지구온난화 억제 목표 강화(2도 이내에서 1.5도 이내 노력), 5년마다 상향된 감축목표 제출(진전 원칙) 및 5년마다 이행여부 검증, 2025년 이후 개도국에 대한 지원 확대 등을 채택하여 내실을 기하였다.

신기후협약이 파리회의에서 성공적으로 합의되었지만, 이 또한 그 실행을 둘러싼 다층적인 우려와 도전이 국내외에서 모두 제기되고 있는 형국이다. 파리협약에 관한 가장 큰 도전이자 한계는 이행의 구속력이다. 파리협약은 각국의 기여방안 제출은 의무로 하였으나, 이행은 각국이 국내적으로 노력하기로 합의함에 따라 국제법적 구속력은 결국 부여되지 못하였다. 다시 말해, 온실가스 감축목표를 제출하는 것은 의무화되었으나 그 목표 자체가 자발적으로 수립되고 이행 역시 자발적으로 노력할 사항으로 규정되어 파리협약이 합의대로 작동할 것인지에 관한 의구심이 높은 것이 현실이다. 미국 오바마 대통령과 중국의 파리회의 협상대표 모두 파리협약이 '완벽하지 않다'고 한계를 인정하였는데, 이는 국제법적 구속력 부재가 자아낼 국가의 이기적 의무 불이행을 제어할 제도적 장치가 없다는 것을 의미한다. 파리협약은 국가-주권 시스템에 기반한 국가 간 협력의 한계를 보인 또 다른 사례가 될 수 있다(트럼프 행정부의 파리협약 탈퇴는 가장 큰 취약점이 되었다).

Ⅳ. 중국의 대안은? 중국의 세계질서 정책담론의 가능성과 한계

중국의 부상과 함께 중국 내부에서도 세계질서 운영과 재편에 관한 다양한 정책담론이 표출되어왔다. 중국의 학자와 정책전문가들은 미국 주도의 세계질서의 의미와 문제점, 국제정치 무대에서 중국의 역량과 역할에 대한 각각의 상이한 평가를 토대로 중국이 나아가야 할 바를 모색하며 대안적 세계질서를 논하여왔다. 중국 내에서 중국과 세계질서라는 맥락 속에서 구축되어온 정책담론의 스펙트럼은 상당히 넓다.

정비젠은 중국 위협론과 붕괴론을 모두 비판하며 '화평굴기론'을 펼치고 있고, 중국 내 현실주의 태두인 옌쉐퉁은 '중국굴기의 길'이라는 논지를 통해 중국 중심의 패권질서 확립의 필요성을 주창하고 있다. 이는 도광양회를 폐기하고 국제정치에서 중국의 국력에 걸맞은 역할을 도모, 관철하는 유소작위로의 방향 전환과 맞닿아있다. 자유주의에 입각한 담론도 활발하게 개진되고 있다. 자오팅양과 왕이저우에 따르면 중국은 과거 중국 중심의 국제질서의 요체였던 화이질서를 지양하여야하며, 대신 자유주의적 책임국가론을 기반으로 세계경영에 있어 중국식 신질서 확립을 위해 노력하여야 한다고 주장하고 있다. 비슷한 맥락에서, 장위옌은 세계경제질서의 번영과 안정을 위해 G-20 중심의 집단지도체제를 논의하고 있다. 중국 전통사상을 기반으로 한 세계질서 구축도 논의되고 있는데 대표적인 학자가 친야칭이다. 친야칭은 중국의 전통사상에서 중요시되는 '관계론'을 토대로 새로운 국제관계이론과 국제안보질서를 도출하고자 하는 노력을 기울이고 있다(문정인 2010).

이 담론들은 상호보완 혹은 경쟁적으로 논의되고 있는데 이 중 어떤 논의가 중국 정권에 의해 선택되는가가 중국발 미래 세계질서 변화의 열쇠라고 할 수 있겠다. 최근 중국 공산당은 국제사회에서 '담론 권력' 확보를 위해 대안세계질서 프로젝트를 대거 추진 중이어서 중국 내부 담론 경쟁은 치열하게 전개되고 있다(저자 인터뷰, 2016년 1월 6일: 순쉐펑 칭화대 교수). 후술하듯, 세계질서 재편과 중국의 역할에 관한 담론의 다양성에도 불구하고 국가-주권 시스템을 근본적으로 넘어서는 대안은 부재한 형편이다. 또한 현재까지 중국에서 제시한 문명적 대안도 구체성이 결여되어있거나 그 실행성에 있어 모호함을 해소시켜 주지 못하고 있다.

본장에서는 중국내 세계질서 담론을 중국 국력에 대한 논쟁과 중도 현실주의와 다원적 합리주의 사이의 논쟁을 통해 살펴보고 그 한계를 논한다. 아울러, 중국이 제시한 문명적 대안인 조화사회론의 적실성을 검토한다. 마지막으로 중국몽의 첫걸음이라고 간주되는 '일대일로' 정책의 검토를 통해 세계질서 대안으로서 그 가능성과 한계도 논의한다.

1. 중국 국력에 대한 논쟁

중국 국력에 대한 논쟁은 현 국제체제에서 중국의 역량과 역할에 대한 평가와 연결되어 있다. 국제체제개혁의 주체로서 중국의 가능성과 한계가 논쟁의 중심에 있는데, 핵심 키워드는 도광양회로 도광양회의 적실성을 둘러싼 치열한 논쟁이 진행되고 있다. 중국은 1970년대 말 덩샤오핑의 개혁개방 정책이후로 '도광양회'를 외교정책의 전면에 내세우며 국제정치를 수행하였다. 도광양회를 정책적으로 풀이하자면, '국제 사무에서 앞장서지 않고, 동맹도 맺지 않으며, 외교는 경제건설에 기여해야 한다는 원칙을 견지'함을 의미한다(조영남 2013).

중국의 국력이 급성장함에 따라 도광양회에 대한 미세한 조정은 있었으나 도광양회의 큰 틀은 후진타오의 시대까지 변화가 없었다. 가령, 후진타오 전중국주석은 2009년 11차 재외사절회의에서 '중국외교의 네 가지 목표', 즉 '정치적으로 더욱 영향력 있고, 경제적으로 더욱 경쟁력 있으며, 이미지적으로 더욱 친화력이 있고, 도의적으로 더욱 호소력이 있어야함'을 천명하며 적극적인 중국외교정책을 표방하였으나, 도광양회를 전제로 하였다. 그러나 시진핑 주석 집권 이래로 도광양회가 중국에 부합하는 대전략의 전제로 유효한지에 대한 논의가 증폭되어 왔다. 도광양회에 대한 변화 필요성이 제기되었다는 의미이다. 도광양회 유지파, 도광양회 폐기파, 도광양회 수정파로 나누어서 살펴볼 수 있는데, 이들은 중국 국력에 대한 상이한 평가를 토대로 각자의 논리를 펼치고 있다.[1] 먼저, 도광양회 유지파이다. 추이텐카이 외교 부부장, 우젠민, 왕위성 등이 도광양회 유지파의 핵심 주창자들이다. 이들에 따르면, 중국의 국력이 커진 것은 사실이나, 국가발전 목표나 외교 목표를 바꿀 정도로 성장한 것은 아니다. 다시 말해, 중국은 부상하였지만, 여전히 해결하여야 할 수많은 문제를 안고 있는 개발도상국임을 명심하여야 한다는 것이다. 도광양회 유지파는 중국은 내부 문제해결에 집중하여야 하며, 대국주의 언행을 포기하고, 평등한 국제질서를 입안하는데 총력을 기울여야한다고 주장한다. 도광양회를 장기적으로 관철하고, 동시에 변환하는 국제환경에 맞서기 위해서 유소작위 강화노력이 보완적으로 수행되어야 한다고 설파하고 있다.

다음은 도광양회 폐기파이다. 앞서 소개한 옌쉐퉁과 자오커진이 도광양회 폐기파를 이끌고 있다. 도광양회 폐기파의 핵심주장은 중국이 급부상하고 있는 현실을 반영하여 소극적인 도광양회를 폐기하여야 한다는 것이다. 중국의 국가 신분이 강대국으로 변하였고, 이에 따른 책임과 권리가 변하였다는 것이 폐기파의 전제이다. 폐기파는 중국의 공세적 외교정책을 주문하고 있는데 구체적으로 1) 비동맹 원칙을 포기하여 미국보다 많은 동맹, 준동맹 관계를 주변국들과 맺어야 하고 2) 경제이익 일변도를 벗어나 안보 이익 등 다른 국익 역시 중시하여야 하며 3) 미-중 관계의 모순(즉 쇠퇴하는 미국이 부상하는 중국을 제어

1) 아래 도광양회에 대한 논쟁은 조영남 (2013, 279-288) 요약.

하는)을 해결하기 위해 중국은 국방력 강화에 힘써야 한다는 것이다. 폐기파는 도광양회가 중국의 경제 일변도의 외교정책을 추동하고 있다고 평가하며, 중국 부상이 가져온 중국 국익의 다변화를 담아내지 못한다고 비판하였다. 중국의 국익은 이제 해양, 우주, 사이버공간까지 확대되었다는 것이 이들의 주장이다. 정리하면, 도광양회 폐기파는 국제정치에서 중국의 위상이 변하였고 중국은 이제 세계를 상대로 중국의 국익을 극대화하는 방향으로 대전략을 다시 짜야한다고 주장하고 있다.

마지막으로, 도광양회 수정파이다. 왕지스, 정비젠이 수정파의 핵심 주창자들이다. 도광양회 수정파의 수정주의 논의는 도광양회에 대한 불필요한 오해를 불식하여야 하는 필요성에서 출발한다. 도광양회는 중국이 국력을 키우기 전까지 견지하는 과도기 전략이고, 따라서 중국이 국력을 키운 이후에는 본색을 드러낼 것이라는 오해를 미국 등 주변국에서 양산하고 있다는 것이 이들의 평가이다. 따라서 수정파는 도광양회란 담론 대신 겸손과 신중함에 기반을 둔 외교정책을 수립하여 시행하는 것이 중국에 필요하다고 역설한다. 구체적으로, 수정파는 중국의 외교 목표가 국제사회에서 '책임 있는 강대국 중국'으로 자리매김할 수 있는 방향으로 전환되어야 한다고 주장한다. 가령, '힘의 부상' 추구에서 사상 혁신과 제도 혁신을 통한 '세계에의 공헌' 추구로, '해외 시장과 자원의 확대 추구'에서 '시장 규칙과 국제제도의 개선 촉진'으로, '권력정치의 다극화 추구'에서 '세계 각국의 공동 통치와 공정한 국제질서 및 지구 거버넌스 방식의 변화 추구'로 바뀌어야 한다는 주장이다. 중국이 추구해야 할 새로운 전략은 주변국과 관련해서 전방위적 '이익합일점의 발전'과 다양한 내용과 층위의 '이익공동체의 건설'임을 명심하여야 한다는 것이다.

2. 중도현실주의와 다원적 합리주의 논쟁

중도현실주의는 현재 중국 외교정책 담론에서 주류로 떠오르고 있다고 평가받고 있다(저자 인터뷰, 2016년 1월 6일: 쟝샤오밍 북경대 교수). 중도현실주의는 국제정세와 중국의 역량에 관해 전술한 도광양회 폐기파와 많은 부분을 공유하고 있다. 먼저, 중도현실주의는 중국의 미래에 관해 낙관하고 있다. 중국은 이미 강대국으로 부상하였고, 중국의 정치, 경제, 군사 기반의 현재와 미래는 밝고 앞으로 더욱 강해질 것으로 보고 있다. 따라서 중국의 당면문제는 미국의 초극적 질서를 중국이 중심이 되는 다극적 질서로 재편하는 것이다. 그 이후에는 중국은 미국과 양극을 이루거나 혹은 중국의 지배를 공고하게 하는 정책을 펴야 될 것이라고 주장한다.[2)]

중도현실주의자들에 따르면, 현재 세계질서는 2008년 글로벌 금융위기 이후 급속히 다극화되어가고 있다. 이러한 과정에서 중국만이 미국의 패권을 견제할 수 있는 유일한 세력이라는 것이 이들의 평가이다. 미국은 중국의 부상을 견제할 것이고 중국은 미국의 방해를 이겨

---

2) 아래 중도현실주의와 다원적 합리주의의 논쟁은 Lynch (2015, 5장) 참조.

내는 것이 중국에게는 큰 도전이 될 것이라는 견해이다. 다극화되어가는 국제정세 속에서 중국 주도의 세계질서 재편에 대한 중도현실주의자들의 처방은 '통합된 다극체제'(Integrated Multipolarity)의 추구이다. 이는 글로벌리제이션 등으로 전 세계의 정치, 경제, 문화는 갈수록 통합, 상호의존이 심화되고 있으며, 따라서 아무리 강력한 국가도 세계질서를 단독으로 구상하여 운영할 수 없기 때문이다. 중국은 중국의 힘과 아이디어를 사용하여 다른 주요 강대국과 함께 세계경영을 이루어 나가야하는 방안을 강구하여야 하는데, 이것이 미국의 초극적 질서를 안정된 다극적 질서로 재편하는 길잡이가 된다. 특히 중국의 문화와 가치가 미국, 유럽 등에 침투하여 호소력을 확보하는 것이 중국 주도의 세계질서 창출에 크게 공헌할 것으로 중도현실주의자들은 보고 있다.

다원적 합리주의는 도광양회 유지파와 맞닿아 있다. 다원적 합리주의자들의 중국에 대한 평가는 결코 낙관적이지 않다. 이들에 따르면, 중국은 개혁개방 이후 크게 발전하였으나, 아직도 많은 정치, 경제, 사회 문제로 인해 중국의 미래는 여전히 불안하고 불안정하다. 경제, 문화, 정치, 기술, 과학, 군사 등을 포괄하는 국력 총량으로 보면 중국은 미국뿐만 아니라 대부분의 서유럽 국가들, 일본에도 미치지 못하고 있다는 것이 이들의 견해이다. 중국은 기껏해야 가장 발전한 '개도국' 정도라는 것이다. 따라서 중국 외교의 핵심은 미국과 서로의 핵심이익을 상호존중하며 좋은 관계를 유지, 발전시켜야 하는 것이 된다. 다원적 합리주의자가 제시하는 구체적인 외교 방안은 대미 외교의 강약조

절과 유연성이다. 강약조절의 경우, 다원적 합리주의자들은 이슈 영역에 따라 중국 외교의 적극성을 조절할 필요가 있다고 주장한다. 가령, 군사, 안보 부분에서는 저자세를 취하되, 중국이 외환보유고 등 상당한 역량을 가지고 있는 금융이나 기후변화에는 적극적 외교를 추구하는 것이다. 유연성의 경우, 다원적 합리주의자들은 중국이 '핵심이익' 개념을 버려야 할 것이라고 주장한다. 핵심이익 개념은 중국 외교를 경직시킬 수 있기 때문이다. 핵심이익 개념을 버리는 대신에, '정통성 있는 이익'(Legitimate Interests) 개념을 사용하여 중국 외교의 유연성 제고와 함께 외교정책의 정통성 확보를 달성해야 한다고 주장한다.

도광양회 논쟁과 중도현실주의와 다원적 합리주의 논쟁을 정리하면 다음과 같다. 우선, 중국의 부상이 무엇이며, 중국의 부상이 장기적으로 세계질서를 어떻게 변화, 재편시킬 것인지 구체성이 결여되어 있다. 정도의 차이는 있겠으나, 전술한 담론 모두 중국이 기존의 시스템에서 어떻게 (더 영리하게) 살아남아야 하고 더 강해질 수 있는가에 초점이 맞추어져 있다. 정책담론의 방향과 내용이 미래 지향적인 새로운 세계질서 구축과는 거리가 멀다. 특히, 국가-주권 시스템의 한계를 읽어내고 이를 변화시켜 새로운 세계질서를 구축해 내는 정책 담론은 아직 구체화되어 있지 않은 형편이다. 도광양회 유지파, 폐기파, 수정파, 중도현실주의, 다원적 합리주의 모두 기존 국가-주권 시스템을 전제로 중국 외교와 국제정치를 논하고 있을 뿐이다.

중국발 세계질서 재편 내용의 모호함은 이정남(2017) 연구에도 나타난다. 이정남은 총 44명의 중국 내 주요 국제정치전문가를 대상으로 설문 조사와 심층 면접을 2017년 실시하였다. 조사 내용은 총 세 가지 분야로 가치와 사상 영역에서 중국의 구상, 국가 간 관계에 대한 중국의 구상, 외교 (통치) 방식에 대한 중국의 구상을 망라하였다. 이 연구에 따르면 중국이 추구하는 미래 질서는 다극체제이며 다극체제에서도 강대국과 약소국의 영향력 차이가 분명할 것으로 보았다. 또한 중국이 다원성을 강조하지만 지금까지 국제사회에 대안적 가치나 사상을 뚜렷하게 제공하지 않았다는 것이 대다수 전문가들의 견해였다. 국가-주권 체제를 넘어서는 대안적 세계질서 재편과는 거리가 있는 결론이다. 중국은 기존 질서의 개혁가(Reformer)인가? 혁명가(Revolutionary Force)인가? 아니면 또 다른 옹호자인가?

3. 조화사회론과 중국몽: 중국의 대안적 문명 논의?

후진타오 전주석의 '조화사회론'은 중국 부상 이후 중국이 제시한 가장 대표적인 중국의 문명적 대안이다. 박홍서(상해사회과학원)에 따르면, 후진타오 등의 조화사회론은 중국이 오랜 세월 동안 유지, 발전시켜온 세계질서(혹은 지역질서)에 관한 중국적 권력통치전략이다. 통치성(governmentality)은 타인에 대한 지배기술과 행위자 자신의 자아기술로 구성되어지며, 역사적으로 통치효율성 제고라는 목표를 위해 변화되어 왔다. 이러한 맥락에서, 전통적으로 중국의 세계질서 관여는 '기미책'이라는 타인 지배기술과 주변국 스스로를 '군자

나라'로 자기 주체화시키는 자아기술을 통해 통치효율성을 제고시키는 방식으로 작동하였다. '기미책'은 '말의 굴레'와 '소의 고삐'를 적절히 쥠으로써 마소를 부리듯이, 주변국에 대해서도 완전한 관계 단절이나 과도한 영향력 행사 모두를 자제한다는 것을 의미한다. 예를 들면, 주변국이 칭신하는 이상 그들을 '외신'으로 대우해 자율성을 인정해주고 물리적 침공을 하지 않는다. 중국은 책봉을 통해 '군장만을 통치'하고 그 군장들로 하여금 각각의 지역을 통치하게 함으로써 통치비용을 절감한다. 통치비용 절감이란 '기미책'을 통해 주변국에 대해 중국이 책임져야 할 정치, 경제적 부담을 차단한다는 것을 의미한다(박홍서 2014). 이러한 통치 전략은 중국이 주변 국가들로부터 우월성을 인정받는 한 주변국들에게 자율성을 허용하고 아울러 그들 스스로 중국적 세계질서의 일원으로서 자기 주체화시킴으로써 효율적 통치를 가능하게 한다(이삼성 2010, 3장).

따라서 대안적 세계질서로서 중국의 조화사회론 표방은 중국이 옛 천하질서를 모태로 세계질서의 '통치'에 나서려는 의지와 의도를 보여준다고 할 수 있겠다. 실제로 후진타오 등의 조화사회론은 이러한 전통적 중국식 통치방식을 표출하고 있다. 후진타오를 필두로 제시된 조화사회론의 내용은 (1) 각국의 고유한 제도 및 발전 방식에 대한 존중 (2) 패권주의와 강권정치에 대한 반대 (3) 대화와 협상을 통한 문제해결 및 공동번영을 강조한다는 측면에서 중국을 축으로 한 '자율적' 국제관계 형성에 대한 중국의 선호도를 나타내고 있다. '공자학원'의 전 세계적 확산 등의 중국의 연성권력 전략도 중국의 매력을 발산하여 중국의 이미지를 제고하고 종국적으로는 주변국의 자발적 대중국 편승을 기획한다는 점에서 중국식 통치전략과 맞닿아 있다.

조화사회론에 기반한 조화세계의 핵심은 중국을 중심으로 한 자율적 세계를 구축하여 대외적 통치 효율성 제고에 목적이 있다. '기미책'이 상정하듯, 중국은 강경책과 유화책을 적절히 혼합하여 구사할 수 있다. 최근 중국이 영토와 영해 분쟁에 있어 적용하고 있는 '황옌다오 모델'(Scarborough Shoal Model)에서 조화사회론에 입각한 기미책 사례를 살펴볼 수 있다. 황옌다오 모델은 세 단계로 나누어서 적용되는데 그 첫 번째가 중국 국내법에 따른 해양 순시선의 현장 법집행을 위주로 하는 것이다. 두 번째 단계는 타국 정부와 협상을 시도하는 외교적 수단을 사용하는 것인데 이것은 보조수단이다. 마지막으로 세 번째 단계는 앞의 두 단계가 실패했을 경우 군사적 수단을 방패로 삼아 무력으로 문제를 해결하는 것이다.

그렇다면 조화사회론은 세계질서 재편의 토대가 될 문명적 대안이 될 수 있을까? 조화사회론은 국가 간의 이기적인 경쟁을 규범화하는 국가-주권 시스템을 뛰어넘은 철학적 토대를 제공할 수 있을까? 적어도 지금까지 제시된 중국식 조화사회론은 이러한 기대에 미치지 못한다. 조화사회론은 중국과 타국의 명확한 경계를 바탕으로 한 중국식 통치전략에 다름없기 때문이다. 물론 조화사회론이 국가 간에 갈등보다는 협력을 보다 강조하고 있으나 다른 형태의 '미국식 패권안정이론'이라는 비판에서 자유롭지 않다.

후진타오의 조화사회론에 이어 시진핑 주석은 중국몽을 제시하였다. 중국몽은 2012년 11월 29일 시진핑이 중국역사박물관에 전시된 '부흥의 길'을 참관할 때 '중화민족의 위대한 부흥'을 언급하면서 본격적으로 담론화되기 시작하였다고 알려져 있다(이정남 2018, 166; 조영남 2013, 20-21). 이후 중국몽은 중국 주도의 세계질서 재편을 표방하게 되었다. 시진핑 이전의 중국은 중국의 정체성을 개발도상국 혹은 동아시아지역 강대국으로 규정하며 대외정책의 축으로 삼았는데 시진핑 시대는 '중국특색의 강대국 외교'를 전면에 내세웠다. 중국몽에 입각한 중국 특색의 강대국 외교는 중화민족의 부흥과 세계질서 재편을 쌍두마차로 기존의 글로벌 거버넌스 체제의 개혁을 강력하게 주문하기 시작하였다. 시진핑은 2013년 3월 브릭스 회의에서 처음으로 기존 글로벌 거버넌스 체제 개혁의 필요성을 제기하였다. 시진핑은 또한 2015년 9월 정치국 집단학습회의에서 글로벌 거버넌스 체제 개혁의 핵심은 규칙을 새롭게 짜고 정립하는 것이라고 구체화하였으며 이 과정에서 중국이 신국제질서를 능동적으로 구축하여야 한다고 역설하였다. 시진핑 중국몽의 결과로써 미국 중심 글로벌 거버넌스의 대안으로 일대일로, 아시아인프라투자은행, 브릭스의 신개발은행, 새로운 아시아안보체계수립 구상 등이 발현되었다(이정남 2018, 177~178). 위안화 국제화도 이러한 견지에서 추진되고 있다(이용욱 2017).

그렇다면 중국발 세계질서 재편을 전면에 내세운 중국몽은 국가-주권 시스템에 대한 근본적인 대안을 제시하고 있는가? 중국몽의 실체에 대해 문헌분석과 11명의 중국정치학자 심층면접을 2018년 실시한 이정남(2018)의 연구는 부정적이다.[3] 11명 모두 비교적 뚜렷하게 중국몽을 규정하였는데 그 예시는 다음과 같다.[4] 중국몽은 '국가의 몽, 문명국 몽이 아닌 강국몽,' '민족의 몽이고, 과거 영광의 회복, 문명 강대국이 될지는 두고 봐야 함', '세계 초강대국몽', '수퍼파워몽', '중화민족의 위대한 부흥, 과거에는 진흥몽, 현재는 부흥몽', '국가의 부강이라는 강국몽', '권위주의 통치이데올로기이고, 구중국몽은 복수몽이고, 신중국몽은 문명몽' 등이다. 다시 말해, 대다수의 의견은 중국몽은 다름 아닌 중화민족 부흥을 위한 강국몽이라는 것이다. 이는 중국몽이 국가-주권 시스템을 넘어서는 세계질서 재편이 아닌 기존 국가-주권 시스템을 그대로 두고 그 운영 방식을 중국이 주도하여 바꾸겠다는 것에 지나지 않음을 의미한다. 중국몽이 조화사회론보다 오히려 퇴행적으로 보일 수 있는 부분이다.

일대일로의 사례를 통해 중국몽의 가능성과 한계도 살펴볼 수도 있다. 주지하다시피 일대일로는 시진핑 주석이 제시한 '중국몽' 발현의 첫 번째 과실이자 역대 중국이 제기한 어떤 외교이념보다도 구체적으로 중국의 지역 및 글로벌 질서 재구성 의지를 읽을 수 있는 정책으로 평가된다. 이는 시진핑 주석이 2014년 11월 중앙외사영도소조 공작회의에서 밝힌 일대일로에 대한 목적과 비전에서도 확인할 수 있다. 시진핑은 일대일로 건설은 실무적 협력을 통해 관련국들의 윈-윈을 추구하되, 정치, 경제, 안보, 문화 등 대외협력의 각 방면까지 미칠

---

3) 11명은 베이징대 2명, 칭화대 3명, 중앙공산당교 2명, 화동정법대 1명, 화동사범대 1명, 상하이사범대 1명, 푸단대 1명으로 구성되었다. 이정남(2018, 168-169) 참조.

4) 아래 내용은 이정남 2018, 175.

수 있어야 한다는 점을 강조하였다. 다시 말해, 경제 분야 협력을 강조하던 기존의 도광양회식 중국 외교전략에서 탈피하여 일대일로 관련국들과 다차원적, 전방위적 협력을 추진하려는 중국의 정책의지 표명이라 할 수 있겠다.

과연 중국의 일대일로가 국가-주권 시스템의 한계를 넘어 새로운 세계질서 구축을 추동할 수 있을까? 평가하기에는 시기상조이지만, 일대일로에 나타난 중국의 세계질서 재편 비전에는 그 가능성과 함께 한계도 보인다. 가능성으로는 중국의 공동번영 추구에 대한 정책적 의지이다. 2008년 글로벌 금융위기를 겪으면서 많은 국가들이 경기회복에 어려움을 느끼고 있는 상황에서 중국이 주변 국가 경제발전의 견인차 역할을 자처하며 일대일로 건설을 통해 공동번영을 추구하려고 하는 점은 고무적이다. 특히, 중국이 상대방인 연선국가들과 긴밀한 협력을 통해서 다양한 사업을 추진하여 일정한 성과를 도출해 내고 있다는 점에서 기존의 강대국이 약소국을 대상으로 행사하는 비대칭적 협력의 한계를 넘어설 수 있는 개연성을 보여준다.

그러나 국가-주권 시스템에 기반한 일대일로가 갖는 한계점도 명확하다. 먼저, 19세기적 지정학의 부활을 들 수 있다. 일대일로의 핵심 대상국은 구소련 지역인 중앙아시아 국가와 동남아, 남아시아 지역들로 주로 개발도상국들이 많이 포진되어 있는 지역이다. 중국이 주도적이며 공세적으로 일대일로를 추진하게 되었을 때, 러시아, 미국 등 강대국들과 경쟁도 피할 수 없게 될 전망이다. 러시아는 '신동방정책'을 이미 추진 중에 있고, 미국은 중국에 앞서 '뉴 실크로드 이니셔티브'

와 '아시아로의 중심축 이동' 전략 등 중국의 대외확장을 견제하는 정책을 발표하였다는 점을 상기할 필요가 있다. 특히, 중국이 경제협력을 넘어 일대일로를 통한 정치, 안보적 영향력 확대를 구체화할 때 강대국 사이에 상당한 진통이 예상된다. 이뿐만 아니라, 일대일로 관련국인 연선국가들이 지역강대국인 일본과 중국 사이에서, 미국과 중국 사이에서, 러시아와 중국 사이에서 위험분산 전략을 취하게 된다면, 일대일로 구상의 추진동력은 상당하게 약화될 수 있다(김재관 2014). 이는 다시 강대국 간의 주변국들을 대상으로 한 공세적 외교로 이어질 수 있는 폭발성을 안고 있다. 따라서 일대일로의 성공적 실현은 새로운 세계질서의 창출과 구분될 수 없다.

V. 결론: 새로운 세계질서 구축에 있어 중국의 중요성과 역할

세계질서 재편에 있어 중국의 역할을 아무리 강조해도 지나치지 않다. 특히, 국가-주권 시스템의 근본적인 성찰과 변화가 요구되는 이 시점에 새로운 세계질서 구축을 위한 중국의 비전, 목표, 전략은 그 판세를 가늠할 게임체인저의 성격을 지닌다. 중국 외교역량의 결집이 어느 때보다 긴요하다. 중국은 세계질서 재편을 위해 무엇을 준비하고 갖추어야 하는가?

첫째, 국가-주권 시스템을 뛰어넘는 세계질서 재편에 대한 구체적인 비전이 준비되어야 하고, 이를 전 세계를 대상으로 협상하고 설득할 수행 의지와 능력을 갖추어야 한다. 대전략 수립과 종합적 외교능력 확대가 요구되며, 정치, 경제, 사회 제도혁신과 개혁으로 국민적 공감대 확보와 탈민족적 가치관 확립 역시 중요하다. 특히, 중화문명과 중화 가치를 민족주의를 넘어 보편적 차원으로 개념화하는 노력도 수반되어야 한다. 문명 간의 대화, 문화와 혼종을 통한 새로운 가치체계 확립이 방법론이 될 수 있다.

둘째, 중국은 자신감을 가지고 세계질서 재편의 장에서 활동하여야 한다. 서구가 창안, 발전시켜온 정치, 경제, 사회 제도와 가치의 장단점을 전 세계적 역사발전 맥락에서 파악하고 이에 대한 대안을 제시하여야 한다. 대안 없는 비판을 지양하여야 하고, 중국발 세계질서 재편의 정통성을 내부개혁을 동반하여 국내외적으로 확대하여야 한다. 세계 수준의 문화 및 지식 기반 인프라를 수립하여 국제정치장에서 지지를 받을 수 있는 담론권력 확보에도 주력하여야 할 것이다. 다시 말해, 중국은 스스로의 국제질서 언어를 만들어 내어 새로운 국제질서 구축이 필요한 이유를 국제사회를 대상으로 설득하여야 한다.

마지막으로 미-중 협력을 견인하는 리더십을 확보하여야 한다. 국가-주권 시스템의 재편은 미국과의 협력 없이는 불가능하다. 중국과 미국이 협력할 경우에만 새로운 세계질서가 만들어질 수 있다는 의미이다. 중국은 미-중 관계의 관리를 매개로 하여 세계질서 관리자로서 미국과 중국의 상호정체성 확립과 상호이익 담론의 구성을 선도하여야 한다(Roach 2014). 세계질서 재편에 있어 세계의 운명을 거머쥔 공동경영자라는 상호정체성 인식이나 규정이 미-중간에 존재하지 않는다면 지속가능한 구체적 정책의 표출은 요원할 수밖에 없다. 국제무대에서 이상주의적 슬로건의 난무만을 목격할 뿐이다. 방법론적으로, 중국과 미국의 정치, 경제 엘리트 간의 인식공동체(epistemic community) 구성도 생각해 볼 수 있겠다. 미–중 인식공동체는 정기적 포럼과 모니터링 등을 통해 전지구적 문제에 대한 문제의식을 공유하고 토론과 상호이해를 통해 장기비전을 포함한 실천 가능한 정책을 공동으로 수립하는 네트워크적 협력방안을 고안해야 할 것으로 보인다. 이를 통해 이슈별 세계정부를 비롯한 초국가 권위체제를 수립하여 국가–주권 시스템의 한계를 극복하고 세계의 공동번영을 견인할 '세계거버넌스 시스템'의 초석을 다질 수 있겠다.

참고문헌

고봉준. 2015. "동아시아 군사력 균형과 한반도 평화." JPI 정책포럼 No. 2015-02/05/06.

김재관. 2014. "미국의 '신실크로드 전략'과 중러의 대응." 『평화연구』 제23권 2호.

문정인. 2010. 『중국의 내일을 묻다』 서울: 삼성경제연구소.

박홍서. 2014. "푸코가 중국의 세계질서를 바라볼 때." 『국제정치논총』 제54집 4호.

신성호. 2014. "19세기 유럽협조체제(The Concert of Europe)에 나타난 강대국 정치를 통해 본 21세기 중국의 신형대국관계." 『국제정치논총』 제54집 3호.

신주식. 2011. "조화사회론의 연원, 태동배경 및 발전방향에 관한 연구: 유가 조화사회 사상이 끼진 영향을 중심으로." 『한중사회과학연구』 제9권 3호.

윤영관. 2015.『외교의 시대: 한반도의 길을 묻다』서울: 미지북스.

이삼성. 2010.『동아시아이 전쟁과 평화: 근대 동아시아와 말기조선의 시대구분과 역사인식』서울: 한길사.

이승주. 2019. "미중 무역 전쟁의 동학: 외연의 확대와 상호의존의 역습." EAI 이슈브리프(2019년 8월 23일).

이용욱. 2016. "위협의 다변화와 글로벌 거버넌스: 국가-주권 시스템의 위기와 한계."『국제지역연구』제25권 3호.

이용욱. 2017. "위안화 국제화와 한국의 금융외교: 삼립불가능성과 전략적 선택."『신아세아』제24권 1호.

이정남. 2017. "중국이 구상하는 세계질서 상: 중국내 국제정치학자의 인식을 중심으로."『국제정치논총』제57권 4호.

이정남. 2018. "시진핑의 중국몽: 팍스 시니카 구상과 그 한계."『아세아연구』제61권 4호.

정주영. 2020. "새로운 세계 무역질서가 필요하다." 여시재 인사이트(2020년 4월 21일).

조영남. 2013.『중국의 꿈: 시진핑 리더십과 중국의 미래』서울: 민음사.

Bernstein, Steven and Louis Pauly. 2007. *Global Liberalism and Political Order: Toward a New Grand Compromise?* Albany: State University of New York Press.

Buzan, Barry and George Lawson. 2015. *The Global Transformation: History, Modernity and the Making of International Relations*. Cambridge: Cambridge University Press.

Cabrera, Luis. 2015. "Global Government and the Sources of Globoscepticism." *Millennium: Journal of International Studies* 43(2): 471-491.

Cabrera, Luis. 2010. "World Government: Renewed Debate, Persistent Challenges." *European Journal of International Relations* 16(3): 511-530.

Campbell, Craig. 2003. *Glimmer of a New Leviathan: Total War in the Realism of Niebuhr, Morgenthau, and Waltz*. New York: Columbia

University Press.

Chin, Gregory. 2014. "China's Rising Monetary Power." In *The Great Wall of Money: Power and Politics in China's International Monetary Relations,* edited by Eric Helleiner and Jonathan Kirshner. Ithaca: Cornell University Press.

Deudney, Daniel. 2007. *Bounding Power: Republican Security Theory from the Polis to the Global Village*. Princeton: Princeton University Press.

Deutsch, Karl. 1966. *The Nerves of Government*. New York: Free Press.

Eichengreen, Barry. 2010. "Managing a Multiple Reserve Currency World." *Report on The Future Global Reserve Systeman Asian Perspective. The Asian Development Bank (http://aric.adb.org/grs/papers/Eichengreen.pdf).*

Gallarotti, Giulio. 2010. *The Power Curse: Influence and Illusion in World Politics*. Boulder: Lynne Rienner.

Gilpin, Robert. 1981. *War and Change in World Politics*. Cambridge: Cambridge University Press.

Gilpin, Robert. 1996. No One Loves a Political Realist. *Security Studies* 5:3–28.

Held, David. 2004. *Global Covenant: The Social Democratic Alternative to the Washington Consensus*. Cambridge: Polity.

Helleiner, Eric and Jonathan Kirshner (eds.). 2014. *The Great Wall of Money: Power and Politics in China's International Monetary Relations*. Ithaca: Cornell University Press.

Jervis, Robert. 1997. *System Effects: Complexity in Political and Social Life*. Princeton: Princeton University Press.

Kang, David. 2012. *China's Rising: Peace, Power, Order in East Asia*. New York: Columbia University Press.

Kennedy, Paul. 1987. *The Rise and Fall of the Great Powers*. New York: Random House.

Kirshner, Jonathan. 2014. "Regional Hegemony and an Emerging RMB Zone." In *The Great Wall of Money: Power and Politics in China's International Monetary Relations,* edited by Eric Helleiner and Jonathan Kirshner. Ithaca: Cornell University Press.

Jacques, Martin. 2009. "What Will Chinese Hegemony Look Like?" *Süddeutsche Zeitung Magazin* (01/29/2009).

Kelly, Robert. 2014. "What Would Chinese Hegemony Look Like?" *The Diplomat* (02/10/2014).

Lee, Yong Wook. 2015. "Nonhegemonic or Hegemonic Cooperation? Institutional Evolution of East Asian Financial Regioanlism." *Korean Journal of International Studies* 13, 1.

Lynch, David. 2015. *China's Futures: PRC Elites Debate Economics, Politics, and Foreign Policy*. Stanford: Stanford University Press.

Mearsheimer, John. 2001. *The Tragedy of Great Power Politics*. New York: Norton.

Nussbaum, Martha. 2006. *Frontiers of Justice: Disability, Nationality, Species Membership*. Cambridge: Belknap, Harvard.

Rodrik, Daniel. 2000. "*How Far Will Economic Integration Go?*" Journal of Economic Perspectives 14(1): 177-186.

Roach, Stephen. 2014. *Unbalanced: The Codependency of America and China*. New Haven: Yale University Press.

Snyder, Jack. 1991. *The Myth of Empire: Domestic Politics and International Ambition*. Ithaca: Cornell University Press.

Wendt, Alexander. 2003. "Why a World State Is Inevitable." *European Journal of International Relations* 9(4): 491-542.

Ⅳ

결론

Multiple Hegemonies

IV

결론:
다패 시대와 다동맹(Multiple Alliances) 전략

미 · 중 패권 경쟁이 세계질서에 줄 수 있는 긍정적 효과

미 · 중 패권 경쟁은 보통 세계질서에 불확실성을 확대 재생산하면서 부정적 영향을 미친다고 보는 쪽이 많았다. '제2의 냉전'과 같은 용어가 사용되는 것을 보면 다시 '공포의 균형' 시대로 진입할지도 모른다는 우려도 있다. 미 · 중 간의 직접적 전쟁은 없더라도 남중국해나 다른 분쟁지역에서 한국전쟁이나 베트남전쟁처럼 국지전의 발발로 이어질 수 있다는 목소리도 있다. 하지만 다패 시대의 도래가 국제질서에 주는 함의는 이 새로운 시대가 미국과 중국의 대결과 인정투쟁으로 점철되지 않고 다수의 패권국 간의 조화(調和)와 '유동적 균형(floating balance)'으로 특징지어질 가능성이 크다는 점이다.

동아시아의 유교적 질서에서 화이부동(和而不同)이라는 작동원리는 행위자가 일정한 수준의 덕목을 갖춘다면 비록 정체성이 다르더라도 이들 사이에 조화로운 관계를 생성할 수 있다는 희망의 메시지이다. 물론 이것이 유일 패권을 추구한 2,000여 년 전 춘추시대에는 불가능했다. 21세기의 국제관계의 주요 행위자로 지목된 신춘추오패는 어떤 상호관계를 형성할 수 있을까? 미 · 중 · 러 · 인 · EU 간의 상호관계, 특히 미 · 중 관계의 추이가 세계질서의 주는 함의는 두말할 나위도 없이 중요한데, 이 책에서 밝히고자 한 것은 이들 사이의 직접적인 전쟁의 가능성이 적은 상황에서 역동적인 조화와 균형이 형성될 수 있다는 것이다. 잘 살펴보면 미 · 중 · 러 · 인 모두가 핵보유국이고 EU의 회원국인 프랑스도 유엔 안전보장이사회의 상임이사국으로 핵무기를 보유하고 있다. 이들은 모두 군사력, 경제력, 지도력 면에서 상당한 수준에 올라와 있는 강대국들이고 패권 의식을 정체성의 한 부분으로 가진 국제정치의 행위자이다.

유동적 균형은『전쟁론』을 쓴 프로이센의 군인이자 사상가인 클라우제비츠가 전쟁을 분석하는 데 사용한 핵심 개념이다. 전쟁의 양상은 폭력 혹은 악의로 표현되는 국민감정, 전장에서 발현되는 지휘관의 전략적 기회와 행운, 정책으로 표현되는 정부의 합리성이라는 세 가지 상호적 요인 사이에서 결정되는데, 전쟁을 분석할 때 이 세 요소가 보여주는 유동적 균형에 주목해야 한다는 것이다(Son and Herberg-Rothe 2018; Bassford 2003). 이 유동적 균형은 세 개의 자석 사이에 놓인 진자(pendulum)의 위치가 가해지는 힘의 차이에 의해 유동적으로 바뀌지만, 이 세 자석의 영향에서 벗어날 수 없는 상황을 의미한다. 다시 말해 전쟁의 시작과 전개는 이 세 가지 요소들의 끊임없는 상호작용으로 결정된다는 것이다.

국가가 전쟁을 결정하고 행사하는 과정은 국민감정, 정부 정책, 지휘관의 전략과 행운의 여부에 따라 많은 차이가 난다. 미국이나 중국도 양국 간의 대결을 상정할 때 이 세 가지 요소가 영향을 미치면서 대결의 양상을 결정하겠지만, 이 유동적 균형이라는 개념을 확대하면 이 책이 말하는 신춘추오패 사이의 역학 관계에도 적용할 수 있다. 흔히 미·중 관계에 세간의 이목이 쏠려 있지만, 인도·태평양 전략에서 인도가 차지하는 위치, 그리고 러시아나 EU의 전략적 선택을 고려하면 국제질서는 이 들 5대 강국 사이에서 유동적 균형을 보이는 다패 시대가 될 가능성이 크다. 이 새로운 국제질서는 냉전 기간의 양극체제나 냉전 후 미국의 단극체제에 비해 훨씬 유동적이지만, 새로운 시대에 대한 학습효과가 나타난다면 파국으로 치닫지 않고, 협력과 경쟁의 다양한 양상을 보이는 역동적인 시대가 될 것임을 예고한다.

다패 시대의 국가 정체성과 한국: 러시아의 노력을 탐색해 보면?

각국은 다패 시대의 시대 정신에 걸맞은 자신의 위상과 정체성을 찾아야 한다. 미국은 '예외적 권력(exceptional power)'이라는 과거의 패권적 집착에서 벗어나야 하고, 중국은 단순한 중화 제국의 재부상이 아니라, 인류에게 패권국이 줄 수 있는 공공재가 무엇이 있을까에 대해 진지하게 고민해야 한다. EU는 기존의 다중심적 정책 결정 모델을 더 효율적으로 만들어 인류가 아직 경험해 보지 못한 세계정부(world government) 건설에 한 걸음 더 나아가는 시도를 해야 할 것이다. 10장에서 논의된 것처럼 여러 문제에 봉착한 기존의 국가-주권 시스템을 대체하기 위한 노력의 일환으로 중국이 EU와 함께 세계정부 건설을 추진한다면 인류 역사는 새로운 단계에 진입할 것이다.

6장에서 보면 러시아는 세계질서에서 러시아가 차지하는 위상을 높이려고 지속적으로 노력해 왔고, 이러한 노력의 과정에서 여러 번 국가 정체성을 바꾸었다. 냉전기에는 세계의 절반에 이르는 영역에서 패권적 영향력을 미치는 제국이었지만, 이 제국이라는 정체성은 지속가능성이 결여되어 있었다. 고르바초프의 친서방 정책이 소련의 붕괴와 냉전의 종식을 가져왔지만, 친서방 정책으로 대표되는 러시아의 정체성 전환은 오히려 러시아의 국제적 위상을 추락시켰다. 중국이 부상하면서 러시아는 친서방 정책을 버리고 중국과의 연대에 골몰했다. 종국에는 푸틴의 집권이 장기화하면서 중국뿐만 아니라, 인도, 브라질 등을 포함하는 반패권적 연대 형성에 주력하고 있는 양상이다.

하나의 개인처럼 국가도 끊임없이 자신의 교류와 동맹의 대상을 바꾸어 새로운 정체성을 형성하면서 독자성과 번영을 추구한다. 반면교사(反面教師)로서 500년의 세월 동안 같은 정체성을 유지하려고 노력한 조선의 말로는 9장에서 설명한 것처럼 비참했고 일본의 식민지가 되면서 국가사멸로 이어졌다. 냉전 이후 한국도 여러 가지 시도를 해왔다. 냉전의 종식과 함께 김영삼 정부는 외교 다변화 정책을 추진했지만, 북한 핵 문제에 봉착해 친미 정책과 강대국 위주의 외교에서 탈피할 수 없었다. 김대중 정부는 남북관계의 획기적 개선을 통해 한국과 유라시아 대륙을 잇는 '철의 실크로드' 정책을 추진했지만, 간신히 남북 접경지에 금강산관광지대와 개성공업지대를 만드는 정도의 성과에 그쳤다. 물론 일본과의 화해와 동아시아 지역협력에 관심을 기울여 한국의 위상이 동아시아지역에서 높아졌다고 할 수 있다. 그 이후의 정부들은 새로운 성과를 내지 못하면서 남북관계가 오히려 후퇴하고 이웃 국가와도 긴장 관계가 형성되는 상황이 되었다. 물론 문재인 정부가 신북방정책과 신남방정책을 추진하면서 한국 외교의 지평을 확대하려고 했지만, 별다른 성과를 내지 못했다. 한편, 그 영향력과 파급력을 측정하는 데는 시간이 걸리겠지만, 2020년 11월에 체결된 역내포괄적경제동반자협정(RCEP)은 한국을 포함한 15개 회원국 간의 무역을 확대하고, 새로운 동아시아 지역 정체성 형성에 이바지할 수도 있다.

유동적 균형을 보이는 다패 시대의 세계질서에서 한 국가가 생존하고 번영하려면 일단 변화하는 세계질서에 맞게 국가 정체성을 계속 바꾸어가야 할 필요가 있다. 미국의 유일 패권이라는 이미 존재하지 않는 국제질서의 향수에서 빨리 벗어나 역동적인 정체성의 변화를 도모해야 한다.

다패 시대의 효율적 글로벌 거버넌스:
EU를 모델로 한다면?

저자가 10여 년 전 유럽에서 열린 국제회의에서 한 EU의 고위 간부에게서 들은 얘기는 의미심장했다. 당시는 터키의 EU 가입 논의가 이루어지면서 'EU의 최종 목표는 무엇인가?' 혹은 'EU의 경계는 어디인가?'라는 질문이 나왔는데, 그가 웃으면서 한 말이 EU는 경계가 없고 지속적인 확대를 추구하고 있다는 것이었다. 최종 목표를 분명히 밝히지는 않았지만, EU의 깃발 아래 전 세계를 통합하고 싶다는 의지 즉, 유럽합중국(United States of Europe)을 추구하려는 의도가 엿보였다. 10장에서 나온 국가-주권 체제를 넘는 새로운 국제질서의 형성은 EU의 다중심적 모델이 효율성과 지도력을 보일 때 가능할 수도 있다. 사실 인구의 팽창과 난개발로 인해 지구는 이미 너무 좁은 공간이 되었고, 군사, 환경, 보건, 이주 문제 등에서 국가-주권 체제는 비효율을 넘어 인류에게 재앙을 가져올 수도 있다. 이런 점에서 10장에서 주장된 것처럼 새로 부상하는 국가인 중국은 미국과 서구 국가들보다 기존의 국가-주권 체제에 대한 함몰 비용(sunk cost)이 적어 새로운 국제질서를 모색하는데 유리한 위치에 있다.

영국의 탈퇴(Brexit)에도 불구하고 EU 영향력의 확대는 국제정치에서 하나의 바람직한 모델을 제시한다. 비록 당장은 미국은 물론 러시아, 중국, 인도 등에 의해 제지당해 물리적인 경계의 확대는 불가능하겠지만, EU가 모범적으로 제시하는 평화와 번영의 가치는 국제적으로 큰 울림을 자아낸다. 웬트(Wendt 2003)의 구상처럼 지역 공동체, 혹은 지역 정부라는 모델은 종국에는 아직 인류가 경험해 보지 못한 세계정부로 나아가는 하나의 경유지일 수 있다.

5장에서 언급한 것처럼 EU는 국가 간 힘의 차이에서 오는 위계적 국제질서 또는 패권의 종식을 추구하지만, 국가 간 힘의 차이는 여전히 존재하고 이것은 EU의 정책 결정 과정에 반영되어 왔다. EU 내부의 분열이 이 공동체의 미래를 위협하겠지만 공동체는 여전히 진보한 의미의 탈패권적 제국이라는 장점을 보유한 행위자이다. EU 집행위(European Commission)가 보여주는 초국가적 권위와 개별 정부의 정책적 판단 및 초국가적 시민 연합의 행위가 상호작용하면서 회원국의 안보 및 경제적 이익과 역내 주민 생활의 질적 향상이 실현된다면 EU는 여전히 미래지향적 공동체로 기능할 것이다.

다패 시대의 외교전략으로서 다동맹: 인도에게 들어보면?

냉전기의 대표적인 특징 중의 하나는 양극의 존재와 함께 비동맹운동이 있었다는 것이다. 자본주의권과 공산주의권에 속하지 않는 제3의 국가집단이 있었고, 이들을 비동맹국가라고 불렀다. 21세기 다패 시대의 국가전략을 언급하면서 논의하지 않을 수 없는 것이 비동맹운동과 유사하지만 21세기 새로운 국제질서를 반영하는 새로운 전략적 사고이다. 여기에서는 이것을 다동맹(multiple alliances) 전략이라고 지칭한다.

우선 다동맹 전략은 한 국가가 취할 수 있는 일반적인 전략은 아니다. 적성국과 우방국의 구분이 분명한 국제질서 속에서는 적성국과 우방국 모두와 동맹을 맺는다는 것은 불가능한 것이다. 이 상태에서는 다동맹 전략은 유효하지 않고 동맹의 당사자로부터 외면받을 확률이 높다. 하지만 21세기 세계질서에서 적성국과 우방국이 분명한 차이를 두고 존재하는가? 다패 시대는 새로운 전략적 선택을 요구한다. 이런 맥락에서 EU도 2020년 12월 7년을 끌어온 중국과의 투자협정 체결에 합의했다. 다패 시대의 논리에 맞게 EU도 미국의 압력을 무릅쓰고 유럽기업들의 중국 시장 접근권을 대폭 확대할 수 있는 경제 동맹의 체결로 나아가고 있다.

21세기 신질서 속에서 한국의 국가전략을 얘기할 때 미국도 중국도 포기할 수 없는 상대이다. 국가의 안정적 발전을 위해서는 오랜 친구도 필요하고 새로운 친구도 필요하다. 군사적 우방도 필요하고 경제적 우방도 필요하다. 더 나아가 높은 가치를 공유하는 국가 간의 '가치 공동체'도 형성할 수 있다. 이런 점에서 다동맹은 검토해 볼 만한 전략이다.

인도의 외교정책은 냉전 기간 비동맹정책으로 대표되었지만, 냉전 후 실용주의적 신(新)비동맹 정책을 추진하고 있는데 이를 다동맹(poly-alignment)(Karim 2009) 또는 이슈 베이스 동맹(김찬완 2009)이라고 부른다. 인도는 이슈에 따라 다양한 동맹관계를 추구하고 있는데, 대표적인 예가 국방협력협정과 BRICs 정상회담이다. 인도는 1947년에서 2000년 사이에 체결된 방위협력협정으로 소련과의 평화우호협력조약(1971)을 포함해 7개의 협정을 체결했지만, 2000년에서 2008년 사이에 19개의 새로운 국방협력 협정을 체결했다(Karim 2009). 인도는 또한 2011년 BRICs 정상회담 때 남아공을 정식 회원으로 받아들여 중국과 러시아의 주도권을 상쇄하고 인도의 영향력을 강화하려고 노력했다(김찬완 2009). 남아공은 ISAB(India-Brazil-South Africa)의 회원국이기 때문이다.

한국의 전략적 입장은 인도와는 상당히 다르다. 인도의 다동맹 전략은 비동맹 전략을 21세기에 맞게 현실화한 것이지만, 한국이 다동맹 전략을 취한다면 이것은 미국과의 군사 동맹을 전제에 깔고 논의해야 한다. 즉 한미 동맹을 유지하면서 중국을 포함한 세계의 주요국과 이슈별로 동맹에 준하는 협력관계를 모색해야 한다는 것이다. 이것은 한국이 전략적으로 올바른 행보를 취하고, 한국의 전략적 가치에 대해 세계의 주요국들이 인정할 때 가능한 것이다.

한국의 다동맹 전략은 일국 차원을 넘어 같은 생각을 하는 국가들의 연대, 즉 다동맹운동(multi-aligned movement)이라는 새로운 구상을 포함할 수 있다. 물론 미국과 중국의 견제가 심할 것이다. 하지만 같은 생각을 하는 국가들(like-minded states)을 규합할 수 있는 의제 설정(agenda-setting) 능력과 유연한 외교력을 발휘한다면 불가능한 구상은 아니다. 미국과 중국이 아니라 예를 들어 독일과 인도가 이 그룹으로 들어온다면 상황은 달라질 것이다. 다동맹 회원국 간의 협조를 강화하면서 미국과 중국과의 관계도 건설적으로 유지할 수 있다면 이상적인 다패 시대의 국가전략이 될 것이다.

참고문헌

김찬완. 2011.『인도의 외교정책』. 서울: 외교통상부.

Bassford, Christopher. 2003. "Teaching the Clausewitzian Trinity." Available from https://www.clausewitz.com/readings/Bassford/Trinity/TrinityTeachingNote.htm.

Karim, Usman. 2009. "India from Nonalignment to Poly-Alignment." Available from https://defence.pk/pdf/threads/india-from-nonalignment-to-poly-alignment.38661/.

Son, Key-young and Andreas Herberg-Rothe. 2018. Order Wars and Floating Balance: How the Rising Powers Are Reshaping Our Worldview in the Twenty-First Century. Routledge, 2018.

Wendt, Alexander. 2003. "Why a World State Is Inevitable." European Journal of International Relations 9(4): 491-542.

저자소개 About Contributors

손기영: 고려대 아세아문제연구원 교수이며 연구주제는 국제정치이론과 동아시아 국제정치이다. 셰필드대학에서 박사학위를 받았으며 셰필드대 조교수, 더블린대학 박사후 연구원, 토호쿠대학 객원부교수 등을 역임했다. 저서로는 Order Wars and Floating Balance: How the Rising Powers Are Reshaping Our Worldview in the Twenty-First Century (Routledge, 2018, with Andreas Herberg-Rothe); China's Rise and Regional Integration in East Asia: Hegemony or community? (London and New York: Routledge, 2014), with Yong Wook Lee, Co-Editor; “Multihegemony, ‘Sutured Regionness,’ and the US-China-Japan Triangle,” Asian Perspective (2016)가 있다.

송규진: 고려대 아세아문제연구원 교수로 재직 중이며 연구주제는 한국근현대 경제사이다. 고려대학교에서 박사학위를 받았으며 고려대 강사, 공주대 강사, 대전대 강사, 원광대 강사, 연세대 박사후 연구자 등을 역임했다. 저서로는 통계로 보는 『일제강점기 사회경제사』(고려대학교 출판문화원, 『일제하의 조선무역연구』(고려대학교 민족문화연구원, 2001). 『일제강점기 사회사업관계자료 해제』(아연출판부, 2019)(공저), 『중국 동북지역과 환동해지역의 관계성』(경희대학교 출판문화원, 2017)(공저), 『한국무역의 역사』(청아출판사. 2010)((공저), 『일본과 서구의 식민통치 비교』(선인, 2004)(공저) 등이 있다.

이용욱: 고려대학교 정치외교학과 교수이며, 연구분야는 구성주의 이론, 글로벌 금융통화 거버넌스, 동아시아 금융협력 등이다. 최근 논저로는 “Performing Civilizational Narratives in East Asia: Asian Values, Multiple Modernities, and the Politics of Economic Development” (2020, *Review of International Studies*), “Relational Ontology and Politics of Boundary Making: Institutionalizing East Asian Financial Regionalism” (2019, *Politics*) 등이며 동아시아 금융협력에 관한 단행본을 마무리 중이다.

Ravi Dutt Bajpai is a Doctoral Researcher at Deakin University, Australia. His research focuses on civilizational exchanges in contemporary China-India relations. He is the co-author (with Harivansh), of *Chandra Shekhar: The Last Icon of*

Ideological Politics (Rupa: New Delhi, 2019) and regularly contributes commentaries in English and Hindi media.

Christopher J. Fettweis is a professor of political science at Tulane University in New Orleans, where he teaches classes on US foreign policy and grand strategy. He is the author of many articles and five books on these subjects, the most recent of which are *Psychology of a Superpower: Security and Dominance in US Foreign Policy* (Columbia UP, 2018) and *The Pathologies of Power: Fear, Honor, Glory and Hubris in U.S. Foreign Policy* (Cambridge UP, 2015).

Zhen Han is a lecturer at the Political Science Department of the University of British Columbia (Vancouver, Canada). His researches focus on contemporary rising powers, specifically how rising powers use non-traditional means to challenge the incumbent liberal order. He has published research articles on *Asian Security*, *Chinese Journal of International Politics*, *World Economy and Politics,* and edited volumes such as *The China-India Rivalry in the Globalization Era* (Georgetown University Press, 2018). He received a Ph.D. in International Relations in 2019 from the Political Science Department of McGill University (Montréal, Canada).

Ekaterina Koldunova is Associate Professor at the Department of Asian and African Studies, Moscow State Institute of International Relations, the MFA of Russia. She holds a Ph.D. (Cand.Polit. Sc.) in International Relations. She is the Deputy Editor-in-Chief of Russian *Comparative Politics* journal. Her recent books include *Security in East Asia: New Challenges* (Moscow: Navona, 2010, in Russian), *Socio-Political Thought, High Technologies and Science Development in the Major Asian Countries* (with Sergei Lunev, Moscow: Academia, 2015, in Russian), *Framing Asian Studies: Geopolitics and Institutions* (Singapore: ISEAS, 2018, co-edited with Albert Tzeng and William L. Richter). She has contributed to peer-reviewed journals such as *International Relations, Asian Survey, International Studies Perspectives* and *Journal of Political Power*.

Zihao Liu is a Research Associate at the Center for International Environment and Resource Policy at the Fletcher School of Law and Diplomacy, Tufts University, where he researches the political economy of rising powers, especially the BRICS countries. He is a Class of 2020 M.A. graduate from the Fletcher School, focusing on the intersection between international business and security. He has published several pieces on notable political and legal developments in the Asia-Pacific region on reputable platforms such as *The Diplomat* and *SupChina*. He also holds a B.A. in History from Cornell University.

Swati Parashar is associate professor in peace and development at the School of Global Studies, University of Gothenburg, Sweden. Her recent publications include co-edited volumes: *Rethinking Silence, Voice and Agency in Contested Gendered Terrains* (with Jane Parpart, Routledge, 2019) and *Revisiting Gendered States: Feminist Imaginings of the State in International Relations* (with Ann Tickner and Jacqui True, OUP, 2018).

Key-young Son is professor at the Asiatic Research Institute, Korea University. His research areas include international relations theories and East Asia's international relations. He served as a lecturer at the School of East Asian Studies, the University of Sheffield in Britain and visiting associate professor at the School of Law, Tohoku University, in Sendai, Japan. His recent publications include *Order Wars and Floating Balance: How the Rising Powers Are Reshaping Our Worldview in the Twenty-First Century* (Routledge, 2018), with Andreas Herberg-Rothe; *China's Rise and Regional Integration in East Asia: Hegemony or community?* (London and New York: Routledge, 2014), with Yong Wook Lee, Co-Editor; "Multihegemony, 'Sutured Regionness,' and the US-China-Japan Triangle," *Asian Perspective* (2016).

Jan Zielonka is Professor of Politics and International Relations at the University of Venice, Cá Foscari and at the University of Oxford. His previous appointments included posts at the University of Warsaw, Leiden and the European University Institute in Florence. His work oscillates between the field of international relations, comparative politics and political theory. Zielonka has produced eighteen books including *Counter-revolution. Liberal Europe in Retreat* (Oxford University Press, 2018, awarded the 2019 UACES prize for the best book on Europe and translated into several languages), *Politics and the Media in New Democracies. Europe in a Comparative Perspective* (Oxford University Press, 2015), *Is the EU Doomed?* (Polity Press, 2014), and *Europe as Empire. The Nature of the Enlarged European Union* (Oxford University Press, 2006). Zielonka regularly contributes articles to *Die Zeit, NewStatesman, Social Europe, Open Democracy, Il Fatto Quotidiano, L'Espresso, NRC Handelsblad, Diário de Notícias* and *Rzeczpospolita*.

아연 협동연구 시리즈 3

신춘추오패

패권과 탈패권 사이의 21세기 국제질서

1판1쇄 | 2021년 2월 26일

지은이 | 손기영 편저
펴낸이 | 김익수
펴낸 곳 | 아연출판부
등록 | 2000년 5월 24일 제6-376호
주소 | 02841 서울특별시 성북구 안암로 145 고려대학교 아세아문제연구원
전화 | 02-3290-1600
팩스 | 02-923-4661
홈페이지 | www.asiaticresearch.org

값 17,000원

ISBN 979-11-89273-18-7 [04300]
세트 ISBN 979-11-89273-17-0